實用・易懂・專業

幫你省去許多麻煩！
處理車禍糾紛不求人！

# 車禍處理一本通

法蘭客——著

車禍被害人在法律上有什麼權利可以主張？

要如何運用法律來維護自身的權益？

車禍肇事者會面臨什麼法律責任？

車禍意外，無所不在，
維護權益，刻不容緩！

# 作者序

## 車禍意外，無所不在！

意外不是源自於信任的產物，卻始終存在。因此人類必須運用與生俱來的理性去管理這個風險，並試著找出意外發生後的解決之道。

臺灣地狹人稠，交通亂象其來有自。筆者20餘年來經手處理上萬件的車禍糾紛，發現車禍事故頻傳，主要是用路人欠缺〔預防性駕駛〕的觀念、不遵守交通規則及自認駕駛技術良好等因素所致。此外，近年來因疲勞駕駛、酒駕或毒駕致釀車禍事故者亦不在少數。

俗話說：事非經過不知難。對於車禍遭致不幸的被害人而言，法律上到底有什麼樣的權利可以主張？要如何運用法律來維護自身的權益？反之，對於車禍應負責任的肇事者而言，會面臨什麼樣的法律責任？又會受到法律怎樣的制裁？這對沒有法律背景的一般大眾來說，實在是太困難了！

是福不是禍，是禍躲不過，天底下能不勞而獲的～唯有災難而已。由於車禍往往發生在瞬間而讓人措手不及，偏偏後續糾紛的處理是既冗長、又繁瑣，只有親身經歷過車禍事故的人才能深刻體會！不論採取何種法律途徑，當事人都需要投入相當的時間、精神、勞費，甚至還要花錢請律師協助。隨著時間的經過，車禍糾紛變得更難解決！當事人想要儘快回到正常的生活，似乎變得更不容易……。

**《車禍處理一本通》就是一本指導讀者儘可能透過訴訟以外的方式，來解決車禍糾紛的法律工具書。**

本書是筆者繼2015年出版《如何處理車禍糾紛？》及2017年出版《出車禍了！然後咧？》這兩本書後，第三本撰寫有關處理車禍糾紛的最新著作。

本書主要特色，除了開宗明義加強宣導〔預防性駕駛〕的重要性並希望社會大眾務必養成〔預防性駕駛〕的好習慣，以防車禍事故的發生外，爲了平衡〔法律資訊的不對稱〕，讓當事人能避免犯錯並找到正確解決糾紛的方向，就車禍發生後，事故現場的處理及法律途徑的解決，包括如何釐清車禍責任歸屬？被害人有哪些權益可以主張？如何採取法律行動來維護自身權益？本書均提供了實用且有效的解決之道。對於車禍肇事者可能面臨哪些法律程序及責任？本書也以專章說明實務上的具體做法。

本書另一特色是書中各章節提供的各式書表、訴狀、範例解說及流程圖示等，內容淺顯易懂且都非常實用。車禍處理實務上常見的問題，筆者也以【車禍解疑雜惑店】詳加說明。

《車禍處理一本通》就是一本提供車禍當事人正確的資訊且能有效減省當事人時間、勞費來處理車禍糾紛的法律工具書，內容淺顯易懂且極爲實用。全書儘可能避免使用艱澀拗口的法律文句，因此非常適合一般社會人士閱讀。惟倉促出書，難免有所疏漏，尚祈學者先進，不吝指正賜教是禱。

法蘭客

序於臺北 2024年6月1日

目錄CONTENTS

# 第一篇

# 避免車禍發生及處理車禍糾紛應有的基本認識

# 第一章　避免發生車禍，請養成預防性駕駛的好習慣

## 第一節　車禍發生的原因

台灣每年各地發生的大小車禍極多！以筆者處理上的經驗來看，發現大多數車禍發生的原因不外是以下三種：

- 欠缺預防性駕駛的觀念
- 不遵守交通規則
- 自認駕駛技術良好

### 一、欠缺預防性駕駛的觀念

車禍發生的第一個主因就是當事人沒有〔預防性駕駛〕的觀念。和車禍發生的第二主因〔不遵守交通規則〕的最大差別，是在車禍發生當下，當事人未必有違反交通規則的行爲。

例如在符合交通法規的速限下，當大家都在趕時間上班且車速都不慢的情況下，如果這時有輛車子特別龜速，他可能就是在製造一個發生車禍的風險，後車稍不留意就有可能追撞上去。〔預防性駕駛〕就是大家車速快，你就應該跟著快；車流慢，你就要跟著慢，儘可能與周遭車輛保持等速前進，才是安全之道。

再舉一例，當機車與大貨車往同方向並排行駛時，除非路面夠寬，否則大貨車駕駛極有可能在變換車道或轉彎時，因車身較高加上**視線死角**（註），稍一不慎就有可能撞上車旁的機車騎士。

註：**視線死角**，是指駕駛人眼睛看不到的範圍而言，除了路上其他車

輛、障礙物（例如路口的大型廣告看板）會擋住駕駛人的視線外，車輛本身的結構（例如卡車、貨車的車身較高）及汽車A、B柱或照後鏡看不到的範圍，也都是駕駛人的視線死角。

對於有〔預防性駕駛〕觀念的人而言，在上下班尖峰時刻騎車或開車時，他會儘量與前車或左右同向行駛中的車輛保持等速前進，不貪快也不龜速，以防車禍發生的風險。

有〔預防性駕駛〕觀念的人在第二個例子中，便能意識到大貨車因車身高及司機視線死角等因素，就會把車騎在貨車司機看得到的地方，至少不會騎在大貨車的視線死角處。

## 二、不遵守交通規則

開車或騎車本就是個製造車禍風險的行爲，只不過這是法律所容許的行爲，爲了降低車禍發生的風險，因此需要制定交通法令來規範汽、機車駕駛及其他用路人。

車禍發生的第二個主因就是當事人〔不遵守交通規則〕。從筆者處理的車禍案件觀察，因爲不遵守交通規則而發生車禍，有一定比例的肇事者往往也欠缺〔預防性駕駛〕的觀念。

當車禍發生後，首要釐清的是肇事責任歸屬，尤其是發生在路口的車禍，每每涉及路權優先順序的問題……若當事人針對肇責爭執不下時，也只好先去交通單位申請鑑定囉！請參閱【路權的優先順序】，頁75及【車禍鑑定】頁78相關說明。

## 三、自認駕駛技術良好

俗話說：打死會拳的，淹死會水的。同理，對自己駕駛技術愈是自信滿滿的人，愈有可能發生車禍。這類駕駛或騎士特別喜歡在車陣中穿梭，抓到一點縫隙或時間差，就要超車或切換車道，其他用路人往往會被這突如其來的舉動嚇一大跳！

例如計程車司機爲了生計在路上勞苦奔波，一方面要注意瞬息萬變的路況，另方面又要睜大眼睛搜尋路邊有沒有人要搭車，卻每因搶客或載客趕時間而增加了車禍發生的風險。

此外，由於都會地區外食人口逐年增加，外送平台也應運而生，騎著機車滿街跑的外送員爲了縮短送餐時間以便多接幾單，無時無刻不在路上和時間賽跑，因爲時間就是金錢，也許一時貪快就可能因此發生意外。

小心駛得萬年船！無論個人駕駛或騎乘技術再怎麼高明，沒有〔預防性駕駛〕的觀念又不遵守交通規則，車禍發生的機率還是相當高的。稍有不慎就有可能自撞或自摔，要是再碰上一個網路鄉民口中所謂的馬路三寶（註），那麼這起交通事故就更可能演變成一場無可挽回的災難！

註：**馬路三寶**，是網民用來暗諷「老人家、女性與屁孩」等用路人，因不守交通規則或因駕駛經驗不足、技術不到位而容易造成車禍發生的代名詞，極具貶抑他人的意味。

## 第二節　建立預防性駕駛的觀念及做法

### 一、什麼是預防性駕駛？

預防性駕駛又稱爲防禦性駕駛或防衛性駕駛。由於馬路上的狀況瞬息萬變，不論是開車或騎車，駕駛人都要隨時留意並保持戒心。一旦意識到潛在危險時，便要立即採取有效的因應措施，以防免意外的發生。

### 二、要有危機意識

人生意外，無所不在。看到路上發生車禍或救護車呼嘯而過時，每個用路人都會特別提高警覺。〔預防性駕駛〕的觀念就是要你隨時隨地建立在這樣的心態上。

## 三、具體做法

- 不龜速、不超速，行經路口要減速
- 保持行車安全距離，不搶快、不鑽車縫
- 注意行車時的視線死角
- 善加利用後照鏡、方向燈
- 與路邊車輛保持適當距離
- 加強機車人身安全裝備

### （一）不龜速、不超速，行經路口要減速

當車輛行經路口，號誌由綠燈轉爲黃燈時，如果決定停下來等紅燈而不搶快通過路口的話，機車騎士最好輕握煞車把手，汽車駕駛則要輕踩煞車，此時煞車燈亮起，有助於提醒後車留意你的動向，避免因誤判而追撞上來的風險。

此外，車輛行經路口時，駕駛人最好把放在油門上的腳移到煞車的位置上（不一定要輕踩）。萬一有突發事故發生時，至少你還多了零點幾秒的時間可以反應，或許就能因此避開一場車禍的發生。

至於騎車或開車在巷道內，駕駛人應按最高速限規定行駛，若巷道內沒有速限交通標誌可供參照時，駕駛人應根據巷弄的寬窄來決定車速的快慢。

看到路上有老人家、父母抱著孩童或推著娃娃車過馬路時，無論距離還有多遠，都要隨時做好減速及煞車的準備。要知道老人家可不比年輕人身手敏捷，是禁不起撞的！稍爲碰一下～就可能直接倒地而造成頭部重創或手腳骨折。

### （二）保持行車安全距離，不搶快、不鑽車縫

天候不佳、路面積水或行經路口、下坡及彎道時，應減速慢行，以防車輛失控、打滑或追撞、推撞的情形發生。

搶快最易發生意外，遇到緊急情狀能夠反應的時間可說是少之又少，因此車輛行進間務必保持安全車距。

車縫能不鑽就不要鑽啦！因爲你鑽車縫，其他人也會有樣學樣，大家都在車陣中穿梭，就有可能發生車輛互擦撞或碰撞的風險。

### （三）注意行車時的視線死角

肉包鐵的機車騎士尤其要遠離大型車（例如砂石車或聯結車）的視線死角，特別是到了路口，千萬不要和大型重車併行，寧可減速讓大型車輛先過，也別想著要超前搶快。

此外，大型車轉彎時，車輛的前後輪會因行進間的軌跡不同而形成所謂的內輪差，騎士唯有保持安全間距並留意轉彎車動態，才能避免擦撞意外或被捲入車底的憾事發生。

在都會地區上、下班的尖峰時段，人車川流不息，此時大型車輛以公車或遊覽車爲主，機車騎士應避免從兩輛併排行駛的大型車輛中穿越，也要儘量避免把車騎在前後都是大型車輛的中間。

開車行經路口要轉彎時，車體的A柱或B柱有可能會阻擋駕駛前方的部分視線，此時駕駛應該減速並視情況移動頭部，確認前方沒有人、車後再通過。

### （四）善加利用後照鏡、方向燈

後照鏡、方向燈不是裝飾品，行車時應三不五時觀察後照鏡，留意後方車輛動態。要變換車道或準備轉彎時，也要記得

打方向燈並注意周遭車輛動態。

### （五）與路邊車輛保持適當距離

騎乘機車或腳踏車時，宜遠離路邊停放的車輛**至少80公分以上**的距離，以防車內駕駛或乘客突然開啟車門。若道路寬度有限，必須緊臨路邊停放的車輛前進時，車速也應該放慢到隨時可以煞停的程度，機車騎士特別要有這種危機意識，才能避免車禍發生的風險。

### （六）加強機車人身安全裝備

肉包鐵的機車騎士基於行車安全考量，最好戴上具有止滑功能的手套及全罩式的安全帽。萬一發生車禍或騎車「自摔雷殘」的時候，至少可以避免或降低手部及頭部受傷的機率。

## 小結

養成〔預防性駕駛〕的好習慣，雖然不能阻止別人製造車禍的風險，但還是能有效地降低因自己疏失造成的車禍機率。萬一很不幸地～車禍還是發生了！至少日後在探究車禍肇因與責任歸屬時，自己或許是屬於沒有肇責或是肇責比例較低的一方。

# 第二章 處理車禍糾紛應有的基本認識

## 第一節 法律資訊的不對稱：常讓車禍當事人陷入「四不一沒有」的弱勢險境

**資訊的不對稱**，讓無知的人求助無門；讓一知半解的人無法打通任督二脈；卻讓掌握資訊的人占盡各種優勢。

法律資訊的不對稱同樣存有這種現象。讓缺乏法律常識的人，為尋求問題解方而疲於奔命；讓有基本常識而不具法律專業的人，難以判斷問題的解方是否正確有效，至於具備專業且握有法律授予權力的法官、檢察官及律師，則位在整個法律架構的頂端，主導並決定一切問題最終解決的方式與結果。

筆者處理車禍事件已有20餘年的實務經驗，發現車禍當事人有所謂四不一沒有的現象：

- 不知法律如何規範？
- 不知權利如何主張？
- 不知程序如何進行？
- 不知法律配套與策略運用？
- 沒有適當的諮詢管道！

### 一、不知法律如何規範

法律不保護好人，也不保護壞人，法律是保護懂得運用法律的人。這段話貼切地道出了一般人面對法律的無奈。不知法律如何規範的人，碰到車禍糾紛難免惶恐不安，對於不可知的未來經常顯得六神無主。初期多半求助於周遭親友，但人云亦云的結果，當事人往往無所適從，甚至做出錯誤的判斷，導致問題更加無法收拾。

「不知法律如何規範」有時比你想像的後果還要嚴重！有行使權利的一方，可能因不知法律而讓請求權因罹於時效而消滅，造成無法主張權利或讓權利的行使受到限制；有履行義務的一方，則可能因不知法律而喪失爲自己辯護或澄清的機會，甚至因此加重了自己原應承擔的責任。

## 二、不知權利如何主張

在網路發達的現代，多數人都懂得上網或利用工具書查詢解決問題的資料與方法。不論是到「全國法規資料庫」網站或是透過坊間購買《六法全書》，讀者都能看到充斥著各類法律條文、法院判決的資訊，只要認得中文字，法律文書的內容人人都能朗朗上口，但卻未必都能理解其義。在有看沒有懂的情況下，法律文書對於出了車禍的一般小老百姓而言，你告訴他可以依哪條法律規定主張權利？對他而言簡直就是**鴨子聽雷**～有聽沒有懂。

## 三、不知程序如何進行

朱子治家格言有云：「居家戒爭訟，訟則終凶。」講白了，打官司就是件勞民傷財的事。若解決車禍糾紛有多種途徑可供選擇時，想必絕大多數的人是不會選擇訴訟的方式來進行。

由於取得**對稱**的法律資訊必須付出並不便宜的**對價**（例如花錢請律師），加上**訴訟**總給人勞民傷財、曠日廢時的印象（俗稱**訟累**），除非當事人財力雄厚請得起律師或是符合〔財團法人法律扶助基金會〕救助的對象（例如中、低收入戶），有義務律師提供訴訟專業上的服務，否則卡在「中間」不上不下的普羅大眾，通常是不會把**打官司**當成解決糾紛的首要選擇。

車禍糾紛的處理也是如此。到底是採取〔和解〕或〔調解〕的方式好呢？還是運用〔民事訴訟〕或〔刑事告訴〕的程序好呢？這些程序是如何進行？要不要花錢請律師？官司要打多久？凡此種種～多數人都有不知從何著手的困擾，這是當事人心中的苦，卻又不得不選擇面對。

## 四、不知法律配套與策略運用

糾紛解決的關鍵在「人」，針對什麼樣的人，擬定什麼樣的策略，至關重要。否則花了時間、金錢與勞費，假如最終達不到預期的結果，豈不是白忙一場？

此外，時間的經過往往增加了肇事者脫產的機會，因此法律設有〔假扣押〕的保全程序，被害人不可不知。否則被害人好不容易打贏官司了，日後卻求償無門，到頭來只能拿到法院核發的〔債權憑證〕，那眞是欲哭無淚啊！

法律規範有相關的配套措施，車禍糾紛的處理也要懂得運用策略。當肇事者不出來面對問題及解決問題時，被害人就要審愼考慮採取何種法律途徑。尤其是有重大傷亡的車禍事件中，第一時間就要聲請保全證據，查扣保存監視影像紀錄等證物，並儘速向法院聲請〔假扣押〕，以便對肇事者的財產進行查封等配套措施。

## 五、沒有適當的諮詢管道

坊間或網際網路有關車禍糾紛的處理或提供諮商的管道其實不少，只是存在的風險也不小，例如怕有司法黃牛介入、煩惱律師收費過高、擔心案件所託非人……等，都是當事人心中的疑慮。

現在政府機關及許多民意代表的服務處，都有委請執業律師提供免費法律諮詢的服務，讓有需要的民眾多了一個值得信賴且方便的諮詢管道，可謂立意良善。只是免費的資源人人都有權利享用，因此每個人的諮詢時間便不得不稍加限制，當事人也就難以暢所欲言。

此外，義務律師只能動口而不能動手，因此義務律師不能爲諮詢者代撰書狀、出庭；律師提供的意見或建議僅供當事人參考，不是代替諮詢者做決定，也不能收取任何費用，必須謹守公益服務的角色。

## 小結

爲了平衡〔法律資訊的不對稱〕，讓身陷車禍糾紛之苦的當事人在浩瀚法海載浮載沉之際，能避免犯錯並找到一個適當解決糾紛的途徑。《車禍處理一本通》就是一本專爲提供車禍當事人正確有效的資訊且能減省當事人時間、勞費來處理車禍事故的法律工具書。本書內容淺顯易懂且極爲實用，全書儘可能避免使用艱澀拗口的法律文句，因此非常適合一般社會人士閱讀。

# 第二節　車禍現場的處理

- 救人與排除潛藏的危害
- 保持車禍現場的完整
- 報警處理並聯絡親友或保險公司到場協助

## 一、救人與排除潛藏的危害

車禍發生後，固然要維持事故現場的完整並立即撥打110通報員警前來處理，但在警方尚未到達前，有時現場危急的狀況未必已經解除，例如傷者性命是否面臨立即的危險？車輛有無起火爆炸的可能？此時處於事故現場的人在第一時間內所要做的，便是人命的救護與排除潛藏的危害。

## 二、保持車禍現場的完整

車禍發生後，原則上不要任意移動事故車輛或散落物，以免破壞事故現場的完整。在警方到場處理前，應先做好警示及必要的防護措施，以提醒用路人留意，避免再次發生事故。除非車禍造成的損害輕微，經雙方當事人同意並在事故車輛四角或車輪所在地面標繪位置後，才可將車輛移置到不妨礙交通的地方，人員則應儘速撤離到路旁，以策安全。

**【車禍解疑雜惑店】**

**發生在停車場內的車禍，算不算是車禍？**

車禍，是指涉及車輛在內，因而造成生命、身體或財產損害的一種意外事件，一般稱爲**交通事故**。

當意外發生在**路邊停車場**時，因爲這種停車場是將道路的部分路面劃設成停車格後，提供給民眾停放車輛之用，所以警方會依道路交通事故的相關作業來處理。但實務上，警方對於發生在大賣場附設的停車場或加油站這類私人土地上的「意外」，有時未必會將其認定為「交通事故」。

道路交通事故處理辦法第2條（第1款）

一、道路交通事故：指車輛、動力機械或大眾捷運系統車輛在道路上行駛，致有人受傷或死亡，或致車輛、動力機械、大眾捷運系統車輛、財物損壞之事故。

如果意外是發生在大賣場或私人提供的停車場、機械停車塔或加油站等場所時，由於這類事故並不是法令所定義的「道路交通事故」，雖然當事人報警後，警方還是會派員到場處理，但警察會根據現場有無人員傷亡或財物損害等具體情況，建議當事人應循民事或刑事的法律途徑解決。

至於車輛因進出停車場出入口時發生的車禍，如果車道出入口正好緊臨對外聯絡道路時，這種情形仍屬於道路交通事故的範疇，警方則仍會依道路交通事故的相關作業來處理。

## 三、報警處理並聯絡親友或保險公司到場協助

車禍發生後應即撥打110報警處理。不論是當事人或是路人協助報警，務必要講明車禍地點及人員傷亡情形。遇有傷者卡在車內或車輛正起火燃燒等較為棘手或特殊的狀況，務必一併交代清楚，以利警方研判應否聯絡救護車、消防車或拖吊車並攜帶破壞器材或滅火器到場搶救。

有人受傷的車禍中，傷者往往先被緊急送醫救治，車禍現場可能全賴警方處理及善後。有時當事人唯恐警方採證上可能有所疏漏，影響日後肇事責任歸屬的判定，如果傷者意識清醒的話，應設法通知親友到場協助蒐證，例如拍照、錄影、尋訪目擊者或調閱監視器、行車紀錄器影像等。

此外，車禍造成車損人傷的結果時，有買保險的當事人也要儘速通知保險公司派員協助處理。

## 第三節　法律途徑的解決

- 釐清責任歸屬，再談賠償
- 善用各種法律途徑，解決糾紛
- 遵守法律規定的時效與期間
- 留意並採取必要的法律行動，以防肇事者脫產

### 一、釐清責任歸屬，再談賠償

車禍糾紛首要釐清的是肇事原因與責任歸屬，肇責釐清後，才可能接續討論賠償的議題，這是處理車禍糾紛的法律程序上，最基本、最核心的概念。

透過各種車禍相關事證，例如道路交通事故現場圖、初步分析研判表或車輛行車事故鑑定委員會鑑定意見書等資料的判讀，如果肇事原因得以確認或當事人對於責任歸屬、肇責比例不再爭執時，接著就是針對賠償事宜，包括誰要賠誰（對象）？要賠多少（金額）？怎麼賠（給付方式）？等進行討論，這些都是當事人在協商賠償時會面臨的議題。

### 二、善用各種法律途徑，解決糾紛

有糾紛就要設法解決，當解決糾紛有多種途徑可以選擇時，能迅速有效的處理，又能減省時間、勞費的途徑，就是最好的途徑。車禍糾紛的處理，法律提供解決的途徑很多元，當事人除可自行和解或約在保險公司、派出所進行和解外；也可

透過鄉鎮市區公所的調解委員會或法院的調解庭來調解。必要時，更可利用民事訴訟或刑事告訴的途徑來解決。

由於車禍個案的具體傷亡或損害情形，因人、因事不盡相同，當事人該如何運用法律途徑解決車禍紛爭，以利早日回到正常的生活？後續章節中，會再向讀者一一說明。

## 三、遵守法律規定的時效與期間

法律不保護在權利上睡覺的人。

意指有權利的人，一定要在法律所規定的期限內行使權利，才能受到法律有效的保護。因此當事人不論是以何種法律途徑解決車禍糾紛，法律規定的時效或期間，務必要切實遵守，否則就會發生時效消滅或是權利不得再行主張的後果。

例如車禍造成車輛受損時，被害車主應自知有損害發生及肇事者時起，兩年內行使求償權，否則損害賠償請求權會因爲罹於時效而消滅。《民法》第197條第1項參照。

車禍造成人身傷害，當被害人想對肇事者提出﹝過失傷害﹞的刑事告訴時，由於﹝過失傷害罪﹞屬於﹝告訴乃論﹞的罪名，被害人應自知悉肇事者時起算6個月內，向警察機關或地方檢察署提出刑事告訴，一旦過了告訴期間才提告，檢察官就會作成不起訴處分。《刑事訴訟法》第237條第1項參照。

## 四、留意並採取必要的法律行動，以防肇事者脫產

車禍造成的損害有大有小，被害人的求償金額有多有少。但不論損害大小、金額多寡，如果肇事者惡意脫產，那麼被害人費盡心力打贏官司，最後強制執行不到肇事者的財產，到頭來只能換得一紙﹝債權憑證﹞，這對被害人極爲不利。

因此被害人應優先考慮利用法律的保全程序，對肇事者的財產進行〔假扣押〕，防止肇事者藉機脫產。

第二篇

# 車禍現場的處理

- 無人傷亡的車禍現場處理
- 有人受傷的車禍現場處理
- 有人死亡的車禍現場處理

# 第一章 無人傷亡的車禍現場處理

這類車禍一般是指僅發生車輛或財物遭受損害的情形。例如車輛行進中，疏未注意前方車況或路況而追撞前車或路旁停放之車輛，因疲勞駕駛或誤踩油門而衝向路旁店家，造成店家招牌或店內貨物及個人財物毀損等情況，均屬之。

## 一、先行報警

無人傷亡的車禍事故，正確做法是直接撥110報案即可。當事人務請詳述車禍發生所在地點及時間、有無人員傷亡、事故車輛種類（例如機車、計程車或大貨車）及車號等資料，並在事故現場等候員警到場處理。

**【車禍解疑雜惑店】**

**當事人在車禍現場自行和解時，要留意哪些事項？**

**1.儘可能不附加任何離開現場後才能履行的條件**

在當事人不報警處理而選擇自行和解的情況下，最好是彼此都不附加任何離開現場後才能履行的條件，以免一方事後反悔或變卦。

**2.記下彼此車號並互留車輛保險資料及個人聯絡方式**

當事人願意自行和解，就算沒有書面，**口頭和解**也會發生和解的效力。但不怕一萬，只怕萬一，記下對方車號、交換車輛投保的是哪家保險公司等相關資料，再互留姓名及電話號碼以利日後聯絡，對於車禍當事人來說是現場必須要做的事。

實務上，有些被害車主覺得車輛受損輕微又有加保**車體損失險**，以爲交給保險公司處理就好，卻可能因爲沒有報警，保險公司以警察機關無車禍處理紀錄爲由而拒絕理賠。有的則是保險公司理賠後，又依**保險代位求償**的規定向他方當事人求償。如此一來～反而會衍生其他的糾紛，這是當事人要特別留意的地方。

**3.互信基礎不足時，最好還是通知警方到場處理**

有些縣市的警察機關會針對損害輕微的車禍設計一紙**輕微事故自行息事表**加以因應。表格可紀錄當事人達成和解的內容，例如寫有「**當事人一方願賠償他方車輛損害，毋須警方處理**」的記載；也有可以勾選V息事案件：「**本案無人受傷，毀損輕微，當事人均願自行息事，請求警方免予處理**」的選項，提供當事人作爲日後自行解決車禍賠償的依據或是向保險公司申辦理賠的證明。

總之當事人即便都有和解的意願，最好還是通知警方到場。您可以不要求警方製作筆錄或現場採證，只要請警方協助製作和解書面或將和解內容記載在警方提供的「輕微事故自行息事表」，才是比較穩當的做法。

## 二、警方到場前的處置

在警察還沒抵達車禍現場前，爲避免破壞車禍現場跡證，事故車輛尚未移置前，請先擺放故障三角警示架或其他警告標誌於事故地點適當位置。尤其在夜晚或天色昏暗時，更要開啟車輛警示燈或採取其他必要的防護措施，以免發生二次車禍事故。接著再以粉筆或其他替代品（例如口紅、磚塊）標繪車輛四個邊角或車輪所在地面位置（機車或腳踏車應標繪二輪與手把倒地所在位置）。若時間允許的話，則儘速以手機拍照或錄影存證後，將車輛移置路旁。

## 三、警方到場後的處置

員警到達事故現場後，一方面要維持交通秩序，另方面也會視情況研判是否需要請求支援，接著便會依處理車禍的作業流程，進行事故現場的勘查、蒐證，對車禍當事人、關係人（例如車禍現場的目擊者、未受傷的乘客或附近商家）等進行詢問，以瞭解車禍發生的原委。

### 【車禍解疑雜惑店】

**當事人或到場協助處理車禍事宜的親友要留意哪些事項？**

爲了避免車禍肇責不明而衍生爭議，當事人或到場協助處理車禍的親友，應特別留意以下列幾點：

1. 請警方先確認駕駛人身分及其當下的精神狀況、核對車輛種類、車號及車禍發生時間、地點及當時天候狀況等。避免將來可能發生駕駛冒名頂替或對於上述重要事證漏載或記載不實而衍生的爭議。

2. 道路交通事故調查報告表及現場圖、現場照片等資料，是員警製作**道路交通事故初步分析研判表**的重要依據，攸關日後肇事責任歸屬的判斷。當警方完成相關調查報告、圖表後，當事人在簽名前，務必核對確認紀錄的內容。若有疏漏或誤載，應卽請求更正；如有疑義，也應當場請警方釋明；紀錄有未盡詳實之處，也要請警方在表單上註明清楚。

3. 車禍現場有目擊者或周邊商家、民宅自行架設的監視器，如果警方漏未詢問目擊證人或調閱監視影像時，可能會影響車禍肇責的判斷，特別是在涉及路口號誌運作的部分，當事人或其在場的親友應即要求警方調查製作筆錄及申請保全證據，以利釐清眞相。如果車輛駕駛人配有行車紀錄器並有錄下車禍發生的影像，也應提供給警方作爲辦案的參考。

## 四、車禍造成單純財物損害的處理原則

車禍未造成人員傷亡，原則上沒有刑事犯罪的問題。當事人因車輛或其他財物受有損害而衍生賠償爭議時，警察通常不會主動介入，當事人可自行協商或委由保險公司處理。必要時，也可考慮聲請調解或透過民事訴訟途徑來解決。

**【車禍解疑雜惑店】**

**車禍造成車輛毀損，被害人可以告肇事者毀損罪嗎？**

**毀損罪不處罰過失犯。**

刑法第354條

毀棄、損壞前二條（**指第352條的毀損他人文書及第353條的毀壞他人建築物、礦坑、船艦**）以外之他人之物或致令不堪用，足以生損害於公眾或他人者，處二年以下有期徒刑、拘役或一萬五千元以下罰金。

《刑法》第354條的**毀損罪**必須是出於**故意**的行爲才能成罪。例如張三開車上路，突遭後方未保持安全距離的李四開車追撞，一時氣憤難耐便從後車箱拿出球棒砸破李四駕駛的車輛擋風玻璃，這個故意砸車的行爲才會成立「毀損罪」。

過失行爲的處罰，必須是法律有明文規定，才會成立犯罪，這就是所謂的**過失犯**。

刑法第12條（第1項、第2項）

行為非出於故意或過失者，不罰。（第1項）

過失行為之處罰，以有特別規定者，為限。（第2項）

刑法第14條（第1項）

行為人雖非故意，但按其情節應注意，並能注意，而不注意者，為過失。

車禍往往是**應注意並能注意而不注意**所致，也就是所謂的**過失**。肇事者因自己疏忽而造成他人車輛毀損時，民事上固然要負損害賠償之責，但《刑法》第354條的**毀損罪**（俗稱**毀損罪**）並不處罰「過失」的行爲，所以肇事者不會成立〔毀損罪〕。被害人如果提出毀損罪的告訴，檢察官日後也會對肇事者作成不起訴處分。

# 第二章 有人受傷的車禍現場處理

發生車禍，救人爲先。本章就以當事人「傷勢輕重」與「意識清楚與否」來說明這類車禍的處理方式。

## 一、傷者傷勢輕微且意識清楚，可留至現場處理完畢時

車禍中的傷者可能是駕駛本身，也可能是車上乘客或行經事故現場的路人。如果傷勢輕微，傷者意識也相當清楚時，現場處理的原則與【無人傷亡的車禍現場處理】（頁30起）大致相同，但既然有人受傷，以下幾點仍須特別留意：

### （一）報警並說明傷者傷勢

報案時，要向警方陳明有人受傷並詳加描述傷者的傷勢，例如受傷部位、意識是否清楚等狀況，以利警方判斷有沒有必要聯絡救護車到場或由警方以隨身攜帶的急救箱，對傷者傷口做初步的消毒包紮。

### （二）傷者應即就醫

車禍現場處理完畢後，傷者務必於當日內再到醫院進一步處理傷口並詳述受傷經過，請醫師開立驗傷單或診斷證明書。

車禍造成的體傷有輕、重之分，重傷者固然車禍發生當下就可能被救護車送往醫院救治，但若僅屬皮肉擦、挫傷之類的輕傷，建議傷者最好在車禍發生當天就要去醫院看診，不要拖了幾天以後才去驗傷或就醫。

爲什麼不要拖？一來傷勢可能已經惡化而不自知，原本只是小傷卻有可能演變成重傷（例如蜂窩性組織炎）。二來車禍

發生數日後才去就醫，這個傷到底是不是車禍發生時造成的？不僅醫師未必能夠正確判斷，將來對簿公堂時，被告（肇事者）也可能有所質疑。

**【車禍解疑雜惑店】**

**診斷證明書一定要開「甲種」或「訴訟用」的才行嗎？**

一般醫療院所開立的診斷證明書可能有甲種（式）、乙種（式）或是訴訟用、一般用的區別，除了「價錢」（甲種或訴訟用的診斷證明書通常比較貴）不同外，就診斷證明書做爲法律上的**證據**（註1）及**證據能力**（註2）而言，其實並沒有什麼差別。換言之，只要是醫療院所開立的診斷證明書在法律上都有效，而且效力都是一樣。

註1：**證據**，指的是訴訟法上，足以用來確定當事人主張為真實的證明。可以是人證、物證，也可以是書證，診斷證明書就是書證的一種。

註2：**證據能力**，是指某項證據，依法具不具備用來做為證據的資格或地位，因為只「**有**」具備證據能力的證據，才會被法官採為判決的基礎，是「**有**」或「**無**」的問題。診斷證明書是書證的一種，當然具備證據能力。

### （三）車主應依法投保

車主（指汽、機車所有人）必須投保強制汽車責任保險，否則會依法開罰。因此車禍中的傷者如果是駕駛以外的其他第三人（例如乘客或路人）時，記得備齊相關文件，向車輛投保的保險公司申辦﹝強制險﹞的傷害醫療給付。

**強制汽車責任保險法第6條（第1項前段）**

應訂立本保險契約之汽車所有人應依本法規定訂立本保險契約。

**強制汽車責任保險法第49條（第1項）**

投保義務人未依本法規定訂立本保險契約，或本保險期間屆滿前未再行訂立者，其處罰依下列各款規定：

一、經公路監理機關執行路邊稽查或警察機關執行交通勤務，或因違反道路交通管理處罰條例併同舉發者，由公路監理機關處以罰鍰。為汽車者，處新臺幣三千元以上一萬五千元以下罰鍰；為機車者，處新臺幣一千五百元以上三千元以下罰鍰；為微型電動二輪車者，處新臺幣七百五十元以上一千五百元以下罰鍰。

二、未投保汽車肇事，由公路監理機關處新臺幣九千元以上三萬二千元以下罰鍰。

## 【車禍解疑雜惑店】

### 如何得知肇事車輛有無投保強制汽車責任保險？

讀者可上網輸入關鍵字「**有效電子式保險證查詢**」，搜尋並點選〔強制汽車責任保險有效電子式保險證查詢〕後，會進入一個由保險公司委託〔財團法人保險事業發展中心〕建置的網路平台。依網頁上顯示的欄位輸入「身分證字號」或「統一編號」，再輸入車輛的「車牌號碼」及「驗證碼」並點選「送出查詢」，便可知道被查詢車輛有無投保以及是投保哪家保險公司的全名了。

此外，〔**財團法人保險事業發展中心**〕也提供以**車牌號碼**查詢車禍肇事日期肇事車輛是否有**有效投保**強制責任險的服務。讀者可上網查詢並撥打免付費電話詢問及傳真〔交通事故登記聯單〕或〔交通事故初步分析研判表〕，供該發展中心進行查核。

### (四) 循法律途徑處理車禍糾紛

如果當事人不能在短期內達成和解，被害人（即傷者）就要慎重考慮是否對肇事者提出刑事告訴，一旦超過了告訴期間，就只能針對民事損害賠償的部分來主張了。《刑事訴訟法》第237條第1項、《民法》第197條第1項參照。

## 二、傷者傷勢稍重，但意識清楚，可在現場稍作停留時

傷勢較重的傷者就算意識還算清楚，但為了避免生命危險或延誤治療而造成永久性的傷害，還是要儘速送醫進行手術或急救。當救護車尚未抵達事故現場前，傷者在意識還算清楚的情況下，要如何商請旁人幫忙與自救？以下幾點要特別留意：

### (一) 報警並聯絡救護車到場

報案的人撥打110或119都可以，同樣要向警方陳明傷者的傷勢（包括受傷部位、意識是否清楚等狀況），並請警方聯絡救護車儘速到場救助。

### (二) 傷者送醫前的處置

骨折傷者應先觀察受傷部位有無先予固定的必要，再決定是否移置，以免加重傷勢。若傷口出血未止，則應先設法止血。傷者送醫前，如果意識還算清醒，到場員警應先查詢其身分及事發經過，必要時應以錄音或錄影方式存證。

## 三、傷者身受重傷，但意識不清或陷入昏迷，須立即送醫救治時

如果傷者傷勢嚴重到呈現昏迷或無意識的狀態，隨時都有生命危險時，除第一時間應立即施救並儘速送醫外，還有以下

幾點要特別留意：

### （一）立即救治傷者

當情況緊急到不能坐等救護車到來時，在救人為先的原則下，應先施予急救，例如察覺傷者已無呼吸或心跳時，應進行人工呼吸或心肺復甦術。

### （二）聯繫傷者親友

傷者生命垂危，若仍有一線生機，還是必須儘速送醫救治，並儘先設法查明傷者姓名、聯絡電話及住所，以便通知其親友。

**【車禍解疑雜惑店】**

**肇事者車禍肇逃時，該怎麼辦？**

肇事逃逸，是指車禍發生後，肇事者既未報警處理，也未對車禍造成的人員死傷或財物毀損，採取積極救護或其他必要措施，即逕行離去現場而言。遇有車禍肇逃的情形時，被害人或在現場目擊者應設法記下肇事者的性別、年齡、面貌及特徵，肇事車輛的車號、車種與顏色以及逃離的方向，並應保持現場跡證的完整，撥打110等候警方到場處理。

車禍肇逃是非常惡劣的行為，法律對於肇逃者設有嚴厲的處罰規定，肇事者千萬不要心存僥倖，以身試法。

道路交通管理處罰條例第62條（第1項、第3項）

汽車駕駛人駕駛汽車肇事，無人受傷或死亡而未依規定處置者，處新臺幣一千元以上三千元以下罰鍰；逃逸者，並吊扣其駕駛執照一個月至三個月。（第1項）

汽車駕駛人駕駛汽車肇事致人受傷或死亡者，應即採取救護措施及依規定處置，並通知警察機關處理，不得任意移動肇事汽車及現場痕跡證據，違反者處新臺幣三千元以上九千元以下罰鍰。但肇事致人受傷案件當事人均同意時，應將肇事汽車標繪後，移置

不妨礙交通之處所。（第3項）
刑法第185-4條（第1項）
駕駛動力交通工具發生交通事故，致人傷害而逃逸者，處六月以上五年以下有期徒刑；致人於死或重傷而逃逸者，處一年以上七年以下有期徒刑。

### （三）到場員警的處置

對於傷者遺留事故現場的財物，員警應行清點封存妥善保管，以利日後轉交傷者或其家屬。由於車禍身受重傷的人已先行送醫，無法在現場協助警方釐清案情，因此警方事後應再派員聯繫傷者補作筆錄。

到場處理的員警倘因經驗不足或態度輕率而未詳加調查記錄（蒐證不足），加上未做好證據保全（證據佚失）時，日後就有可能難以還原事實的眞相。這也是少數車禍個案即使申請了鑑定，但最後卻得到肇事責任「無法判別」的緣故。

因此身處車禍現場的第一線員警在處理車禍案件時，務必做好蒐證調查的工作，如此才能避免被害人及其家屬日後因證據不足，導致求償無門的結果。

# 第三章 有人死亡的車禍現場處理

這裡是指車禍造成有人當場死亡的情形而言，不包括送醫途中或送醫後不治死亡或經醫院搶救後仍宣告死亡的情形。

在醫院因病死亡或自然死亡（老化）的情形，通常是由醫院的醫師開具死亡證明書，一般稱為行政相驗；至於因意外或非自然死亡的情形，就要由檢察官會同法醫相驗後，才能開具相驗屍體證明書，一般稱為司法相驗。

車禍造成有人當場死亡，固然要由檢察官會同法醫相驗後開具相驗屍體證明書，但在送醫途中死亡或送醫後不治死亡的情形，從醫院的立場而言，是所謂的到院前死亡，同樣要由檢察官會同法醫相驗後開具證明。如果死者是在送醫急救後死亡或是經過數日後才死亡，依法也要由檢察官前往相驗。

車禍死亡佔意外及非自然死亡原因的比率極高，且涉及日後民事賠償及保險給付等問題，所以要由檢察官會同法醫到場相驗，確認死因，以求慎重。是否純係車禍致死？抑或另有其他與車禍無關的原因？這都有賴檢、警進一步偵查。所以死亡車禍應通知檢警機關派員處理，且程序上須格外謹慎小心，才能對死者及其家屬有所交代。

# 第三篇

# 法律途徑的解決

# 第一章 車禍事件的特色

- 事故發生的時間短，後續處理的時間長
- 事發前，不注意；事發後，重數據
- 當事人的互信基礎是從無到有，再到達成共識的過程

處理車禍糾紛，從開始到結束可能五分鐘就解決了；也可能進入訴訟程序，官司纏訟數年卻還無法定讞。在車禍糾紛處理過程中，不難發現車禍事件具有以下幾個特色：

## 一、事故發生的時間短，後續處理的時間長

車禍往往發生在瞬間而讓人措手不及，偏偏後續糾紛的處理是既冗長、又繁瑣。除了事故現場的處理外，當事人還要面對車輛維修、肇責鑑定、保險理賠、和解或調解，甚至是打官司等一連串的法律程序。

此外，車禍受傷的當事人可能因傷勢輕重的不同，必須經歷大小手術、住院治療、持續回診及傷病期間面對生活上的種種不便，直到康復爲止……。只有親身經歷車禍事故的人才能深刻體會！

## 二、事發前，不注意；事發後，重數據

車禍的發生往往是應注意並能注意而不注意造成的結果，也就是所謂的過失。爲了進一步判斷車禍發生的原因及釐清責任歸屬，車禍發生地規定的車輛速限是多少？駕駛人當時的車速如何？有無酒駕？酒測值是多少？貨物有無超載、超重？地上煞車痕多長？凡此都是攸關車禍肇責判定的重要數據，必須

調查釐清不可。

## 三、當事人的互信基礎是從無到有，再到達成共識的過程

就算是believe，中間也藏著一個lie。

人與人之間的互動或交易往來，通常是建立在互信的基礎上，當交易過程中有互信基礎不足或發生信任危機時，就可能衍生其他的法律糾紛。

車禍事件之所以不同於一般私權糾紛，主要是車禍發生時，當事人大多互不認識，彼此毫無互信基礎可言。後續車禍糾紛的處理，則是透過協商的機制，讓雙方的互信基礎從無到有；從信任不足再到相當程度的互信，最終達成具體共識而解決糾紛的過程。

# 第二章 車禍處理的法律流程

車禍發生後，當事人要在何時？何地？利用何種程序來解決車禍糾紛？並沒有固定模式可言。一般要看車禍造成的損害大小、有無人員傷亡以及雙方在處理過程中，彼此的互動關係如何而定……。

爲了解決車禍糾紛，法律設計了多種可供當事人選擇運用的途徑，當然～能夠快而有效達到解決糾紛的途徑，就是最好的途徑。請讀者參閱次頁【車禍處理的法律流程】及【解說】，以獲得較爲完整的概念。

## 【車禍處理的法律流程】

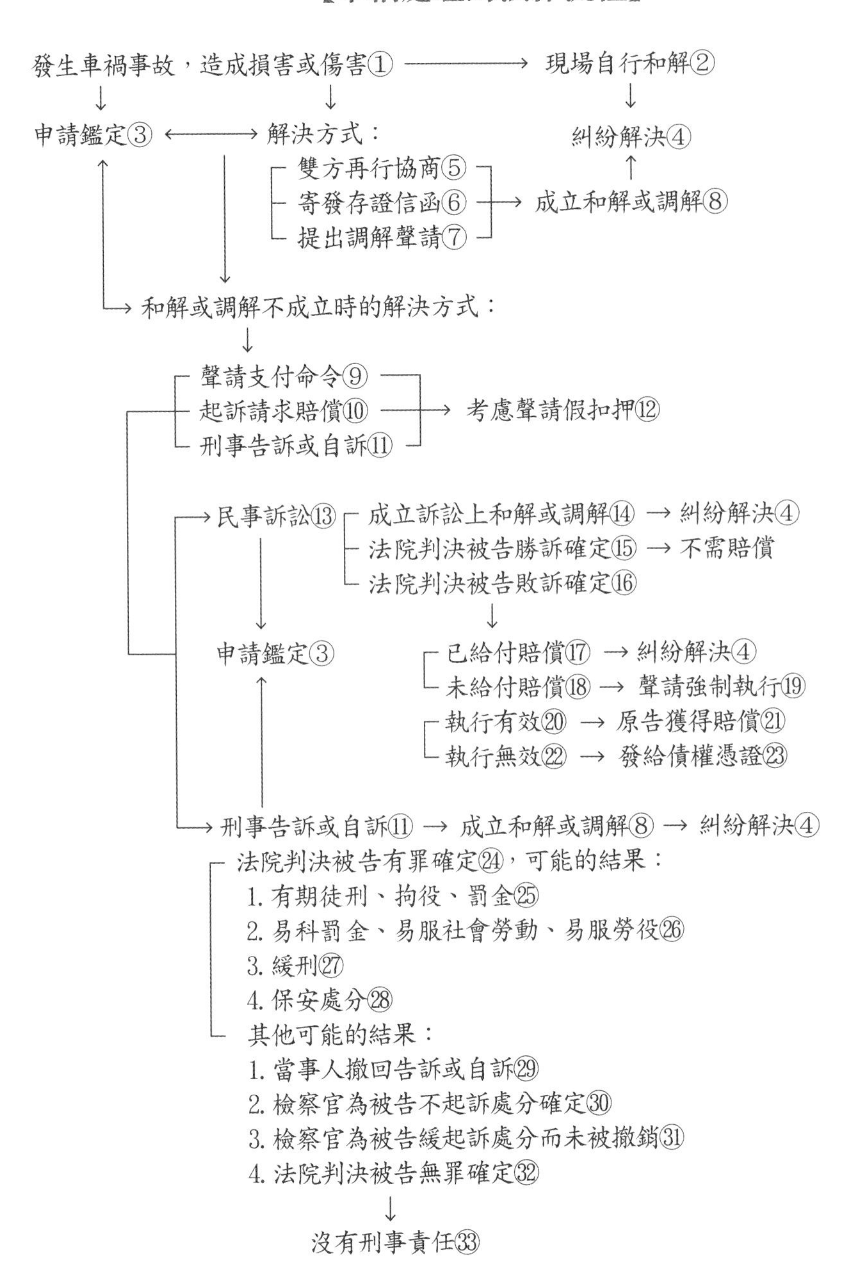
發生車禍事故，造成損害或傷害①
現場自行和解②
申請鑑定③
解決方式：
糾紛解決④
雙方再行協商⑤
寄發存證信函⑥
提出調解聲請⑦
成立和解或調解⑧
和解或調解不成立時的解決方式：
聲請支付命令⑨
起訴請求賠償⑩
刑事告訴或自訴⑪
考慮聲請假扣押⑫
民事訴訟⑬
成立訴訟上和解或調解⑭
糾紛解決④
法院判決被告勝訴確定⑮
不需賠償
法院判決被告敗訴確定⑯
申請鑑定③
已給付賠償⑰
糾紛解決④
未給付賠償⑱
聲請強制執行⑲
執行有效⑳
原告獲得賠償㉑
執行無效㉒
發給債權憑證㉓
刑事告訴或自訴⑪
成立和解或調解⑧
糾紛解決④
法院判決被告有罪確定㉔，可能的結果：
1. 有期徒刑、拘役、罰金㉕
2. 易科罰金、易服社會勞動、易服勞役㉖
3. 緩刑㉗
4. 保安處分㉘
其他可能的結果：
1. 當事人撤回告訴或自訴㉙
2. 檢察官為被告不起訴處分確定㉚
3. 檢察官為被告緩起訴處分而未被撤銷㉛
4. 法院判決被告無罪確定㉜
沒有刑事責任㉝

【解說】

①有損（傷）害，始有權利；有權利，始有救濟。車禍造成人員受傷及財物損害，法律有具體規範權利的行使（義務的履行）及救濟的程序，以利糾紛的解決。

②和解，是當事人互相讓步，以期終止紛爭或防止紛爭發生的約定，也是解決車禍糾紛最常運用的途徑。

③當事人對於肇事原因及責任歸屬發生爭議時，申請鑑定是釐清車禍真相及確認肇責的最好方式。

④不論車禍糾紛是經由何種或多種法律途徑來處理，當車禍造成的損（傷）害獲得填補時，糾紛便告解決，當事人就能回歸正常的生活。

⑤法律只是工具，糾紛解決的關鍵在「人」，如果當事人能理性溝通，透過協商便能解決車禍紛爭，何樂不為？

⑥存證信函，是經由郵局來證明「發信日」及「發信內容為何」的證明函件。只是極少應用在車禍糾紛的處理上。

⑦調解，是藉由調解委員居中參與協商，促使有糾紛的當事人相互讓步，以達解決紛爭的一種制度。實務上，透過調解機制而達成解決車禍糾紛的比例相當高，為避免訟累，當事人宜善加利用此一法律途徑。

⑧當事人能達成和解或調解，距離糾紛的解決也不遠了。當車禍造成的損（傷）害獲得填補時，糾紛便告解決。

⑨對於車禍造成的損害，如果只是單純地要求肇事者以金錢賠償時，向法院聲請核發支付命令是個不錯的選擇。

⑩訴訟，具有最後手段性。當事人和（調）不成時，被害

人也只能循訴訟途徑來維護自身權利了。

⑪告訴，是指被害人或其他有告訴權的人，向偵查機關（例如警局、地方檢察署）申告犯罪及被害的事實，並表示希望追訴處罰的意思表示。

自訴，是指被害人自己當原告（訴訟中稱為自訴人），以肇事者為被告，向法院起訴請求就被告特定的犯罪事實進行審理，以確定國家刑罰權是否存在及其範圍的意思表示。

〔告訴〕與〔自訴〕都是被害人可以運用的法律程序，但〔自訴〕不僅要向法院繳納裁判費，還必須花錢請律師，甚至還要自負舉證責任，實在勞民傷財。因此被害人大多採刑事〔告訴〕途徑，交由檢警機關處理。

⑫假扣押，是請求法院暫時查扣肇事者財產並禁止其處分的制度。當車禍造成的損害重大而法律程序又往往曠日廢時，為了防止肇事者或其他賠償義務人惡意脫產，被害人就要考慮有沒有向法院**聲請假扣押**的必要了。

⑬民事訴訟，此指求償金額在新臺幣（下同）10萬元以下的〔小額訴訟〕；求償金額在10萬元以上50萬元以下的〔簡易訴訟〕及求償金額在50萬元以上的普通訴訟等程序，也包括〔刑事附帶民事訴訟〕的求償程序。

⑭訴訟繫屬中，兩造若接受法官的勸諭而成立訴訟上的和解或調解，因**訴訟上的和解或調解**與確定判決有同一效力，糾紛同樣能夠得到解決，也就不需要法院另為判決了。

⑮判決確定，是指當事人對於判決已無上訴途徑或不能再以其他方式爭執的意思。法院終局判決被告勝訴確定，

被告就不必對原告負賠償責任了。

⑯被告敗訴判決確定，代表原告的損害賠償請求權存在並經法院所確認，被告就要對原告負賠償責任。

⑰被告接受敗訴判決確定的事實而願給付賠償，被害人的損害獲得填補，糾紛即告解決。

⑱判決勝敗是一回事，能否拿到賠償又是另一回事。當法院判決被告應負賠償責任時，被告未必會主動拿錢出來，此時原告就必須再發動另一個法律程序，也就是強制執行程序來求償。

⑲原告可經由稅捐機關取得被告的財稅資料，再視被告有無財產來決定後續強制執行的程序。

⑳被告有財產，原告要向財產所在地的法院聲請強制執行。

㉑原告所受損害經由強制執行獲得填補後，糾紛即告解決。

㉒**強制執行**要繳納強制執行費，如果被告沒有財產可供取償，或是查封到的財產沒有價值（例如貸款未清償完畢的汽車），那麼強制執行對原告就沒有實益可言。

㉓債權憑證，是法院核發給原告（即債權人）表彰其對被告（即債務人）享有債權的證明文件。

㉔法院判決被告有罪確定，是指對於法院認定被告有罪的判決已無上訴救濟的途徑或不能再以其他方式爭執的意思。

㉕**刑罰**分為主刑與從刑兩類。其中「主刑」又分為死刑、無期徒刑、有期徒刑、拘役、罰金等5種。車禍致人死

傷的結果，被告觸犯罪名的法定刑，大致是有期徒刑、拘役及罰金這幾種。

㉖被告所犯的最重本刑（指法定刑）是5年以下有期徒刑以下之刑之罪，而獲判6月以下有期徒刑或拘役的宣告（指宣告刑）時，得以易科罰金方式，於完納罰金後，免除牢獄之災。在符合特定的條件下，被告也可易服社會勞動或易服勞役來折抵。

㉗緩刑，是指被告受2年以下有期徒刑、拘役或罰金之宣告，基於某些因素的考量，認為被告以暫不執行較適當時，會在判刑同時宣告2到5年期間的緩刑，以利被告自新的刑罰制度。

㉘保安處分，對於行為人將來可能反覆從事某些反社會性的危險行為，於科處刑罰之外，另施以隔離或治療等剝奪或限制其人身自由的措施。例如經常酒駕肇事的人，科以刑罰仍難收懲戒之效，就可對其施以矯正禁戒的處分。

㉙當事人撤回告訴，依法**不得再提告訴**。偵查中撤回告訴時，檢察官應為**不起訴之處分**。審判中撤回告訴時，法院應諭知**不受理之判決**。

㉚檢察官對被告予以**不起訴處分確定**，被告就沒有刑事責任。車禍衍生的刑事案件，檢察官通常是因告訴人撤回告訴或是因罪嫌不足而對被告為不起訴處分。

㉛檢察官對被告**緩起訴處分**而未被撤銷時，視同未犯罪，被告也就不會留下所謂的「前科」了。

㉜法諺有云：無法律，即無犯罪；無犯罪，即無刑罰。法院既已判決被告無罪確定，被告就沒有刑事責任可言。

㉝沒有刑事責任不代表被告就沒有其他法律責任，可能仍有民事責任、行政責任或道義上的責任，此時車禍糾紛若尚未獲得妥善處理，當事人應另循其他法律途徑解決。

# 第三章 車禍當事人間的法律關係

法律關係是一種權利義務的關係，權利與義務是相對的概念，義務則是責任的內涵。因此肇事者有什麼樣的責任，被害人相對就會有什麼樣的權利。

## 第一節　車禍當事人：被害人與加害人

車禍事件的主體是「**人**」，也就是車禍當事人。有被害人，就有加害人（即肇事者），甚至當事人還可能同時具有被害人與加害人的雙重身分。

一般的私權糾紛，若一方是有行使權利的當事人，那麼另一方通常就是負有履行義務的當事人。然而車禍發生的原因，未必是單方過失行爲所造成，在雙方都有過失的情況下更屬常見。例如行人在路口亮紅燈時，未遵行交通號誌穿越斑馬線而被機車騎士撞傷，機車騎士行經路口未減速禮讓行人也摔車受傷，此時雙方都有過失，也都是造成車禍的原因，只是肇責輕重或過失比例可能有所不同而已。

因此車禍事件中，被害人有可能是加害人，加害人也有可能是被害人，當事人自己可能同時具有加害人與被害人的雙重身分。

## 第二節　法律程序不同，當事人間的法律關係也不同

車禍事件進入法律程序時，不同的程序，**稱謂**也不相同。例如雙方進行和解時，通常稱彼此爲甲方與乙方；在調解程序中，爲聲請人與對造人（或相對人）；在刑事偵查中，爲告訴人與被告；在民事訴訟中，則爲原告與被告。

和解或調解，相對於刑事偵查或民事訴訟程序而言，是較爲友善的法律平台。雙方基於對等關係，因此稱謂上無法看出誰是肇事者？誰是被害人？也看不出是誰要對誰求償？或誰要對誰負責？在刑事偵查中，通常被害人自己就是告訴人，但告訴人卻未必就一定是被害人，也有可能是被害人的父母或配偶。

刑事訴訟法第232條

犯罪之被害人，得為告訴。

刑事訴訟法第233條（第1項）

被害人之法定代理人或配偶，得獨立告訴。

在民事訴訟程序中，〔原告〕指的是請求權人，也就是權利受到侵害的被害人；〔被告〕指的是賠償義務人，也就是應負賠償責任的肇事者或其他應負連帶賠償責任的人。

在刑事訴訟程序中，由於刑事訴訟的目的是發見眞相，並確認國家對於涉嫌犯罪的行爲人（被告）有無刑罰權的存在，期以實現公平正義的理念。因此在法院刑事庭上，地位相當於原告的人是公訴檢察官（原告不是被害人或告訴人），被告則是涉嫌犯罪的行爲人，也就是車禍中的肇事者。

法院刑事庭必要時也會傳喚被害人，但被害人在刑事訴訟程序中通常是以證人身分出庭，因此車禍被害人並不是刑事訴

訟程序中的當事人。

**刑事訴訟法第3條**

本法稱當事人者，謂檢察官、自訴人及被告。

肇事者有沒有犯罪？要不要坐牢？未必是車禍被害人最在乎的事。倒是在透過各種法律途徑耗費時間、心力積極爭取後，能否得到合理的賠償（形式上的正義）？並真的拿到賠償（真正實踐的正義）？那才是被害人最最關心的事！

# 第四章 車禍肇責的釐清與車禍鑑定

【車禍處理原則】

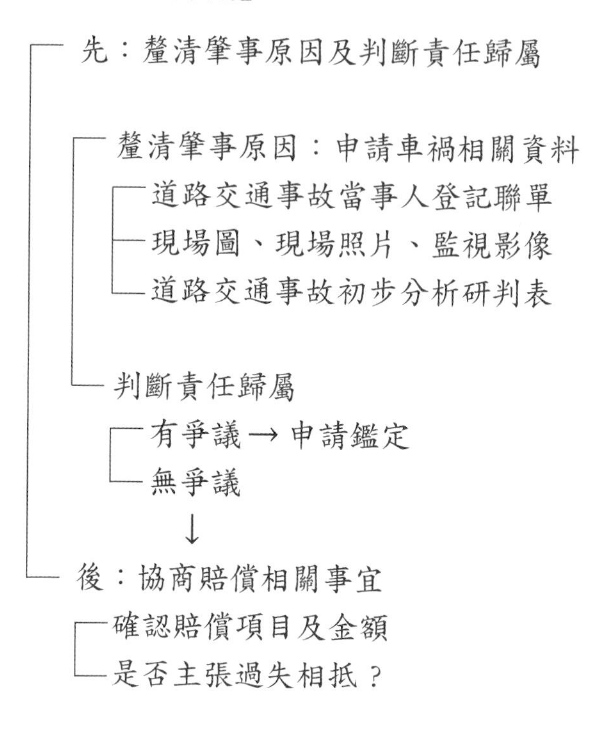


## 第一節 認識各項車禍表單

【交通事故常會使用到的車禍表單】

- 道路交通事故當事人登記聯單（範例）
- 道路交通事故資料申請書及委託書（範例）
- 道路交通事故現場圖（範例）
- 道路交通事故照片黏貼紀錄表（範例）
- 道路交通事故初步分析研判表（範例）
- 道路交通事故當事人住址資料申請書（範例）

## 道路交通事故當事人登記聯單範例

### 道路交通事故當事人登記聯單

○○市政府警察局 ☑道路交通事故

○○ 分 局 □非道路範圍交通事故　當事人登記聯單　編號：

| 發生時間 | ○年○月○日○時○分 | | 地點 | ○○路○巷與○○路○巷口 | | |
|---|---|---|---|---|---|---|
| 當事人<br>姓　名 | 李○○ | | 電話 | （略） | 申請人<br>簽　收 | |
| 車牌號碼 | ○○○－XY | | 備考 | | | |
| 當事人<br>姓　名 | 王○○ | | 電話 | （略） | 申請人<br>簽　收 | |
| 車牌號碼 | ABC-○○○ | | 備考 | | | |
| 當事人<br>姓　名 | 張○○ | | 電話 | （略） | 申請人<br>簽　收 | |
| 車牌號碼 | ABC-○○○ | | 備考 | 乘客 | | |
| 當事人<br>姓　名 | | | 電話 | | 申請人<br>簽　收 | |
| 車牌號碼 | | | 備考 | | | |
| 填表人 | 警員○○○ | 處理<br>單位 | ○○分局交通分隊　電話：（略）<br>○○市○○區○○路○號○樓 | | | |

附記：如有需他造當事人其他個人資料（如地址等），現場請自行協調交換，於備考欄或空白處填寫。

**交通事故處理當事人須知（註）**

註：許多人會忽略登記聯單〔交通事故處理當事人須知〕的相關說明，其實這部分的內容記載了諸多與車禍處理有關的重要資訊，當事人務請仔細閱讀，才能維護自身權益。

**【範例說明】**

道路交通事故當事人登記聯單（下稱登記聯單）是警方會提供給當事人的公文書。內容相當簡略，通常只有記載車禍發生的時間、地點及當事人姓名、車牌號碼及電話，不會記載當事人的通訊地址或其他個人資料。

## 道路交通事故資料申請書範例

道路交通事故資料申請書　　　　編號：

<table>
<tr><td>發生時間</td><td colspan="3">○年○月○日○時○分</td></tr>
<tr><td>地點</td><td colspan="3">○○市○○區○○路○巷與○○路○巷口</td></tr>
<tr><td>申請人姓名</td><td>李○○</td><td>出生<br>年月日</td><td>○年○月○日</td></tr>
<tr><td>國民身分證<br>統一編號</td><td>A1********</td><td>聯絡電話</td><td>（略）</td></tr>
<tr><td>地址</td><td colspan="3">○○市○○區○○路○號○樓</td></tr>
<tr><td>與當事人<br>關係</td><td colspan="3">☑本人<br>☐受當事人（姓　名）委託<br>☐當事人之利害關係人（關　係）（請出示證明文件）</td></tr>
<tr><td>申請事項</td><td colspan="3">茲因於上列時間、地點發生道路交通事故，請V核發 ☐提供閱覽<br>（擇一勾選）：<br>☑現場圖乙份。（事故發生7日後可申請）<br>☑現場照片乙份 ＊ 張。（事故發生7日後可申請）<br>☑交通事故初步分析研判表乙份。（事故發生30日後可申請）</td></tr>
<tr><td rowspan="2">預定取件日期（由受理單位填寫）</td><td>年　月　日</td><td>案件編號</td><td></td></tr>
<tr><td></td><td>取件簽名</td><td></td></tr>
<tr><td colspan="4">此致<br>○○市政府警察局　　分局　　分駐（派出）所<br>○○交通隊　　交通分（小）隊<br>申請人簽章：李○○　　（印）<br>當事人簽章：　　（印）（非當事人委託者免填）<br>身分證統編：<br>地址：　　　電話：<br>申請日期：○ 年 ○ 月 ○ 日</td></tr>
<tr><td>備註</td><td colspan="3">1.申請或取件時請攜帶身分證正本。<br>2.當事人若無法親自辦理，受託人應攜帶：<br>（1）當事人委託書正本　（2）受託人身分證正本</td></tr>
</table>

承辦人：　　　　主管：　　　　（單位戳章）

## 【範例說明】

道路交通事故資料申請書（下稱申請書）是警方提供給當事人或利害關係人申請車禍相關資料的表格。填寫申請書時，請注意以下各點：

一、發生時間、地點：申請人可參考警方所提供的〔道路交通事故當事人登記聯單〕來填寫。

二、申請人個人資料：請依式逐項填寫。

三、與當事人關係：請申請人依實際身分勾選。實務上，當事人可能因故不便親自申請，此時便可出具〔委託書〕委託親友或保險公司派人代為申請。至於利害關係人與當事人是什麼關係？則視彼此的身分而定，於「關係」欄內填寫，例如父子、母女或配偶。

四、申請書提供現場圖、照片及交通事故初步分析研判表等車禍資料的選項，當事人通常都會勾選「核發」，等警方通知取件後，再拿回去慢慢研究。

五、申請人申請他造當事人的個資，應遵守《個人資料保護法》等相關法令規定並不得違法利用。於無再使用之必要時，應予以銷毀。

道路交通事故處理辦法第13條（第1項）

道路交通事故案件當事人或利害關係人，得於下列期間向警察機關申請閱覽或提供相關資料：

一、於事故現場得申請提供道路交通事故當事人登記聯單。

二、於事故七日後得申請閱覽或提供現場圖、現場照片。

三、於事故三十日後得申請提供道路交通事故初步分析研判表。

## 申辦車禍資料委託書範例

委託書

茲因本人☑有事 □工作 □路途遙遠 □其他：(　　　)

無法親自辦理：☑現場圖乙份

□現場照片乙份（　　　張）

☑交通事故初步分析研判表乙份

特委託＿張○○＿代為申辦，如有虛偽，願負法律責任。

此致

○○市政府警察局（○○分局）交通隊

委託人姓名：李○○　　　（簽名）

身分證統號：A1********

地址：○○市○○區○○路○號○樓

電話：（略）

受託人姓名：張○○　　（簽名）

身分證統號：F2********

地址：○○市○○區○○街○號

電話：（略）

中華民國 ○ 年 ○ 月 ○ 日

### 【範例說明】

申請或取件時，當事人本人若無法臨櫃申請而須委託他人代辦時，受託人應檢附當事人本人的委託書正本並攜帶自己的身分證洽辦。

## 道路交通事故現場圖範例

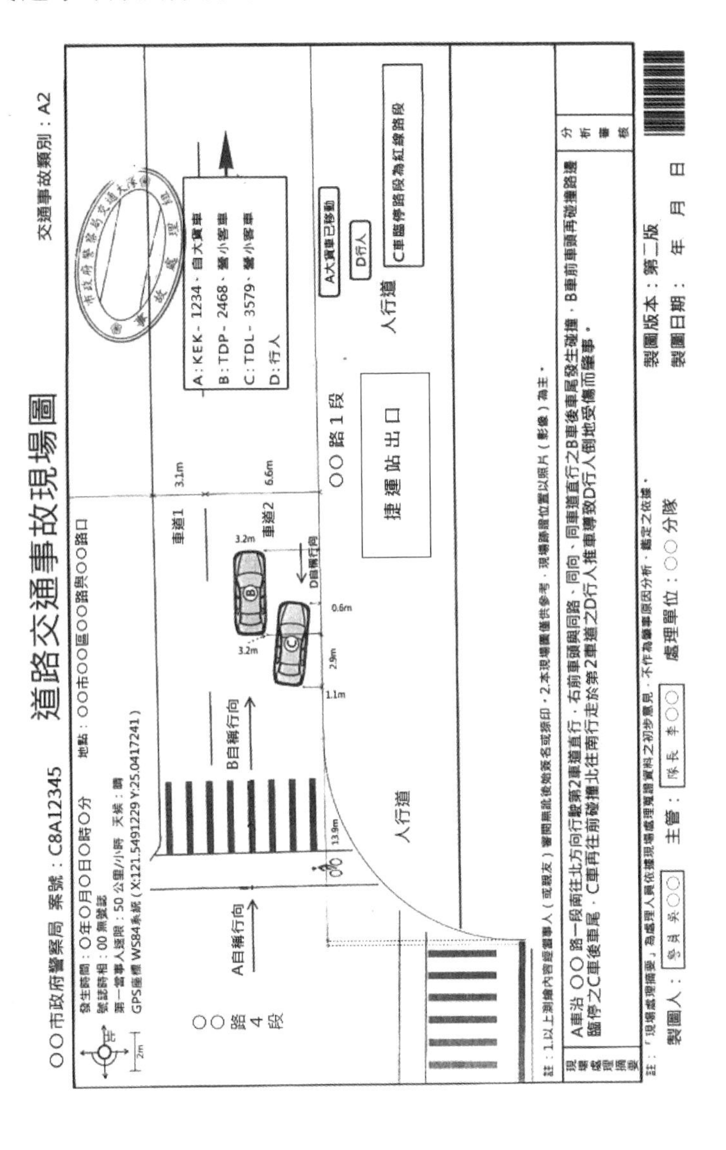

## 【範例說明】

道路交通事故現場圖（下稱現場圖）是警方依據車禍現場實際所見所聞，運用測量器具測繪而成的平面圖。測繪需要相當的專業與技術，因為實地測量後所繪製的現場圖是將來研判車禍肇事責任的重要依據。

現場圖除有方位的標示及紀錄車禍發生時間、地點及比例尺外，也測繪事故現場人、車與道路間的相關位置、行向（行進方向）與重要數據（例如路寬、車速等），倘另有其他重要跡證（例如煞車痕、散落物）也會一併載明。

此外，警方也會紀錄當事人或在場其他人的陳述或意見。例如當事人自稱發生車禍時的車速、行進方向或路人指稱A車闖紅燈等說詞，據以填寫在現場圖下方的「現場處理摘要」欄。

### 【車禍解疑雜惑店】

**現場圖「交通事故類別」欄的A1、A2、A3是什麼意思？**

現場圖右上方**交通事故類別**會有A1、A2或A3的註記，是警方對車禍是否造成人員傷亡或財物損害的分類，亦即交通事故區分爲A1、A2、A3三類：

A1：指造成人員當場或24小時內死亡的交通事故。

A2：指造成人員受傷或超過24小時內死亡的交通事故。

A3：指僅造成車輛或財物受損的交通事故。

現場圖是將來研判車禍肇事原因與責任歸屬的重要依據，現場圖測繪完成後，警方會請當事人審閱無誤後簽名。當事人在簽名前，務必要再三確認，如果發現測繪內容有誤或紀錄不完整時，務必要請警方立即刪修或補正。

## 道路交通事故照片黏貼紀錄表範例

○○市政府警察局道路交通事故照片黏貼紀錄表

| 照片黏貼處 | | | |
|---|---|---|---|
| 攝影時間 | 年　月　日　時　分 | 照片編號 | 01 |
| | | | |

核發單位
橢圓章

| 照片黏貼處 | | | |
|---|---|---|---|
| 攝影時間 | 年　月　日　時　分 | 照片編號 | 02 |
| | | | |

## 【範例說明】

警方在事故現場所拍攝的照片，通常是彙整後每兩張一組黏貼在紀錄表上，再以複（影）印、拷貝或掃瞄的方式將照片提供給申請人。

拍照及錄影可將事故現場概況、相關跡證及處理過程以照片或影像的方式紀錄下來，不僅易於保存且有利事後的舉證，具有填補測繪及表單紀錄不足的效用，是了解車禍發生原因、研判肇事責任歸屬的重要依據。

### 【車禍解疑雜惑店】

**事故現場拍照或錄影存證時，應注意哪些事項？**

1.設定好拍照（錄影）的正確日期與時間。

2.拍（錄）下事故車輛尚未移動前的位置。除了事故車輛現場的近照（影像）外，也要再以中、長距離鏡頭拍（錄）下可提供車禍道路周邊景物、設施等相關位置的照片（影像）。

3.道路損壞痕跡（例如刮地痕、擦地痕或拖痕）、輪跡（例如煞車痕、胎痕）、人車相對位置（例如人或機車倒地所在）、事故車輛的車牌及受損部位（例如車體刮痕、鈑金凹陷）、車輛零件或物品的碎片及散落的位置等，一併都要入鏡存證。

4.車禍造成人員受傷時，受傷的部位一定要拍，特別是輕傷（例如擦、挫傷或皮下瘀青）的情況，爲避免日後舉證困難，傷者在事故現場最好就先拍照存證，並請到場員警記明筆錄。

## 道路交通事故初步分析研判表範例

### ○○市政府警察局道路交通事故初步分析研判表

| 肇事時間 | ○年○月○日<br>○時○分 | 肇事地點 | ○○市○○區○○路<br>○○巷口 |
| --- | --- | --- | --- |
| 當事人 | 車輛種類 | 車牌號碼 | 駕駛人姓名 |
| 001 | 自用小客車 | ○○○○－XY | 李○○ |
| | 初步分析研判可能之肇事原因（或違規事實） | | |
| | 涉嫌右轉彎未注意右後方來車。 | | |
| 當事人 | 車輛種類 | 車牌號碼 | 駕駛人姓名 |
| 002 | 普通重型機車 | ABC－○○○ | 王○○ |
| | 初步分析研判可能之肇事原因（或違規事實） | | |
| | 尚未發現肇事因素。 | | |
| 當事人 | 車輛種類 | 車牌號碼 | 駕駛人姓名 |
| | | | |
| | 初步分析研判可能之肇事原因（或違規事實） | | |
| | | | |
| 此致<br>王○○　先生／小姐<br>中華民國○年○月○日 | | 核發人：警員○○○<br>核發單位： | 核發單位<br>橢圓章 |

附註：一、本表係警察機關依「道路交通事故處理辦法」第10條所為之初步分析研判，非可供保險業者作為理賠當事人之完全依據，對於肇事原因如有疑義，仍應以「公路法」第67條所定車輛行車事故鑑定委員會鑑定之結果或法院之判決為最終之確定。

二、當事人等得依「車輛行車事故鑑定及覆議作業辦法」之規定，向事故發生地之行車事故鑑定委員會申請鑑定。

## 【範例說明】

道路交通事故初步分析研判表（下稱初判表）通常是在車禍發生後30日去申請，但有些縣市警察機關的行政效率頗高，在事故發生後15日就能製發〔初判表〕給申請人。（註）

註：現今許多縣市政府已有提供網路申請車禍表單的服務，民眾不需要特別請假前往警局或交通單位洽辦。透過網路連線至警察機關建置的網站系統，依指示填妥相關資料後，即可完成線上申請手續，再等警察機關通知取件即可。

〔初判表〕除了記載車禍發生時、地及當事人姓名、車號等資料外，也包括肇事原因或違規事實的分析研判。如果車禍當事人對於肇事原因或違規事實沒有爭議，固然可以作為肇責判斷的基礎，但〔初判表〕的文字用語如果不很明確的話，例如「疑似……」、「涉嫌……」、「當事人自稱……」，又或者是車禍發生之初，當事人向警察表示雙方願自行和解，此時〔初判表〕內會記載「本案當事人自行和解，未予初步分析研判」的字句，那麼這張〔初判表〕便難以釐清責任歸屬，自然就更不容易達成解決車禍糾紛的目的了。

### 【車禍解疑雜惑店】

**當事人對於〔初步分析研判表〕有疑義時，要如何處理？**

對於明顯**誤寫**或**漏載**的車禍資料，例如車輛種類、車牌號碼或當事人姓名等，可向警方申訴並檢附相關證明文件（例如行車執照、身分證正本），請求更正或補充後重新製發。

至於初判內容對於肇事原因或違規事實的記載不甚明確時，例如疑似……、涉嫌……或涉及分析研判內容事實認定的爭議時，因攸關肇責的判斷，當事人就須慎重考慮是否要在車禍發生之日起6個月內，向**交通裁決所**或**車輛行車事故鑑定委員會**申請鑑定了。

## 道路交通事故當事人住址資料申請書範例

### 道路交通事故當事人住址資料申請書

<table>
<tr><td colspan="2">發生時間</td><td colspan="3">○年○月○日○時○分</td></tr>
<tr><td colspan="2">地　點</td><td colspan="3">○○市○○區○○路○與○○路口</td></tr>
<tr><td rowspan="4">申請人</td><td>姓　名</td><td>李○○</td><td>出　生<br>年月日</td><td>○年○月○日</td></tr>
<tr><td>身分證號碼</td><td>A1********</td><td>聯絡電話</td><td>（略）</td></tr>
<tr><td>戶籍地址</td><td colspan="3">○○市○○區○○路○段○號○樓</td></tr>
<tr><td>通訊地址</td><td colspan="3">同上</td></tr>
<tr><td colspan="2">與當事人關係</td><td colspan="3">☑本人<br>☐受當事人（姓　名）委託（請當事人於下欄親自簽章）<br>☐當事人之利害關係人（關　　係）（請出示證明文件）</td></tr>
<tr><td colspan="2">申請用途</td><td colspan="3">茲因於上列時間、地點發生交通事故，為聲（申）請（鑑定、寄存證信函或聲請調解、假扣押、提起民事訴訟）之需要，請提供☑抄寫 ☐閱覽（擇一勾選）他造當事人之住址等資料，以維護法律上之利益。用途如下：<br>☐申請鑑定　☐寄存證信函　☑聲請調解<br>☐假扣押　☐提起民事訴訟</td></tr>
<tr><td colspan="2">依據法條及函文</td><td colspan="3">行政程序法第46條第1項、個人資料保護法第16條、<br>法務部101年12月5日法律字第10100202950號函</td></tr>
<tr><td colspan="2">申請日期</td><td colspan="3">○年○月○日</td></tr>
<tr><td colspan="5">（以下欄位由警察機關填寫）</td></tr>
<tr><td rowspan="3">他造當事人</td><td>姓　名</td><td colspan="3">住　　址</td></tr>
<tr><td>王○○</td><td colspan="3">○○市○○區○○街○巷○號○樓</td></tr>
<tr><td></td><td colspan="3"></td></tr>
</table>

此致

○○市政府警察局 ○○分局 交通隊

申請人簽章：李○○ 印　當事人簽章：　（非當事人委託者免填）

處理員警（或業務承辦人）：警員○○○　主管核章：隊長○○○

附註：（略）

【範例說明】

實務上，大多數當事人會透過鄉鎮市區公所的調解委員會（下稱調解會）來解決車禍糾紛。聲請調解前，當事人也多會先申請好現場圖、照片及初步分析研判表等資料，只是當事人在調解會填寫聲請調解書，看到要填寫「對造人住居所地址」欄位時，往往這才發現手邊的一堆車禍資料中，竟然少了對方的聯絡地址！

道路交通事故當事人住址資料申請書（下稱申請書）是提供當事人或利害關係人申請他造當事人地址資料用的表格。然而當事人在申請車禍相關資料時，警方似乎不會主動詢問或告知當事人是否需要一併申請他造當事人的地址……。

如果聲請調解人不能或不想經由〔道路交通事故當事人登記聯單〕上留下的電話號碼聯繫對方（指他造當事人）；或是對方不接電話或不便提供地址時，當事人是可以按規定填寫這紙申請書向警方（註）申請對方的住址。

註：實務上，有極少數的員警因不諳法律而可能含糊其詞地告訴車禍當事人說：「基於個資保護的規定，警方不能提供對方的住址」，並要當事人到調解會聲請調解時，要求調解會發函請警方提供。警方這樣的說法並不正確，請讀者留意！

## 第二節　如何申請調閱監視影像資料？

沒有影像，就沒有眞相！

有時車禍糾紛之所以不能迅速獲得解決，往往是因爲眞相不明，當事人對於車禍肇因與責任歸屬各執一詞所致。如果車禍地點正好有監視設備紀錄到事發經過，要如何儘速取得影像紀錄以保全證據？便成爲當務之急了。

然而錄影監視設備紀錄的影像，通常有一定的保存期限，經過一段時日後，影像紀錄可能就被覆蓋或銷毀。目前各縣市政府大多以**自治條例**就錄影監視系統的設置管理予以律定，並就申請調閱錄影監視影像的相關程序加以規範。

由於錄影監視設備的管理維護單位除了警察機關外，還有其他機關學校、公司行號或私人所裝設，其申請調閱的規定又不盡相同。有鑑於此，筆者綜合了實務上的做法，整理出以下幾點，提供讀者參考：

## 一、須有報案證明

發生車禍報警處理後，當事人可向警方申請道路交通事故當事人登記聯單，這紙文書具有報案證明的性質，因此可再做爲提出申請調閱監視影像的依據。但監視錄影系統如果不屬於警方、政府機關或公立學校管理維護，而是公司行號或私人自行裝設時，如果當事人未經同意而要調閱影像紀錄，有時就算有報警處理或報案證明也未必能如願以償。

## 二、申請人必須是當事人嗎？

申請人通常是車禍當事人本人，但當事人因故（例如車禍受傷住院）無法親自申請時，就必須出具委託書及相關證明文件委由第三人代爲申請。

## 三、須填寫申請書表

監視錄影系統若屬於警察機關負責管理維護時，除了臨櫃申辦外，有些縣市還可透過網路預約申辦，相當便民。

申請人除須填寫錄影監視系統影像申請表，載明個人基本資料，選定欲調閱的影像攝錄地點及特定時段外，另須提出申請調閱的事證資料，例如〔道路交通事故當事人登記聯單〕或以口述事證的方式闡明，最後申請人再在申請表上簽名並就調閱的影音資料立書切結保密。

## 四、申請期限？

有些管理維護單位會規定申請調閱影像資料必須在一定期限內提出，這可能與監視錄影設備保存影像資料的時間長短有關，但並非每個管理維護單位都有類似的規定，基於保全證據的前提，當事人還是要試著提出申請，而且愈早愈好。

## 五、須由警方陪同調閱

當事人提出調閱申請經受理後，警察機關會視需要指派員警陪同調閱，尤其監視錄影系統設備是其他機關學校、公司行號或私人自行裝設時，如果當事人沒有員警陪同前往，可能會被拒絕。因此車禍當事人唯有透過法律程序聲請證據保全，才是合法有效的唯一途徑。

## 六、可否備份影像資料？

這要視情況而定。有些管理維護單位會提供備份給車禍當事人，有些則僅提供閱覽或是提供閱覽之餘，備份資料則交給陪同到場的員警而不是提供給當事人。

# 錄影監視系統影像申請表範例

## ○○市政府警察局　○○分局錄影監視系統影像申請表

編號：　　　　　　　　　　　　　　　　　　申請日期：　年　月　日

<table>
<tr><td>申請人姓名</td><td colspan="2"></td><td>聯絡電話</td><td></td></tr>
<tr><td>聯絡地址</td><td colspan="4"></td></tr>
<tr><td>代理人姓名</td><td colspan="2">(無委託代理人則免填)</td><td>身分證字號</td><td>(無委託代理人則免填)</td></tr>
<tr><td>申請事由</td><td colspan="4"></td></tr>
<tr><td>攝影機編號</td><td>閱覽或複製時段</td><td colspan="2">攝影機地址</td><td>影像需求</td></tr>
<tr><td></td><td></td><td colspan="2"></td><td>□閱覽 □複製</td></tr>
<tr><td></td><td></td><td colspan="2"></td><td>□閱覽 □複製</td></tr>
<tr><td></td><td></td><td colspan="2"></td><td>□閱覽 □複製</td></tr>
<tr><td colspan="4" rowspan="2">申請人應遵守刑法、刑事訴訟法、個人資料保護法、偵查不公開作業辦法、臺北市錄影監視系統設置管理自治條例等相關規定，申請閱覽或複製之攝錄影像資料，不得再複製、翻拍或其他處理、利用。申請閱覽影像資料者，應負保密責任；申請複製影像資料者，於使用完畢後，應立即銷毀。如洩漏影像資料侵害隱私權或違反其他法令之行為，應自行負擔相關法律責任。</td><td>申請人(或代理人)同意後簽名或蓋章</td></tr>
<tr><td></td></tr>
</table>

| 受理人員與單位主管 | 業務單位 | 審核 | 主官批示 |
|---|---|---|---|
| | | | |

說明：

一、受託代理人，應敘明與申請人之關係並出具委任書。

二、本表未盡事宜者，依「○○市政府及所屬各機關學校處理閱卷作業要點」辦理。

# 第三節　肇事原因的認定與責任歸屬的判斷

肇事原因，指的是與車禍的發生，客觀上具有相當因果關係的行爲（例如超速行駛）或事實（例如路面坑洞）。所謂「無風不起浪，事出必有因」。到底是什麼原「因」，造成車禍發生的結「果」，這個「因果關係」，涉及後續肇事責任的判斷及過失責任的輕重。茲分別說明如下：

## 一、客觀行爲或事實

客觀行爲或事實，是指肇事原因的研判，必須以車禍現場發現或存在的跡證爲主要依據，而不是以當事人主觀的意思或想法來判斷。**客觀行爲**：例如闖紅燈、超速、逆向行駛；**客觀事實**：例如路面出現坑洞、積水或天候不佳等。

有些人對於車禍肇責的判斷未建立在正確的觀念上，例如「大車撞小車，一定是大車的錯」、「我被撞受傷，一定是對方的錯」，又或者「是他騎車自摔受傷，我的車沒被撞，與我無關」。類似這樣的認知與說法，常使當事人各執一詞而影響車禍糾紛解決的進程。

## 二、相當因果關係

因果關係，指的是什麼樣的原因，會發生什麼樣的結果。目前實務上採相當因果關係說，亦即依照經驗法則，綜合車禍發生當時所有的一切客觀事實判斷，如果存在同樣原因或條件的情狀，有此環境、有此行爲，就會發生同樣的結果時，這等原因或條件與造成的結果間就具有相當的因果關係。

例如具有汽車駕照的張三開車闖紅燈，撞到綠燈直行但

**無照**騎乘機車的李四，那麼張三闖紅燈的行為是車禍發生的原因，車禍造成李四車損人傷的結果，這個闖紅燈的行為與車損人傷的結果就具有「相當的因果關係」。

假設張三抗辯：「沒有駕照的李四如果不無照騎車上路，他也就不會撞到李四，車禍也就不會發生。」然而依照**經驗法則**來看，張三闖紅燈的行為，還是有可能撞到其他持有駕照的騎士或駕駛，因此李四無照駕駛的行為與車禍的發生並不具有「相當的」因果關係，張三的說法在本件車禍看來，就不能認為是造成車禍的原因。

## 三、肇事原因與過失責任的關係

肇事原因可區分一方為肇事主因或同為肇事主因、一方為肇事次因或無肇事因素等態樣。決定何人為肇事主因或同為肇事主因？何人為肇事次因或無肇事因素？必須視當事人有無過失及過失的輕重而定。

過失，就是當事人對於車禍的發生有應注意，並能注意，而不注意的情況。《刑法》第14條第1項參照。

- 應注意：是指當事人有沒有遵守交通規則、號誌或員警的交通指揮等情形。
- 能注意：是指面對眼前可能發生車禍的情況，有無預見或即時反應的時間。
- 不注意：是指面對即將發生的車禍，當事人有沒有採取適當的防免措施。

肇事原因釐清後，當事人有無過失及過失的輕重，實務上則是以肇事主因、次因等方式來區分肇責比例。《車輛行車事故鑑定及覆議作業辦法》第8條第2項、第3項參照。

**（一）單一肇事主因**

指單方的過失造成車禍的結果，他方無肇事因素。肇事責任爲當事人單方負百分之百全責。

**（二）同爲肇事主因**

指雙方都有過失且同爲造成車禍的結果。肇責比例爲5:5，亦即肇事責任由當事人各負百分之50。

**（三）一方爲肇事主因，他方爲肇事次因**

指雙方都有過失且對於造成車禍的結果也都具有原因力，但一方過失較重，一方過失較輕。肇責比例爲7：3，亦即肇事責任由肇事主因之一方負百分之70；肇事次因之一方負百分之30。

有時在過失程度較輕的一方，除了以「肇事次因」表示外，也有以「亦有過失」、「亦有疏忽」或「稍有疏忽」來表示比「肇事次因」更輕微的過失程度。至於過失輕重要如何認定？目前實務上似乎尚無具體明確的認定標準。

此外，〔車輛行車事故鑑定委員會〕如果無法鑑定事故原因或不能作成決議時，可能會不予鑑定而僅將作成的「分析意見」提供給囑託機關或當事人參考。這是因爲鑑定委員會並非任何車禍案件都能做出正確無誤的鑑定結果，例如車禍相關資料有欠缺或所得資料不足以作成鑑定結論時，鑑定意見也可能會註記「無法判別」。

# 第四節　路權的優先順序

## 一、路權的概念

車禍發生後，爭執「誰撞到誰？」這個「撞」或「被撞」的結果，未必能釐清車禍發生的眞正原因。換言之，要確認車禍肇事的原因，仍必須從「撞」或「被撞」之前的客觀情狀來研判。因此我們必須從「路權」的議題先行了解。

### （一）路權是什麼？

路權，是指對於使用道路或道路上相關設施（例如交通號誌）的人或車，誰有優先使用道路的權利而言。簡言之，一方有使用道路的權利，另一方就有遵守道路使用的義務。

### （二）只有優先路權，沒有絕對路權

路權是一種相對的概念，有優先使用道路權利的人或車，便具有優先路權；沒有優先路權的用路人則有義務尊重並禮讓具有優先路權的用路人。如有違反，致釀交通事故，就要負起法律上的責任。因此車禍發生後，當事人是否具有優先路權？會是判斷事故肇責的基礎。

## 二、尊重行人路權優先

**路權**就是用來規範用路人使用道路及設施先後順序的權利。誰有優先路權，應按現行相關法令的規定。例如紅燈停，綠燈行。指的就是綠燈方向行進的人車具有優先通行與使用道路設施的權利。

臺灣的交通亂象其來有自，對於過馬路的行人而言更是極不友善，外媒甚至給了「行人地獄」的負評。因此汽、機車駕駛人除在禁止行人穿越的路段外，凡行近路口或轉彎處遇有行

人穿越道（俗稱斑馬線）時，應保持一定距離並暫停禮讓行人優先通行，如有違反即可依法處罰。

道路交通管理處罰條例第44條（第2項）

汽車駕駛人，駕駛汽車行近行人穿越道或其他依法可供行人穿越之交岔路口，有行人穿越時，不暫停讓行人先行通過者，處新臺幣一千二百元以上六千元以下罰鍰。

## 三、交岔路口發生車禍時，如何判斷路權的優先順序？

發生在路口的車禍，優先路權的判斷，既不是看馬路的寬窄大小，也不是以「路」>「街」>「巷」>「弄」的方式來認定，參照〔道路交通安全規則〕及實務見解，判斷路權優先順序的基本原則如下：

### （一）路口有人員指揮交通時，「交通指揮」優先

不管路口有無紅綠燈的交通號誌，只要有員警在路口指揮交通，用路人就應依員警的指揮，以定道路優先使用的順序。

### （二）路口有紅綠燈管制的交通號誌時，「綠燈」方向的人車有優先通行權。

用路人應遵循紅燈停，綠燈行的規定，這是基本常識，就不再贅述。

### （三）路口有閃紅燈、閃黃燈的交通號誌時，「閃黃燈」道路上的車輛有優先通行權。

行駛在**閃紅燈**道路上的車輛行經路口時，應先「停」，確認**閃黃燈**方向的道路無來車後，再通行。

行駛在**閃黃燈**道路上的車輛行經路口時，應先「減速」，確認**閃紅燈**方向的道路無來車後，再通行。

**（四）支線道車輛應禮讓幹線道車輛先行，「幹線道」的車輛有優先通行權。**

在沒有號誌或號誌故障且無交通指揮人員指揮的路口，不論幹線道車是要直行或轉彎，支線道車均應暫停禮讓幹線道車先行。

如何判斷是否為支線道？

通常臨接路口處，豎立著寫有「讓」的讓路標誌或寫有「停」的停車再開標誌，又或是地上有「讓路線」、白色倒三角形的標線或寫有「停」、「慢」字樣的道路，可能就是支線道。

**（五）少線道車輛應禮讓多線道車輛先行，「多線道」的車輛有優先通行權。**

線道的多少，是看同一方向行進的車道數有多少，而不是看一整條馬路有多少車道。實務上，在計算車道數時，**公車專用道**不列入計算。

**（六）轉彎車應暫停禮讓直行車先行，「直行車」有優先通行權。**

**（七）同為直行車或轉彎車，左方車應暫停禮讓右方車先行，「右方車」有優先通行權。**

當你騎車或開車到路口時，看到你右手邊的路口有車輛要出來時，就應該禮讓對方車輛先行，因為此時的你，就是所謂的**左方車**。

**（八）行經多車道之圓環，應讓內側車道之車輛先行；行至無號誌的圓環路口時，應禮讓已進入圓環車道的車輛先行。**

# 第五節　車禍鑑定

## 一、概說

車禍鑑定，是集合交通管理、道路工程、機械工程及法律等各個領域於一門的學問。車輛行車事故鑑定委員會則是爲了分析研判車禍的肇事原因與責任歸屬，由一群具備與車禍鑑定相關專業及實務經驗豐富的學者、專家所組成的鑑定機構。

鑑定，是**證據方法**的一種。所謂的證據方法，是指爲還原事實眞相可得運用的一切人、事、物等，例如人的證詞、文書表彰的內容或某物的實體。車禍鑑定的結果，攸關當事人有無過失與肇事責任的認定，作成的鑑定意見書，是法律上相當重要的事證資料。

負責車禍鑑定的機構稱爲車輛行車事故鑑定委員會（下稱車鑑會）。目前各地的「車鑑會」專責其轄區內國道、省道、縣道、鄉道、專用公路及市區道路的行車事故鑑定業務。至於各地主管車禍鑑定業務的行政部門，有的是鑑定委員會，有的是交通事件裁決所（處），當事人應向「道路交通事故當事人登記聯單」所註明的鑑定機構洽辦。

## 二、申請鑑定的時機

車禍糾紛的解決應先釐清責任歸屬，責任歸屬釐清後，才會進一步討論賠償的議題。然而並不是所有的車禍事件都需要申請鑑定，如果當事人對於警方製發的「道路交通事故初步分析研判表」沒有異議，就不需要再花錢申請鑑定。此外，當事人申請鑑定必須在肇事日（車禍發生日）起算6個月內提出，否則鑑定委員會依法將不予受理。

車輛行車事故鑑定及覆議作業辦法第3條

鑑定會受理行車事故鑑定案件以經警察機關處理，並經行車事故當事人或其繼承人或法定代理人、車輛所有人申請，或經現場處理機關移送、司法機關囑託為限。但下列案件不予受理鑑定：

一、鑑定案件進入偵查或審判程序中，且非經司法機關囑託者。

二、申請或警（憲）機關移送之案件距肇事日期逾六個月以上。但因天災或其他不可歸責之事由而遲誤該期限者，不在此限。

三、非屬道路交通管理處罰條例第三條第一款所指道路範圍之行車事故案件。

四、已鑑定之行車事故案件。

## 三、當事人對車禍肇責有爭議時，該由誰來申請鑑定？

車禍當事人對於車禍肇責發生爭執，常發生在警方〔道路交通事故初步分析研判表〕尚未製發的階段，由於欠缺客觀的佐證資料，雙方協商過程中便容易各執一詞，結果自然是不歡而散。

另一種實務常見的情形是當事人申請了〔道路交通事故初步分析研判表〕後，發現初判內容的肇事原因或違規事實是「疑似超速」或「涉嫌未注意車前狀況」之類的記載時，由於「疑似……」、「涉嫌……」或「當事人自稱……」等用語，通常是警方根據事故現場當事人或其他目擊者說詞所作的紀錄，並不是警方對車禍原因已有明確的認定。這些待證事實如果不能在和（調）解的程序中加以釐清，雙方當事人必然還會有所爭執，最終仍然需要申請車禍鑑定，以求公斷。

問題是兩造都有申請鑑定的共識，但應該由誰來提出申請？鑑定規費又要由誰來出呢？關於這一點，法律沒有明文規定，實務上則有以下幾種做法：

### （一）鑑定結果對誰有利，就由誰申請並負擔鑑定費用

所謂「有利」，是指透過鑑定，被害人可以確認有無請求賠償的權利或可否請求更多賠償的權利；相對於肇事者而言，則是可以確認有無賠償的責任或可否減免更多賠償的責任。因此不論是被害人或肇事者，也不問是雙方或僅一方對於肇事原因或責任歸屬有爭議，只要當事人預判鑑定後的結果比其現況有利，理應由其申請並負擔全部的鑑定費用。

### （二）不能確定鑑定結果對誰有利時

#### ㈠僅一方對於肇事原因或責任歸屬有爭議時，由有爭議的一方申請並負擔鑑定費用

當一方認有爭議，他方無爭議時，認有爭議的一方通常會認爲只有透過鑑定，才能改變對其不利的現狀，故理應由其申請並負擔全部的鑑定費用。

#### ㈡雙方對於肇事原因或責任歸屬均有爭議時，由主張求償的一方申請並負擔鑑定費用

車禍鑑定作成的鑑定意見書是法律上的重要證據資料，具有影響車禍判決的關鍵地位。基於**舉證責任分配原則**，應由主張對其有利的一方負舉證責任。準此，訴訟程序中的原告，通常就是主張請求損害賠償的一方，如能因鑑定的結果而受有利的判決，理應由其申請並負擔全部的鑑定費用。（註）

註：有沒有可能透過協商的方式，由當事人推派一方提出申請，鑑定費用則由雙方平均分攤呢？固然這種排列組合，也是選項之一，但從**人性**的角度觀察，似乎還未曾得見。

## 四、鑑定的程序

【車禍鑑定流程】

- 鑑定程序的發動
  - 當事人或其他得申請鑑定之人
  - 警（憲）機關移送
  - 司法機關囑託：法院、檢察署
- 申請鑑定的期限：
  - 當事人申請：肇事之日起6個月內 → 逾期不予受理
  - 警（憲）機關移送：肇事之日起6個月內 → 逾期不予受理
  - 司法機關囑託：無期間限制
- 收件及繳費：鑑定規費新臺幣3,000元／件
  - 未繳規費：退件 → 結案
  - 已繳規費：發文調、收案卷
    - 案卷不全：不予受理 → 退件 → 退費 → 結案
    - 案卷齊全：成案 → 安排鑑定（→ 進行鑑定程序）
- 進行鑑定程序
  - 製發開會通知
  - 召開鑑定會議 → 進行鑑定
  - 製作鑑定意見書
  - 函覆相關申請人或囑託機關
    - 無異議 → 結案
    - 有異議
      - 提出覆議申請
      - 申請期限
        - 當事人：收到鑑定意見書次日起30日內 → 逾期不予受理
        - 司法機關：無期間限制
      - 繳費：覆議案件規費新臺幣2,000元／件

### （一）當事人或其他得申請鑑定之人

申請鑑定的人，除了車禍當事人本人外，也包括當事人死亡時的繼承人、當事人爲未成年人時的法定代理人（通常是父母）、當事人受監護宣告時的監護人、事故車輛的所有人。

### （二）申請期限

已進入司法程序的車禍案件，無論案件是否超過事故發生之日（即肇事之日）起6個月，也不論案件是在檢察署偵查中或是法院審理中，當事人都必須聲請囑託鑑定（當事人自行申請時，不予受理），承辦檢察官或承審法官也可依職權爲﹝囑託鑑定﹞，此時就沒有申請期間上的限制。

至於申請鑑定後才進入司法程序的案件，鑑定會不會受到影響？則要分兩個階段判斷：

㈠尚未完成鑑定時，鑑定機關將不予鑑定。

㈡已經完成鑑定時，鑑定機構既然已作成鑑定意見書，鑑定不因進入司法程序而受影響。

### （三）申請方式

除了親自或委託他人到鑑定機構辦理外，多數鑑定機構也受理郵寄，甚至提供網路申辦的服務，相當便民。然因各地區主管車禍鑑定的行政部門有所不同，申請人應向﹝道路交通事故當事人登記聯單﹞所記載的鑑定機構洽辦。

### （四）繳納鑑定費用及退費

申請車禍鑑定或對鑑定結果有異議而申請覆議，鑑定機構與覆議機構都要收費。目前鑑定案件及覆議案件是以「案」計費，鑑定案每件收費新臺幣3,000元，覆議案每件收費新臺幣2,000元。

繳費義務人除了車禍當事人或其他得申請鑑定之人外，由警（憲）機關移送鑑定時，以移送機關為繳費義務人。由司法機關為囑託鑑定時，則由囑託機關、當事人或其他得申請鑑定之人為繳費義務人。

繳費義務人已繳納鑑定費而有下列情形之一時，鑑定機構應無息退還：

㈠依「車輛行車事故鑑定及覆議作業辦法」第3條第1項規定不予受理鑑定。

㈡未報警處理或調查資料欠缺，無法鑑定肇事原因而不予鑑定或覆議。但作成分析意見回復者，不予退費。

㈢誤繳、溢繳或重複繳納鑑定費。

㈣鑑定或覆議案件未能於法定處理期間內完成，申請人、移送或囑託機關得申請終止辦理，其已繳納之鑑定費應無息退還。但有可歸責於申請人、移送或囑託機關之事由者，不予退費。

### （五）進行鑑定程序

#### ㈠前置作業

申請人繳納鑑定規費後，鑑定機構會先函請警察交通單位調卷，將資料建檔，接著排訂鑑定會議期日並寄發當事人開會通知單，準備召開鑑定會議進行審議。實務上，從受理收件到開會，作業期程約需35到40個工作天。

#### ㈡鑑定會議的成員

鑑定委員會是由一群具備與行車事故鑑定相關領域專業與實務經驗豐富的學者、專家所組成。鑑定會議召開時，除了與會的鑑定委員及當事人外，鑑定委員會視案情的需要也會邀請相關人員列席，例如車輛所有人、現場目擊者、到場處理車禍的員警或其他專業人士。尤其是當事人對於「道路交通事故現場圖」或「道路交通事故初步分析研判表」有疑義時，邀請前述人員列席，必有助於肇事原因與責任歸屬的釐清。

**【車禍解疑雜惑店】**

## 當事人不能列席鑑定會議時，鑑定委員會該如何處理？

車輛行車事故鑑定及覆議作業辦法第6條（第3項）

第一項之當事人死亡或因特殊事故不能列席鑑定會議時，得由其家屬或檢具委託文件之代理人列席；當事人、代理人或家屬均不能列席時，鑑定會得採用其他有關人員之陳述或有關資料逕行鑑定，但案情重大或情節欠明者不在此限。

當事人**死亡**（註1）或因**特殊事故**（註2）而不能列席鑑定會議時，原則上可由家屬或委託他人（例如律師、保險理賠人員）代理列席鑑定會議。如果當事人、代理人或家屬都不能列席鑑定會議時，除非車禍案情重大或情節有欠明確（視具體個案情況而定），否則鑑定委員會還是可以召開鑑定會議進行鑑定。

註1：當事人有可能是因車禍直接或間接造成死亡的結果，也有可能是與車禍無關的原因所造成的死亡（例如生病或其他意外），致不能列席鑑定會議。

註2：所謂**特殊事故**，除了當事人因車禍傷重尚住院治療或因病、出國、當兵等原因，致未能列席鑑定會議外，也包括因車禍而遭通緝或被收押而未能列席鑑定會議的情況。

### ㊂鑑定會議程

**車輛行車事故鑑定及覆議作業辦法第7條（第1項）**

鑑定會議程序如下：

一、主席報告出席委員人數及宣布開會。

二、按議程編列順序逐案進行鑑定。

三、案件鑑定程序如次：

（一）承辦單位必要時並得請現場處理之憲警單位人員或相關機關（構）人員說明案情。

（二）各方當事人報告事故經過情形。

（三）列席人員補充說明。

（四）出席委（職）員及列席專家學者對案情有疑義時，應及時提出詢問，由當事人或有關人員說明解答，必要時實施勘驗及檢驗，並作成紀錄附卷備查。

（五）現場目擊證人報告。

（六）列席專家學者報告。

（七）出席委員閱覽相關資料並聽取上述相關人員報告後，就案情研判事故原因，提出鑑定意見。

（八）主席歸納委員鑑定意見作成結論，徵求委員同意後列入紀錄，委員並在紀錄上親自簽署，作為製作鑑定意見書之依據。

四、委員意見不同時，以多數委員共同意見作成結論。但應將不同意見併同敘明。

由以上的規定可知，鑑定會議的程序相當嚴謹且慎重，委員在聽取各方列席人員的報告與說明並閱覽相關資料後，由會議主席歸納委員的鑑定意見作成結論，最後再徵求委員的同意後列入紀錄，作爲製作〔鑑定意見書〕的依據。

### ㈣製作鑑定意見書

鑑定會議完成鑑定後，〔鑑定委員會〕應依據委員鑑定意見得到的結論作成鑑定意見書。當事人大約14天左右就可收到〔鑑定意見書〕。

〔鑑定意見書〕的鑑定意見，內容應加註肇事原因或肇事主因、肇事次因的說明，這是判斷車禍當事人有無過失及過失輕重的重要依據。

車輛行車事故鑑定及覆議作業辦法第8條（第1項、第2項）

鑑定意見書應載明下列事項：（第1項）

一、囑託（申請）者。

二、當事人。

三、一般狀況。

四、肇事經過。

五、肇事分析：駕駛行為、佐證資料、路權歸屬、法規依據。

六、其他。

七、鑑定意見。

前項鑑定意見內容應加註下列肇事主次因說明：（第2項）

一、雙方當事人僅一方有過失者，以肇事原因表示之，另一方以無肇事因素表示之。

二、雙方均有過失，且過失程度相同者，以同為肇事原因表示之。

三、雙方均有過失，但過失程度不同者，較重之一方以為肇事主因表示之；較輕之一方以為肇事次因表示之。

## 鑑定意見書範例

### ○○市車輛行車事故鑑定委員會鑑定意見書

案號：○○ 會次：○年第○次第○案 會議時間：○年○月○日

壹、囑託（申請）者：王○○

貳、當事人

一、王○○（男、○年○月○日生）自小客車（○○○○-AB）有駕照。

二、李○○（女、○年○月○日生）腳踏自行車。

參、一般狀況

一、時間：○年○月○日○時○分。

二、地點：○○市○○路○段（○○公園停車場出口）。

三、天候：陰；日間自然光線。

四、路況：市區道路、無號誌。

五、車損狀況：

（一）○○○○-AB自小客車（王○○駕駛）前車頭擦痕。

（二）腳踏自行車（李○○駕駛）左側車身擦損。

六、傷亡情形：騎士李○○受傷。

肆、肇事經過：王○○駕駛自小客車自○○路○段○○公園停車場出入口西向東起駛至肇事地點時，其前車頭與沿○○路○段自行車道南向北行駛由李○○騎乘之腳踏自行車相撞而肇事。

伍、肇事分析

一、駕駛行為：

（一）王○○「警方談話紀錄」略以，……（個人陳述，略）……因為停車場出入口有設置出車警示燈，如果李○○能注意我車的話，就不會發生事故了。

（二）李○○「警方談話紀錄」略以，……（個人陳述，略）……我計算過，地下停車場一上來到地面平面位置，與我被撞的位置約9步距離，但對方汽車就是沒有踩煞車撞上了我。

（三）依規定，車輛起駛前應顯示方向燈，注意前後左右有無障礙或車輛行人，並應讓行進中之車輛行人優先通行。綜上所述併依據警方道路交通事故現場圖及雙方當事人陳述等跡證顯示，……（略）……併參酌王○○自小客車之行車紀錄器影像顯示，……（略）……。是以研析，王○○駕駛自小客車「起駛前，不讓行進中之車輛先行」為本事故肇事原因；李○○騎乘腳踏自行車係行進中之車輛，相對具有優先路權，故其於本事故無肇事因素。

二、佐證資料：

（一）警方道路交通事故現場圖、蒐證照片、當事人筆錄、行車紀錄器影像、當事人到會說明。

（二）司法機關函附卷資料。

三、路權歸屬：

車輛起駛前應顯示方向燈，注意前後左右有無障礙或車輛行人，並讓行進中之車輛行人優先通行。

四、法規依據：道路交通安全規則第89條第1項第7款

陸、其他

柒、鑑定意見

一、王○○駕駛○○○○-AB號自小客車：起駛前未讓行進中之車輛先行。（肇事原因）

二、李○○駕駛腳踏自行車：（無肇事因素）

附記：

壹、本鑑定意見書僅係單純就肇事因素所為之說明，提供司法機關或當事人參考，不因上開說明而對當事人直接發生法律效果。

貳、鑑定以一次為限，若當事人對鑑定意見書有所異議，得向○○市政府交通局申請覆議。

參、覆議注意事項：（略）

中華民國○年○月○日

○○市政府交通事件裁決所

**【車禍解疑雜惑店】**

**車禍鑑定從受理申請到完成鑑定，大概要花多久的時間？**

車禍鑑定，從受理收件到召開鑑定會議，約需35到40個工作天；鑑定會議結束後，囑託機關或申請人則大約可在兩星期後收到﹝鑑定意見書﹞。因此車禍鑑定依法應於受理申請後**2個月內**完成鑑定作業，並將作成的﹝鑑定意見書﹞送達囑託機關或申請人。

偵查中的案件，﹝鑑定委員會﹞可依檢察官的書面要求（偵查不公開），不副知當事人及關係人（例如當事人的代理人或其家屬）。如遇有特殊情事（例如無法作成結論，必須再行調查分析與開會討論）而未能依限完成鑑定時，鑑定期間最多可再延長**2個月**，但以一次爲限。

## 五、不服鑑定結果的救濟

### （一）申請覆議及申請期限

案件尚未進入司法程序時，當事人可於收受送達〔鑑定意見書〕翌日起30天內，以**書面**（例如鑑定覆議申請表）敘明異議的原因或理由（含補充資料）並檢附〔鑑定意見書〕影本，向車輛行車事故鑑定覆議委員會（以下簡稱覆議委員會）申請覆議，但覆議以一次爲限。

案件已進入司法程序時，當事人應向受理車禍案件的司法機關（即檢察署或法院）提出聲請，由其轉送〔覆議委員會〕進行覆議。由司法機關轉送的覆議案件，則沒有申請時間上的限制。

### （二）覆議的程序

申請覆議每件應繳納規費新臺幣2,000元，〔覆議委員會〕的議程與鑑定委員會類似，但必須達到法定人數，才能召開會議及進行決議，且覆議會議是以書面審查爲原則，未必會通知當事人到會說明。

### （三）製作鑑定覆議意見書

鑑定覆議意見書應記載的事項與〔鑑定意見書〕相同，如果鑑定覆議意見維持原鑑定意見時，則〔鑑定覆議意見書〕是以同意原鑑定意見來表示。

此外，〔覆議委員會〕受理覆議案的鑑定作業期限也是2個月，遇有特殊情事而未能依限完成鑑定時，最多可再延長2個月，但以一次爲限。

**【車禍解疑雜惑店】**

**不服〔覆議委員會〕的鑑定覆議意見時，還有其他救濟途徑嗎？**

實務上，當車禍造成的整體損害或傷害較輕微時，考量到程序上的不利益（鑑定要花時間、要繳規費），當事人申請車禍鑑定的意願本就不高，就算花錢申請鑑定了，因不服鑑定結果而再申請覆議的情況，那是更是少之又少了。

然而國內負責車禍鑑定的機構，除了各縣市的〔車輛行車事故鑑定委員會〕外，其實還有少數設立於大學的**交通事故鑑定研究中心**，同樣具有車禍鑑定專業，只是這類學術型的鑑定機構多半不受理當事人個別委託的車禍鑑定，僅接受檢察署或法院囑託的鑑定案件。

因此對於已進入司法程序的車禍案件，當事人如果對於覆議委員會的鑑定覆議意見不服，或可考慮聲請司法機關囑託此類學術型的鑑定機構再做鑑定。

## 小結

車禍事件進入司法程序後，鑑定機構的鑑定意見或覆議機構的覆議意見，都只是檢察官或法官憑以發現事實與釐清眞相的「重要參考」而已。換言之，**鑑定結果**並不是決定檢察官起訴與否或法官判決的唯一依據。

當事人對於鑑定覆議意見仍有疑義，尤其是鑑定的結果爲「肇事原因『無法判別』」時，更應積極蒐集有利的事證並說明理由，具狀陳報予承辦檢察官或承審法官，或可因此影響檢察官或法官的心證，進而酌採或改採有利於當事人所期望的結果。

# 第五章 車禍被害人有哪些法律上的權利？

## 第一節 被害人可以向誰請求賠償？

被害人，在此係指因車禍遭受財物損害或造成體傷、死亡結果的人。被害人可能是車禍中的駕駛、乘客、行人或車輛所有人，也可能是因車禍而受波及的公司行號或住家（例如駕駛誤踩油門衝進路旁超商，造成店內貨物毀損）。

被害人求償的前提，須先確認造成車禍的肇事者爲何人？並依該肇事者車禍發生時的年齡或駕駛的目的，進一步研判是否另有其他依法應負連帶賠償責任的第三人。

**【被害人可以請求賠償的對象】**

- 肇事者
  - 僅1人時 → 負賠償責任
  - 有數人時 → 連帶負賠償責任
- 肇事者死亡時
  - 繼承人拋棄繼承或無人繼承時 → 被害人：自肇事者之遺產取償
  - 有人繼承時 → 肇事者的繼承人：以繼承所得為限，負賠償責任
- 肇事者是未成年人時
  - 有識別能力時 → 未成年人＋法定代理人：連帶負賠償責任
  - 無識別能力時 → 法定代理人：負賠償責任
  - 例外：《民法》第187條第2項 → 法定代理人：不負賠償責任
- 肇事者是受僱執行職務之人（受僱人）時
  - 僱用人＋肇事者（受僱人）→ 連帶負賠償責任
  - 例外：《民法》第188條第1項但書 → 僱用人：不負賠償責任
- 肇事者是行使公權力的公務員或公共設施的設置或管理有欠缺時
  - 公務員：以該公務員所屬機關為賠償義務機關
  - 公共設施：以該公共設施的設置或管理機關為賠償義務機關

## 一、被害人可以向車禍肇事者請求賠償

肇事者，是指對於車禍直接或間接造成他人死、傷或財物損害而應負賠償責任的人，也就是所謂的加害人。當肇事者有數人時，所有的肇事者都要對被害人連帶負賠償責任。例如某甲與某乙在馬路上違法競速飆車，結果兩車擦撞後，失控衝撞到路人某丙，致某丙受傷，此時甲、乙二人就要對丙連帶負損害賠償責任。

連帶賠償責任，是指肇事者有二人以上時，每一位肇事者都要對被害人負全部的損害賠償責任。

民法第185條（第1項）

數人共同不法侵害他人之權利者，連帶負損害賠償責任。不能知其中孰為加害人者亦同。

民法第273條（第1項、第2項）

連帶債務之債權人，得對於債務人中之一人或數人或其全體，同時或先後請求全部或一部之給付。（第1項）

連帶債務未全部履行前，全體債務人仍負連帶責任。（第2項）

### 【車禍解疑雜惑店】

**被害人爲車上乘客時，可以向誰請求賠償？**

不論搭乘何種交通工具，乘客在車禍發生之際，通常很難立即有所反應或採取緊急避難的作爲，可說是車禍中最無辜的被害人。因此，當乘客是車禍被害人時，可以向誰求償？在此分以下兩點說明：

**1.車禍是單純自撞時**

在只有單獨一輛汽車或機車所造成的**單一交通事故**。例如汽車駕駛或機車騎士因自身疏失自撞路樹、電線桿或分格島，造成被載乘客受傷時，乘客可向該駕駛或騎士請求賠償。

**2.車禍涉及第三方時**

無論是與他車發生車禍或是爲了閃避違規穿越道路的行人而發生車禍，如果乘客因此受傷，就可對車禍應負肇事責任的車輛駕駛、騎士或路人請求賠償。

實務上，受傷的乘客有時未必會請求全部的肇事者連帶負賠償責任。例如丈夫開車載妻小出遊或男友騎車載女友上班時，途中不慎與第三方發生車禍，造成被載乘客（家人或女友）受傷。如果開車的丈夫或騎車的男友對於車禍的發生**與有過失**，被載的乘客基於親情或友情的考量，不打算對應負車禍肇責的丈夫或男友求償時，那麼受傷的乘客就只能**按肇責比例**向第三方的肇事者求償。

## 二、肇事者死亡時，被害人可以向誰請求賠償？

當車禍肇事者死亡時，被害人未必就會因此求償無門喔！如果肇事者死後留有遺產，若其繼承人選擇拋棄繼承或是肇事者的遺產無人繼承時，被害人還是有機會從肇事者的遺產取償；如果有繼承人繼承了肇事者的遺產，被害人則可向肇事者的繼承人求償。

**民法第1147條**

繼承，因被繼承人死亡而開始。

**民法第1148條（第1項、第2項）**

繼承人自繼承開始時，除本法另有規定外，承受被繼承人財產上之一切權利、義務。但權利、義務專屬於被繼承人本身者，不在此限。（第1項）

繼承人對於被繼承人之債務，以因繼承所得遺產為限，負清償責任。（第2項）

《民法》第1147條及第1148條所稱的被繼承人，在此指的就是車禍事件中已死亡的肇事者。換句話說，繼承，因肇事者死亡而開始。肇事者的繼承人自繼承開始時，承受已死亡肇事者財產上的一切權利與義務。

繼承人對於被繼承人的債務，以因繼承所得遺產爲限，負清償責任，這就是所謂的限定繼承。換言之，肇事者的繼承人只以其繼承所得的財產來賠償車禍中的被害人。

當被繼承人的遺產大於負債時，在清償負債後，如果還有賸餘，繼承人還是可以繼承被繼承人賸餘的遺產。

當被繼承人的負債大於遺產時，繼承人也不需要以自己的**固有財產**來清償被繼承人生前的負債，這是限定繼承的好處。

綜上所述，可知肇事者對於車禍造成他人死、傷或財物損害所應負的賠償責任，並不因其死亡而消滅。因此肇事者仍須以其生前所遺下的財產來賠償車禍被害人，肇事者的繼承人也只以其遺產對車禍被害人負有限的清償責任。

**【車禍解疑雜惑店】**

**肇事者死亡時，誰是肇事者的繼承人？**

**1.肇事者的繼承人**

民法第1138條

遺產繼承人，除配偶外，依左列順序定之：

一、直系血親卑親屬。

二、父母。

三、兄弟姊妹。

四、祖父母。

車禍被害人要向肇事者的繼承人請求賠償，必須先確認誰是肇事者的繼承人？由以上規定可知肇事者的繼承人除了配偶外，繼承人是有先後順位上的規範。第一順位是直系血親卑親屬（例如肇事者的子女），第二順位是肇事者的父母，第三、四順位依序則是肇事者的兄弟姊妹及祖父母。

**2.被害人可向誰請求賠償？**

被害人要向肇事者的繼承人求償而肇事者有配偶時，除可向其配偶請求賠償外，還可向第一順位的肇事者子女請求賠償；肇事者沒有配偶（例如配偶已歿或離婚）而有子女時，則只能向第一順位的肇事者子女求償；若肇事者也沒有子女，則以其第二順位的繼承人父母爲求償的對象，依此類推。

**3.繼承人的連帶賠償責任**

當繼承人有二人以上時，每一位繼承人都要對被害人負連帶賠償的責任。舉例來說，往生肇事者甲男有配偶乙及丙、丁兩名子女時，被害人可以向乙、丙、丁等三人請求連帶賠償，也可選擇向乙、丙、丁中的任何一人或數人，同時或先後請求全部或一部的賠償。《民法》第273條參照。

**【車禍解疑雜惑店】**

**何種情況下，被害人的求償權會受到限制？**

由於繼承人對於肇事者生前應負的賠償責任，僅限於以因繼承所得的遺產爲限，對車禍被害人負淸償責任。當肇事者生前沒有留下財產或所留下的財產不足以賠償被害人的損害時，被害人就可能求償無門或求償所得不足以塡補車禍所受的損害。

此外，肇事者死亡而無人繼承（註1）或肇事者的繼承人都去法院辦理拋棄繼承（註2）時，也會導致被害人求償無門或求償所得不足以塡補車禍損害的結果。

註1：**無人繼承**，是指沒有《民法》第1138條所規定的繼承人而言。

註2：**拋棄繼承**，是指繼承人在知悉其得繼承之時起3個月內，向法院具狀表明拋棄被繼承人生前留下的全部財產及全部債務之謂。

民法第1174條（第1項、第2項）

繼承人得拋棄其繼承權。（第1項）

前項拋棄，應於知悉其得繼承之時起三個月內，以書面向法院為之。（第2項）

## 三、肇事者是未成年人時，被害人可以向誰請求賠償？

未成年人，是指未達法定成年年齡的人，例如嬰兒、孩童、青少年均屬之。《民法》規定滿18歲的人才是成年人，才有完全的行爲能力（註）。

註：**行為能力**，是指能以獨立的意思表示，使其行為發生法律上效果的能力。只有成年人有完全的行為能力。

民法第12條

滿十八歲為成年。

民法第13條（第1項、第2項）

未滿七歲之未成年人，無行為能力。（第1項）

滿七歲以上之未成年人，有限制行為能力。（第2項）

### (一) 未成年人

被害人可否向未成年人請求賠償？要視車禍發生時未成年人有無「識別能力」而定。識別能力，是指認識到自己的行爲在法律評價上必須對該行爲負責的能力，而且是就**具體個案**所作判斷。

**㈠未成年人「有」識別能力時，未成年人與法定代理人（通**

**常爲父母）須連帶負賠償責任**

民法第1086條（第1項）

父母為其未成年子女之法定代理人。

假設16歲的小明沒有機車駕照卻偷騎老爸的機車上路，行經路口時又不愼撞到了正走在行人穿越道上的路人甲，造成路人甲身上多處擦傷。

未成年人小明理當明白沒有駕照就不能騎車上路，而且小明因不遵守交通規則而撞傷正在過馬路的行人，基於他對這個行爲**具有識別能力**，所以小明與他的父母就必須對路人甲受傷的結果連帶負賠償責任。

**㈡未成年人「無」識別能力時，未成年人不負賠償責任，由法定代理人單獨負賠償責任**

假設5歲的小英和父母一起上街，小英的父母在路口巧遇鄰居，一時興起就在路邊聊了起來，此時小英不知什麼原因突然衝向馬路，正好某甲騎車行經該路口，看見小英突然跑到路上，某甲爲了閃避小英而摔車。

小英年幼無知且毫無認識與判斷這種危險行爲的**識別能力**，因此小英的父母就必須對騎士某甲車損人傷的結果負損害賠償的責任。

民法第187條（第1項、第2項）

無行為能力人或限制行為能力人，不法侵害他人之權利者，以行為時有識別能力為限，與其法定代理人連帶負損害賠償責任。行為時無識別能力者，由其法定代理人負損害賠償責任。（第1項）

前項情形，法定代理人如其監督並未疏懈，或縱加以相當之監督，而仍不免發生損害者，不負賠償責任。（第2項）

## （二）法定代理人

從法律面來看，除了法定代理人能證明其監督並未疏懈，或縱加以相當之監督，而仍不免發生損害，可不負賠償責任外，無論未成年人在車禍發生時有沒有**識別能力**，法定代理人都要對未成年人的肇事行爲負責。

實務上，車禍肇事者是未成年人時，被害人在民事訴訟程序中，通常也會將其法定代理人（父母）列爲共同被告連帶求償。至於法定代理人能否舉證免責，則由法院依個案具體事實認定。

## 四、肇事者是受僱執行職務之人時，被害人可以向誰請求賠償？

身處工商繁榮、百業興盛的現代社會，路上常可看到客運業者及貨運業者僱用職業駕駛載客送貨必須使用道路且次數頻繁而密集。一般公司行號的受僱員工也常常爲了執行業務而必須利用汽、機車等交通工具穿梭於市區大街小巷。這些基於**僱傭關係**而受僱的駕駛，倘在執行職務中發生車禍而須負賠償責任時，駕駛往往囿於個人經濟因素而遲遲無法與被害人達成和解，所以法律特別規範僱用人必須與受僱駕駛連帶負損害賠償責任，期使被害人的權益能多添一分保障。

民法第482條

稱僱傭者，謂當事人約定，一方於一定或不定之期限內為他方服勞務，他方給付報酬之契約。

### （一）受僱人

受僱人，是指基於僱傭關係於執行職務中，直接或間接造成車禍發生的行爲人，例如受公車駕駛、貨車司機均屬之。事實上，不論受僱人擔任何種職務，只要是執行職務時發生車禍而應負肇事責任時，被害人就可以對其請求損害賠償。

### （二）僱用人

僱用人，可能是公司，也可能是獨資商號或其他法人、非法人團體或自然人。只要是基於僱傭關係，受僱人在執行職務中發生車禍而有肇責時，原則上僱用人就要與受僱人共同對被害人連帶負損害賠償責任。只不過僱用人在賠償被害人所受的損害後，依法可以再向受僱人求償的（註）。實務上，只要肇事者是執行職務的受僱人，民事訴訟程序中，被害人同樣會將僱用人列爲共同被告請求連帶賠償。

註：實務上，僱用人通常會考量受僱人的經濟情況，按月從其薪資中扣抵。

民法第188條（第1項、第3項）

受僱人因執行職務，不法侵害他人之權利者，由僱用人與行為人連帶負損害賠償責任。但選任受僱人及監督其職務之執行，已盡相當之注意或縱加以相當之注意而仍不免發生損害者，僱用人不負賠償責任。（第1項）

僱用人賠償損害時，對於為侵權行為之受僱人，有求償權。（第3項）

**【車禍解疑雜惑店】**

**肇事者是計程車司機時，被害人可以請求車行連帶賠償嗎？**

**1. 計程車司機是個人車行時**

此時肇事車輛的**行車執照**上登記的車主是「**某某某個人計程車行**」，被害人就只能向肇事司機個人請求賠償。

**2. 計程車是車行所有時**

肇事司機是基於**僱傭關係**受僱於車行賺取薪資，被害人可依《民法》第188條第1項規定向車行請求連帶賠償。

### 3. 計程車是「靠行」的關係時

若車輛原屬於司機所有，只因**靠行**（註）的關係而將車輛登記在車行名下。依一般社會觀念，乘客通常難以分辨計程車是否為他人靠行營運，只能從車體的外觀來判斷該車是否為車行所有，因此《民法》第188條有關僱用人應負責任的規定，**應從寬解釋**。

換言之，當計程車司機因車禍而對被害人負有肇事責任時，被害人也可向車行請求連帶賠償，如此方足以保護社會大眾的權益。

註：汽車所有人為達營業目的或配合監理法令相關規定，將車主變更登記於車行名下，車行則允許真正的汽車所有人以車行名義對外提供服務並由其自負盈虧的情形，稱為「靠行」。

## 【車禍解疑雜惑店】

**肇事者是外送員時，被害人可以向外送平台業者請求連帶賠償嗎？**

被害人可否向外送平台業者請求連帶賠償？要看外送員與外送平台業者間簽訂的是何種契約而定：

### 1. 外送員與外送平台業者簽訂的是承攬契約時

外送員在外送途中發生車禍而有肇事責任時，被害人就只能向外送員請求賠償。

民法第490條（第1項）

稱承攬者，謂當事人約定，一方為他方完成一定之工作，他方俟工作完成，給付報酬之契約。

### 2. 外送員與店家是僱傭關係時

外送員受僱於有提供外送服務的店家，在外送途中發生車禍而有肇事責任時，該店家就要對被害人負連帶賠償責任。例如某些速食連鎖業者有提供消費者訂餐外送的服務，若外送員受僱於該速食業者從事外送服務，發生車禍而有肇事責任時，被害人則可向該速食業者請求連帶賠償。

## 五、肇事者是行使公權力的公務員或公共設施的設置或管理有欠缺時

車禍有時會牽涉到執行公務的公務員或政府機關。例如員警開車追捕通緝犯，不慎撞到其他用路人而造成車損人傷的意外時，可能涉及公務員行使公權力的疏失；當馬路上出現了大坑洞，害機車騎士連人帶車摔得體無完膚時，有可能是公共設施的設置、管理有欠缺，此時被害人該向誰請求賠償呢？

**國家賠償法第2條（第2項）**

公務員於執行職務行使公權力時，因故意或過失不法侵害人民自由或權利者，國家應負損害賠償責任。公務員怠於執行職務，致人民自由或權利遭受損害者亦同。

**國家賠償法第3條（第1項）**

公有公共設施因設置或管理有欠缺，致人民生命、身體或財產受損害者，國家應負損害賠償責任。

**國家賠償法第9條（第1項、第2項前段）**

依第二條第二項請求損害賠償者，以該公務員所屬機關為賠償義務機關。（第1項）

依第三條第一項請求損害賠償者，以該公共設施之設置或管理機關為賠償義務機關。（第2項前段）

**國家賠償法第10條（第1項）**

依本法請求損害賠償時，應先以書面向賠償義務機關請求之。

請求權人請求國家賠償要先填寫〔國家賠償請求書〕向負

有賠償義務的政府機關提出請求。讀者可透過【法務部全球資訊網】或縣市政府官網下載填寫。

# 第二節　被害人可以請求哪些賠償？

## 一、損害賠償的請求權基礎

被害人請求賠償是爲了塡補因車禍所受的損害，因此請求損害賠償必須**於法有據**才行，法律術語稱之爲請求權基礎。

請求權，是指一個人基於法律的規範可以向另一個人請求爲一定的行爲（作爲或不作爲）的權利。請求權基礎，簡言之，就是指某人可以依法律的規定請求某人應負何種責任（或義務）的權利。

法庭上，當法官問原告：「你的請求權基礎爲何？」時，法官的意思就是要原告說明「你是依『什麼法』？根據『哪一條』的規定？來主張你的權利？」

**有損害，就有權利；有權利，就有救濟**

因故意或過失而不法侵害他人權利的行爲，就是**侵權行爲**。例如車禍造成車損人傷，就是被害人的「財產權」與「身體權」受到侵害的結果，被害人對肇事者就有〔侵權行爲損害賠償請求權〕，肇事者對被害人就要負損害賠償責任。

## 二、車禍被害人請求損害賠償的法條依據有哪些？

民法第184條（第1項前段）

因故意或過失，不法侵害他人之權利者，負損害賠償責任。

本條條文是對一般侵權行爲所作的規範，也就是所謂的〔侵權行爲損害賠償請求權〕，只要法律沒有其他特別規定，被害人便可依法主張權利。例如某甲在陽台晾曬衣服，不慎碰落盆栽，恰好某乙開車行經該處，被從天而降的盆栽砸壞車頂，某乙便可據此規定請求某甲負損害賠償責任。

**民法第185條（第1項）**

數人共同不法侵害他人之權利者，連帶負損害賠償責任。不能知其中孰為加害人者，亦同。

有時車禍發生的原因，肇事者可能有兩個人以上時，被害人未必知道誰才是眞正的肇事者，就算知道肇事者是哪些人，也未必知道肇事者彼此間的肇責輕重（指過失比例）。法律爲了保護被害人的權益，特別針對這種情形立法加以規範。

例如計程車與自小客車在路口相撞，計程車乘客因此受有體傷，當兩車駕駛都有過失或乘客不知道誰有過失時，被害乘客就可據此規定請求兩方肇事駕駛負連帶賠償的責任。

**民法第191-2條**

汽車、機車或其他非依軌道行駛之動力車輛，在使用中加損害於他人者，駕駛人應賠償因此所生之損害。但於防止損害之發生，已盡相當之注意者，不在此限。

本條條文條文可看成是《民法》第184條第1項前段的特別規定。換言之，當肇事者是汽、機車駕駛且是在行駛中發生車禍事故時，被害人就可以此條文作爲請求賠償的依據。

例如某甲開車行經路口時，未注意到正在過馬路的某乙，將某乙撞倒受傷，某乙便可依本條規定請求肇事駕駛某甲負損害賠償的責任。反之，某乙若是被騎單車的人撞傷，因單車並非動力車輛，此時某乙仍應依《民法》第184條第1項前段規定向肇事者求償。

**民法第193條（第1項）**

不法侵害他人之身體或健康者，對於被害人因此喪失或減少勞動能力或增加生活上之需要時，應負損害賠償責任。

車禍造成被害人擦、挫傷的情況時，經過一段時間的療養後，通常傷勢便可復原，被害人依《民法》第184條第1項前段的規定請求損害賠償即可。

倘被害人因車禍而**喪失或減少勞動能力**；或因此**增加了生活所需的必要支出**時，被害人除可依《民法》第184條第1項前段規定請求損害賠償外，還可依《民法》第193條第1項規定主張權利。請參閱【生活上增加的必要支出】相關說明，頁111起。【喪失或減少勞動能力的賠償】相關說明，頁113起。

民法第195條（第1項）

不法侵害他人之身體、健康、名譽、自由、信用、隱私、貞操，或不法侵害其他人格法益而情節重大者，被害人雖非財產上之損害，亦得請求賠償相當之金額。其名譽被侵害者，並得請求回復名譽之適當處分。

車禍造成被害人身心受創之餘，往往還要忍受生活上與行動上的種種不便，爲了彌補被害人精神與肉體所受的痛苦，法律特別規定被害人可向肇事者請求精神賠償，也就是「慰撫金」。請參閱【精神上的損害賠償】相關說明，頁117起。

民法第196條

不法毀損他人之物者，被害人得請求賠償其物因毀損所減少之價額。

汽、機車如因車禍而受有損害時，被害車主除可依《民法》第184條第1項前段的規定向肇事者請求損害賠償外，可能還有**車輛折舊**的問題需要一併解決。請參閱【如何計算車輛的折舊？】相關說明，頁132起。

## 三、損害賠償的方式

車禍造成的損害，法律規定的賠償方式有二：一是〔回復原狀〕；二是〔金錢賠償〕。回復原狀是原則，金錢賠償是例外。茲分述如下：

民法第213條（第1項、第2項、第3項）

負損害賠償責任者，除法律另有規定（註1）或契約另有訂定（註2）外，應回復他方損害發生前之原狀。（第1項）

因回復原狀而應給付金錢者，自損害發生時起，加給利息。（第2項）

第一項情形，債權人得請求支付回復原狀所必要之費用，以代回復原狀。（第3項）

註1：**當法律另有規定**，就按法律的規定。例如車禍事故中，某甲的車因某乙過失而撞壞，甲車受損已達無法修復的程度或是修復所需的費用遠超過甲車的價值時，某乙應以**金錢賠償**某甲的損失。

民法第215條

不能回復原狀或回復顯有重大困難者，應以金錢賠償其損害。

註2：如果是**契約另有訂定**，例如車禍事故中，某甲的手機因某乙過失而毀損，雙方可自行協商由某乙賠償一支同廠牌款式的手機給某甲。

被害人因車禍而受有損害時，依《民法》第213條第1項規定可請求肇事者回復損害發生前的原狀。例如肇事者將被害人受損車輛送廠維修。如果賠償方式是〔回復原狀〕，那麼**回復原狀的方法**便是將車輛修復到車禍發生前可以正常使用的狀態。

**【車禍解疑雜惑店】**

## 肇事者同意被害車主自費送修受損車輛，並承諾修復後付款給修車廠，如果肇事者遲未依約付款時，被害人該怎麼辦？

這種情況常發生在車禍當下，被害車主因相信肇事者有解決問題的誠意，有時加上在場處理事故的員警敲敲邊鼓，一番勸和之下，被害車主很有可能就此妥協了。

雖說肇事者同意被害車主先將車輛送廠維修，且承諾在車輛修復後會給付修理費給車廠。但如果肇事者遲未給付修理費，導致車廠留置車輛時，被害車主若不先墊付修理費用，勢將面臨無車可用的情況（註）。

註：當修復的車輛因肇事者未支付修理費用而被車廠留置時，被害車主只能另覓其他交通工具代步，不僅造成被害車主的不便，也會衍生其他的費用（例如車廠留置車輛的保管費及被害車主的交通代步費）。除非有修理費用超出被害車主所能負擔的情事，否則為避免損害持續的擴大，建議被害車主宜先給付車廠修理費用，將車取回。

不論是哪一種情形，只要修理費是由被害車主先墊付給車廠時，被害車主等同是代替肇事者支付了相當於**回復原狀**的費用，依《民法》第213條第2項及第3項的規定，被害車主將來可憑車廠的維修單據，再循法律途徑向肇事者「連本帶利」地把修車費給討回來。

民法第214條

應回復原狀者，如經債權人定相當期限催告後，逾期不為回復時，債權人得請求以金錢賠償其損害。

## 四、損害賠償的範圍

車禍造成的損害，可能減損被害人固有財產的價值、喪失預期可得的利益並增加額外費用的支出，肇事者必須予以填補，始能回復被害人權利被侵害前的圓滿狀態。

民法第216條（第1項、第2項）

損害賠償，除法律另有規定或契約另有訂定外，應以填補債權人（此指車禍被害人）所受損害及所失利益為限。（第1項）

依通常情形，或依已定之計劃、設備或其他特別情事，可得預期之利益，視爲所失利益。（第2項）

損害賠償的範圍，包括「所受損害」與「所失利益」。例如某甲駕駛計程車在路上被闖紅燈的機車騎士某乙撞到，造成某甲計程車受損，某乙不但要負擔修車費用（填補某甲所受損害），還要賠償修車期間某甲不能開車載客的營業損失（所失利益）。

民法第217條（第1項、第2項、第3項）

損害之發生或擴大，被害人與有過失者，法院得減輕賠償金額，或免除之。（第1項）

重大之損害原因，為債務人所不及知，而被害人不預促其注意或怠於避免或減少損害者，為與有過失。（第2項）

前二項之規定，於被害人之代理人或使用人與有過失者，準用之。（第3項）

本條條文是有關「過失相抵」的規定，這是一條在車禍糾紛處理中經常會被運用到的法律條文。

與有過失，白話一點的說法就是彼此都有錯的意思。當車禍的發生是因爲雙方當事人都有疏失的時候，就表示雙方與有過失，各該當事人都必須對於自己的過失負責，只是過失輕重比例或有不同，因此在計算損害賠償的時候，當事人就可依本條規定主張**過失相抵**。

例如某甲在車禍中所受的損害是10萬元，某乙所受的損害是6萬元，雙方的過失比例是5：5（即**雙方與有過失**），那麼某甲可向某乙請求5萬元的賠償（10萬元除以2），某乙則可向某甲請求3萬元的賠償（6萬元除以2）。如果雙方同意適用過失相抵的規定，那麼5萬減去3萬後，就應該由某乙再賠給某甲2萬元，車禍糾紛便告解決。

## 第三節　財產上的損害賠償

車禍可請求的損害賠償可大別爲財產上的損害賠償及精神上的損害賠償兩大類。爲了方便讀者理解，本章節先從﹝財產上的損害賠償﹞說起，﹝精神上的損害賠償﹞則另於下一章節說明。

**【車禍可請求損害賠償的項目】**

- 財產上的損害賠償
  - 財物損害
  - 醫療費用
  - 生活上增加的必要支出
  - 喪失或減少勞動能力的賠償
  - 停薪、停業的損害賠償
- 精神上的損害賠償

## 一、財物損害

財物損害以實支實付爲原則，也就是以實際的損害或因車禍而衍生的費用支出作爲請求賠償的依據。例如車輛、衣服、手機等物件或商品、貨物的毀損、滅失均屬之。至於因車禍而衍生其他費用的支出，包括（但不限於）以下幾種費用：

### （一）清運費

車禍現場的清理、事故車輛的拖吊或是搬運散落物品所支出的費用。

### （二）修理費

指將受損財物回復原狀所支出的費用。**修理費**通常包含工資與零件、材料更換的費用，例如事故車輛的維修，若支出的修理費含有料件的更新，可能還有折舊的問題，這部分就可從修理費中扣除。

### （三）代步費

例如受損車輛送廠維修期間，被害車主無車可用而必須搭乘其他交通工具（例如捷運、公車或計程車）時，會有交通代步費的支出。

### （四）其他

車禍造成的損害中，有一類是屬於無法彌補的損害，像是心愛的寵物（註）被車撞死或是對被害人具有特殊意義或紀念性的物件因車禍而毀損滅失。這類損害若當事人協商賠償未果，最後也只能視個案情況訴請法院公斷。

註：動物在我國法律上的屬性是物，被視之為動產，並不具有法律上的人格。寵物既然被認定是財產，除了處理寵物遺體所支出的費用外，寵物往生時的市場價格，理應也可列為損害來向肇事者求償才是。

精神賠償或慰撫金，必須法有明文，始可請求。寵物因車禍致死，以往是無法請求「精神賠償」的。不過近年來已有實務見解認為**「寵物與人所具有的情感上密切關係，有時已近似於家人間的伴侶關係」**，應認為「**動物**」非物，而是介於「**人**」與「**物**」之間的**「獨立生命體」**。因此可以其屬性及請求權利之不同，適用或類推適用相關法令（例如精神賠償或殯葬費等），進而肯認寵物主人得請求精神賠償。（臺灣高等法院民事判決 106 年度消上易字第 8 號、臺灣新北地方法院民事判決 109 年度訴字第 1469 號參照）

## 二、醫療費用

車禍造成被害人受傷所衍生的醫療費用項目極多，包括（但不限於）急救費、住院（病房）費、手術費、膳食費（註）、檢驗費、藥品費、掛號費、診斷費、復健費…等。賠償的範圍也是採實支實付原則，但以醫療上所必要的支出費用爲限。因此被害人應妥善保留相關醫療單據，以作爲日後求償或申辦保險理賠之用。

註：住院期間支出的膳食費可請求賠償，至於是不是由醫院所提供的伙食，則在所不問。

## 三、生活上增加的必要支出

車禍往往造成傷者生活起居上種種的不便與負擔，因此被害人增加的必要支出也可以請求賠償。

民法第193條（第1項）

不法侵害他人之身體或健康者，對於被害人因此喪失或減少勞動能力或增加生活上之需要時，應負損害賠償責任。（第1項）

所謂增加生活上之需要，是指被害人在車禍發生前本來不會有此需要，也不會有此費用的支出，是因爲發生車禍造成被害人受傷後才增加的必要費用。

這些項目包括（但不限於）往返醫院復診、回診的交通費、看護費、醫療輔具（例如拐杖、輪椅等）、裝置義肢或義（齒）眼……等費用。賠償的範圍雖然也採實支實付原則，但必須是生活上增加的必要支出，且支出的費用必須合理。茲就「交通費」與「看護費」兩項，進一步說明如下：

### （一）交通費

被害人出院或是因醫療上的需要，遵照醫囑必須回診、復診或轉診，期間往返醫院所支出的合理交通費（註），被害人也可依實支實付原則請求賠償。

註：交通費（即接送費用）的請求必須合理，例如因回診或復診而搭乘計程車往返住家及醫院間的交通費就屬合理。如果不搭計程車而以自用車代步時，只要是在合理必要的範圍內也可比照辦理。

### （二）看護費

被害人傷勢是否已到了要請看護的程度？一般是從被害人受傷的部位、傷勢的輕重及行動力是否影響日常生活已達難以自理等情形綜合判斷。不論是住院期間因傷勢嚴重而必須請專人看護，或是在家療養期間，因日常生活起居已達無法自理的程度而必須請人看護，原則上都要有醫師的證明並提出看護人出具的收據佐證，始得請求這部分的費用。

**【車禍解疑雜惑店】**

**被害人由親人照料看護，可否請求看護費？**

親人對被害人的看護是出於親情的表現，並不是爲了替肇事者代爲照顧，因此被害人雖然沒有實際支出看護費用，仍可向肇事者請求相當於看護費的賠償。實務亦採**肯定見解**（最高法院 89 年度台上字第 1749 號民事判決、臺灣高等法院87年訴字第7號判決參照），認爲親屬看護所付出的勞力並非不能評價爲金錢，且此種親屬基於身分關係的恩惠，自不能加惠於加害人，如此才符合《民法》第 193 條第 1 項所定**增加生活上需要**之意旨。

因為沒有專職看護人出具的收據，被害人若由親人看護時，宜另提供記載擔任看護的親屬姓名、被害人與該親屬的關係及看護期間的書面資料，以作為請求看護費的依據。至於看護費用如何計算？實務上則視個案具體看護情形而定。

此外，實務上也肯認被害人因車禍受傷而必須請人看家、煮飯或是家中有小孩需要有人代為照護時，衍生的**僱工費**或**褓姆費**也是屬於此類可得請求的項目。

## 四、喪失或減少勞動能力的賠償

勞動能力，是指一個人的謀生能力，也就是工作能力。由於車禍可能造成被害人身體或健康的永久性或局部性的傷害，被害人若因此而喪失或減少的勞動能力，自可向肇事者請求賠償。《民法》第193條第1項參照。在計算這部分的賠償數額時，實務上通常是依據以下三種判斷標準來計算：

- 勞動能力的減少程度
- 勞動年數
- 被害人的所得

### （一）勞動能力的減少程度

因勞動能力喪失或減少所受的損害，並不限於實際上已經發生的損害，也包括現在沒有但將來預期可得的收益。所以被害人因勞動能力喪失或減少而造成將來預期可得的收益無法獲得時，也可以向肇事者請求賠償。

勞動能力「全部」喪失，例如車禍造成被害人腦部受傷，成爲所謂的植物人時，在計算賠償數額會比較容易確定。但在勞動能力「一部」喪失（亦即減少勞動能力）的情況下，賠償數額的計算就比較麻煩了。實務上，法院大都是綜合醫院的診斷結果並參考〔行政院勞動部〕依《勞工保險條例》第54條之1訂頒的《勞工保險失能給付標準》及「附表」所區分的失能等級，據以判斷合理的損害賠償數額。

〔行政院金融監督管理委員會〕依《強制汽車責任保險法》第27條訂頒的《強制汽車責任保險給付標準》，對於因車禍造成被害人傷害的情形，也依失能程度區分爲15等級，並制定有〔強制汽車責任保險失能給付標準表〕，作爲被害人因車禍而喪失或減勞動能力時，申辦保險給付的依據。請參閱【車禍的保險理賠】相關說明，頁293起。

### （二）勞動年數

勞動年數，是指一個人踏出社會就業或開始從事工作直到退休或不能工作的時間。車禍發生後，除了要判斷被害人受傷導致勞動能力有無喪失或減少的因素外，也要看被害人還可從事勞動的時間有多久？如此才能計算出合理的賠償數額。茲分別說明如下：

#### ㈠勞動年數的起算基準

1.已成年的被害人：通常是從車禍受傷時起算。

2.未成年的被害人：

可能因爲年幼而未具備謀生能力，也可能尚在求學階段，還沒出社會工作。那麼未成年的被害人要從何時起算勞動年數？實務見解並未一致……

有從**18歲**起算，也有從**將來可能就業的歲數**起算。至於合理的賠償數額是多少？由於當下也無從預知未成年的被害人將來會從事何種職業？實務上則是以該未成年人的資質、在學成績、性格、家庭狀況及一般經驗法則等情形審酌認定之。

### ㈡勞動年數要算到幾歲？

實務上，以往勞動年數從50歲計算到65歲的案例都有。所以計算勞動年數時，可能就要通盤考量被害人的年齡、職業技能與健康狀況等具體因素加以認定了。

## （三）被害人的所得

實務上，法院認爲被害人喪失或減少勞動能力的損害，應就被害人車禍受傷前的身體健康狀態、教育程度、專門技能、社會經驗等各方面酌定之，既不能以現有的收入爲據，也不能以一時一地的工作收入爲準。退一步言，就算被害人在車禍發生前沒有實際工作收入，也不代表被害人就沒有勞動能力。所以被害人因車禍而喪失或減少勞動能力的損害，自可向肇事者請求賠償。

### ㈠有固定工作收入者

此時所得比較容易計算，被害人短少的薪資收入可依據薪津清冊、所得扣繳憑單或薪資入帳存摺加以判斷。

### ㈡失業或待業者

因無工作收入可資判斷，法院實務咸認被害人在身體健全前提下，本有謀職就業的機會，倘因車禍受傷而不能工作，當然可以請求因喪失或減少勞動能力的損害賠償。只是在求償的判斷基準上，也是要考量被害人的年齡、健康狀況、失業或待業前曾從事的工作所得以及學、經歷等具體因素來認定。

### ㈢老殘、退休者

老人、殘障人士及自職場退休的人，如果還有勞動能力，因車禍受傷而有喪失或減少勞動能力的情形時，實務上則是參酌其家庭環境、勞動意願及其他實際情狀來認定。

綜上所述，在計算被害人因車禍喪失或減少勞動能力的賠償時，要考量許多現實的因素，加上實務見解未臻一致，如果車禍當事人對於勞動能力的喪失或減損、勞動年數與勞動所得的計算有所爭議，導致賠償數額有認知上的落差或未能達成共識時，最終也只能訴請法院公斷了。

**【車禍解疑雜惑店】**

**因車禍受傷而無法從事家務，必須花錢請人代勞時，支出的費用可否向肇事者求償？**

在強調性別平等的現代，夫或妻都有可能從事日常家務勞動（例如洗衣、煮飯、掃地、帶小孩等）。雖然這是個沒有薪水或酬勞可領的無給職，但《民法》第1003之1條第1項的規定，除了揭示夫妻應共同分擔家庭生活費用外，認爲家事勞動的行爲也是減少家庭生活開銷的方式之一，等於是肯定了夫或妻從事日常家務勞動的價值。

夫或妻如果因車禍受傷而無法從事家務時，勢必要請人代勞並支付報酬，所以就此部份衍生的費用支出，理應可向肇事者請求賠償。

民法第1003-1條（第1項）

家庭生活費用，除法律或契約另有約定外，由夫妻各依其經濟能力、家事勞動或其他情事分擔之。

## 五、停薪、停業的損害賠償

損害賠償的範圍，包含所受損害與所失利益。因車禍受傷而無法工作賺取薪資或停止營業而短少的預期收入，就是所失利益。被害人只要能舉證證明，自可就此部分向肇事者請求賠償。《民法》第216條參照。

被害人因車禍受傷而無法工作的休養期間，雖可請求薪資短少的損害，但通常要有醫院開立的**診斷證明**爲據。至於求償的數額，被害人應檢附個人所得扣繳憑單或薪資轉帳證明（例如薪資入帳存摺）等資料佐證。若無法證明收入的確實數額時，也可由雇主出具切結書或參酌勞工保險最低投保薪資或法定基本工資來辦理。如果計程車司機因車禍造成車輛受損，計程車進廠維修需要3天才能修好，那麼運將這3天不能開車載客的**營業損失**（註），也可向肇事者求償。至於求償的數額，運將可參考同業工會提供的收入數據辦理。

註：正確的說法，應該是**營業所得的損失**，也就是扣除租車費、油錢及其他必要開銷的營業成本後，運將可放進自己口袋裡的淨收入所得。

# 第四節　精神上的損害賠償

## 一、概說

精神上的損害賠償（以下簡稱精神賠償），又稱慰撫金，是指被害人在身體上與心理上遭受的痛苦磨難，經法律明定以金錢估算而構成的損害賠償。《民法》第18條第2項參照。

民法第18條（第1項、第2項）

人格權受侵害時，得請求法院除去其侵害；有受侵害之虞時，得請求防止之。（第1項）

前項情形，以法律有特別規定者為限，得請求損害賠償或慰撫金。（第2項）

精神上的損害本不能以金錢衡量，但法律將被害人身心受創具體化爲金錢賠償（慰撫金），至少能使被害人精神上遭受的痛苦，得以經由金錢賠償的方式得到減輕或平復。

實務上，如果當事人對於精神賠償無法達成共識時，就只能訴請法院公斷。通常法院會就個案考量被害人具體受害的情形，也會審酌當事人雙方的經濟狀況、職業與收入、對家庭的影響及其他相關因素（例如年齡、身分、教育程度或宗教信仰等），憑以酌定相當的慰撫金額。

## 二、車禍被害人的精神賠償要考量哪些具體情況？

由於精神上的損害是一種無形的損害，不像財產上的損害那樣清楚明確，被害人身心遭受痛苦的程度，因人而異且難以量化，因此在賠償數額上並沒有絕對客觀的標準，通常要視個案具體情況加以判斷。

車禍造成被害人受傷，被害人請求精神賠償於法有據。但在車禍事件中，精神賠償的請求要考量哪些具體情況？筆者綜合實務上處理的經驗，擇要說明如下：

### （一）肇事者與被害人的過失比例

車禍糾紛的處理首應釐清責任歸屬，如果被害人在車禍中**與有過失**，肇事者與被害人協商賠償金額時，則可據此主張過失相抵。《民法》第217條參照。

例如被害人在車禍中受傷，請求肇事者精神賠償的金額是10萬元，如果肇事責任鑑定雙方的過失比例是5：5，亦即雙方**均爲肇事主因**，假設肇事者不爭執精神賠償的金額（註），只主張被害人與有過失部分應適用過失相抵的規定時，那麼肇事者就只要給付被害人5萬元的精神賠償金即可。

註：實務上，當事人不爭執精神賠償的數額較為少見，案例只是為了便於說明，故而作此假設。

### （二）傷勢輕重程度

**重傷者的精神賠償 > 輕傷者的精神賠償**

按常理判斷，車禍重傷者（例如體傷成殘）身心遭受痛苦的程度遠比輕傷者（例如皮肉擦、挫傷）來得高。重傷者，醫療復健的過程與傷勢復原的時間通常比輕傷者久，承受的身心痛苦也比輕傷者大。

就以車禍造成相同的傷勢來說，被害人所承受的身心痛苦可能也有所不同。例如因車禍造成傷者臉上留下一道5公分長的疤痕所承受的身心痛苦，通常較腿上留下一道5公分疤痕的傷者爲重。

### （三）職業

職業是請求精神賠償的考量因素之一，例如職業爲是鋼琴老師的被害人，倘因車禍而慘遭斷指，想必將來再也無法以彈琴爲業，其身心痛苦自是不言可喻。故請求精神賠償的數額，相較於同樣傷勢的一般被害人而言，就可能高出許多。

至於被害人的職業若非鋼琴老師，彈琴也只是個人的興趣之一，只因車禍斷指而再也不能好好彈琴的情況下。筆者認爲「興趣」並不是實務上考量精神賠償的因素之一，被害人若以這種主張訴請精神賠償的話，恐怕不太容易說服法官。

### （四）身分

身分，通常是講一個人的出身或是在社會上的地位。但人無貴賤之分，總不能說出身良好或社會地位較高的被害人，就可以請求較多的精神賠償吧！反之，筆者也不認爲出身卑微或社會地位較低的肇事者，就可以請求減輕或免除其對被害人應有的賠償責任。那麼爲何「**身分**」會列爲請求精神賠償的考量因素之一呢？

從被害人的立場而言，筆者另有看法。例如懷孕婦女因車禍導致胎兒流產時，被害人的身分指的就是孕婦，被害孕婦因車禍身心受創而請求較高的精神賠償，應屬合理可期。

### （五）雙方的經濟狀況

精神賠償的請求也要考量肇事者與被害人雙方的經濟條件，包括當事人現有資產、收入等。

### （六）年齡

年齡也常被列爲精神賠償的考量因素，在此舉幾個實務上遇到的說法供讀者參考：

㈠家長認爲孩子因車禍受傷，將在心中留下揮之不去的恐懼陰影，甚至會影響孩子未來人格正常的發展，因而據此要求精神賠償。

㈡未婚的年輕被害人因車禍造成顏面受傷而破相，或因車禍造成大腿骨折而不良於行，成了長短腳時，多以將來難覓合適的嫁娶對象爲由，據此要求精神賠償。

㈢年長者因車禍受傷，多以車禍造成舊疾復發使病情加重或惡化爲由，據此請求精神賠償。

所謂人身無價，精神賠償本無一定客觀絕對的標準，但仍有一定的行情（此指法院判決賠償的金額而言）。

法院對於被害人有關精神賠償的請求，除了審酌上述各種情形外，通常也會針對個案的不同，綜合考量其他具體情況。例如車禍對肇事者與被害人雙方家庭的影響，或是肇事者與被害人彼此間的關係，甚至肇事者在車禍發生後的態度（例如是否不聞不問、置之不理）等併予審酌，再依其所得心證，作成最終合理賠償數額的判決。

# 第五節　損害賠償請求權的時效

時效，是指一定的事實狀態如果持續達到一定的期間，法律就賦予其發生一定的效果。

**法諺：法律不保護在權利上睡覺的人。**

因此車禍被害人務必要在法律所規定的期限內行使權利，才能受到法律的保障。如果被害人長時間不行使權利，就會發生請求權罹於時效或是使肇事者取得拒絕履行抗辯權的後果。

民法第197條（第1項）

因侵權行為所生之損害賠償請求權，自請求權人知有損害及賠償義務人時起，二年間不行使而消滅。自有侵權行為時起，逾十年者亦同。

車禍造成車損人傷，請求權人（此指被害人或其他有請求權之人）可以請求賠償義務人（此指肇事者或其他應負賠償責任之人）負損害賠償的責任，都是基於侵權行爲所生的損害賠償請求權而來。

因此車禍被害人或其他有請求權之人必須依《民法》第197條第1項的規定，自知有車禍造成的損害及賠償義務人（此指肇事者或其他應負賠償責任之人）之時起算，並在**兩年內**行使求償的權利。否則損害賠償請求權會因爲不行使而消滅。

此外，從車禍發生之日起，如果被害人或其他有請求權之人**經過了10年**才知道有損害及賠償義務人時，損害賠償請求權也會因爲罹於時效而消滅。

# 第六章　車禍被害人死亡，哪些人可以主張法律上的權利？

「人」是權利的主體，所以有**權利能力**。

權利能力，是指在法律上享有權利並負擔義務的能力；有權利能力的人，就是**權利主體**。

民法第6條

人之權利能力，始於出生，終於死亡。

由此一條文可知，被害人在車禍意外中喪生，因爲已經不是法律上的「權利主體」，而是所謂的屍體，**屍體**就不是法律上所界定的「人」了。當車禍造成被害人死亡時，法律規範的損害賠償並不是要賠給車禍中的死者，而是要賠償給爲死者支出相關費用的人以及還活在世上的死者親屬。

被害人因車禍而死亡，哪些人可以主張法律上的權利？可分從〔財產上的損害賠償〕與〔精神上的損害賠償〕二部說明。本章節先從「財產上的損害賠償」說起，「精神上的損害賠償」則另於下一章節說明。

## 第一節　可請求財產上損害賠償的人

- 1.為被害人支付生前醫療費用的人
- 2.為被害人支付生前增加生活上需要之費用的人
- 3.為被害人支出殯葬費用的人
- 4.被害人對之負有法定扶養義務的第三人

民法第192條（第1項）
不法侵害他人致死者，對於支出醫療及增加生活上需要之費用或殯葬費之人，亦應負損害賠償責任。

## 一、醫療費用

（一）**請求權人**：爲被害人支付生前相關醫療費用的人。

（二）**請求權基礎**：《民法》第192條1項參照。

車禍被害人若在車禍現場即已身亡或因傷重不治而於到達醫院前死亡，或許就沒有醫療費用的支出。但被害人如果是送醫急救或經過數日後才因傷重而死亡的話，那麼爲被害人支付相關醫療費用的人，則可據此規定向肇事者請求賠償。

相關醫療費用包括（但不限於）急救費、住院（病房）費、手術費、檢驗費、藥品費、診斷費……。賠償的範圍採實支實付原則，但以醫療上必要的支出費用爲限。支付醫療費用的人應妥善保留相關醫療單據，以作爲向肇事者求償的依據。

## 二、增加生活上需要之費用

（一）**請求權人**：爲被害人支付生前增加生活上需要之費用的人。

（二）**請求權基礎**：《民法》第192條1項參照。

增加生活上需要之費用，是指車禍發生前被害人本來不會有此需要，也不會有此費用的支出，是因爲發生車禍造成被害人受傷後（死亡前）才增加的必要費用。

這些項目包括（但不限於）交通費、看護費、醫療輔具……等費用。賠償的範圍亦採實支實付的原則，但必須是生活上增加的必要支出。車禍被害人死亡前，爲被害人支付增加生活上需要之費用的人，可據此規定向肇事者請求賠償。

## 三、殯葬費用

（一）**請求權人**：爲被害人支付殯葬費的人。

（二）**請求權基礎**：《民法》第192條1項參照。

殯葬費，包括入斂與埋葬死者的費用，但以實際支出且屬於必要的費用，才可向肇事者請求賠償。

（三）**請求項目與範圍**

法院實務上認可請求的項目，計有屍體保管費、運屍（棺）及靈柩車費、棺木及壽衣、孝服……等喪葬用品費、遺像及鏡框費、墓碑費、埋葬費、誦經祭典費等。法院實務認爲不屬於殯葬所必要而不得請求的項目，計有祭獻牲禮費、毛巾、訃聞、登報費、樂隊費、安置祿位及奉祀費、喪宴費用等。

**殯葬費用**以實際支出及合理必要者爲限，得請求賠償。是否合理必要？法院也會審酌被害人的年齡、身分、地位、家庭經濟狀況及地方民俗等情形，據以判斷請求是否合理適當。

## 四、相當於扶養費的損害賠償

民法第192條（第2項）

被害人對於第三人負有法定扶養義務者，加害人對於該第三人亦應負損害賠償責任。

民法第1117條（第1項、第2項）

受扶養權利者（此指被害人對其負有法定扶養義務的人），以不能維持生活而無謀生能力者為限。（第1項）

前項無謀生能力之限制，於直系血親尊親屬，不適用之。（第2項）

（一）**請求權人**：對於被害人有扶養請求權的人。

此處的請求權人，是指被害人（死者）對其負有法定扶養義務的人，也就是對於被害人有扶養請求權的人。但請求權人除了直系血親尊親屬（例如被害人的父母）外，其他的請求權人還必須符合**以不能維持生活而無謀生能力**的要件，始可向肇事者請求相當於扶養費的損害賠償。《民法》第1117條第1項、第2項參照。

（二）**請求權基礎**：《民法》第192條第2項、《民法》第1117條參照。

舉例來說，被害人生前如果尚有父母、配偶及未成年子女需要扶養，當被害人因車禍身亡時，被害人的父母對於肇事者可以請求相當於扶養費的損害賠償，配偶及未成年子女雖然也是對被害人有扶養請求權的人，但必須符合**以不能維持生活而無謀生能力**的要件，始可向肇事者請求。

**（三）扶養費的計算**

被害人父母可向肇事者請求賠償的金額，原則上是以被害人父母現齡至**國人平均餘命**期間（亦即應受扶養的期間）與被害人可推知的生存期間來計算扶養費。未成年子女的扶養費則從被害人死亡時起，計算至其子女**18歲成年**的前一天。

由於扶養費的計算必須考量被害人的身分、收入及受扶養權利人的需要，實務上通常是以申報綜合所得稅義務人的扶養親屬寬減額爲計算基準，再乘以扶養權利人應受扶養的年限。

**（四）扶養費的給付方式**

當肇事者能一次給付相當於扶養費的損害賠償時，因扶養費的性質屬於**將來的請求**，並非當下現已發生的實際損害，所以會有扣除**中間利息**的問題，此時損害賠償的數額要如何計算？請參閱【霍夫曼計算法】相關說明，頁140起。

**【車禍解疑雜惑店】**

**被害人死亡時係未成年人，其父母可否向肇事者請求相當於扶養費的損害賠償？**

未成年人因車禍而死亡，雖然死亡時，可能因為在學或尚未就業而沒有扶養父母的能力，但實務上認為如果被害人不是因為遭遇車禍意外身亡的話，被害人將來仍有對其父母善盡扶養義務的能力，肇事者侵害了被害人將來應有的扶養能力，等同於侵害了被害人父母將來可受扶養的權利，所以被害人父母可請求肇事者賠償扶養費。

至於如何計算其扶養費的賠償數額？實務上則是審酌被害人的家庭環境、在校成績、性向或其他具體資料以推算其將來應得的收入。如果沒有具體資料可資推算時，實務上通常以申報綜合所得稅義務人的扶養親屬寬減額為計算基準。

## 第二節　可請求精神上損害賠償的人

民法第194條

不法侵害他人致死者，被害人之父、母、子、女及配偶，雖非財產上之損害，亦得請求賠償相當之金額。

一、請求權人：被害人的父、母、子、女及配偶。

二、請求權基礎：《民法》第194條參照。

《民法》第194條所謂「雖非財產上之損害，亦得請求賠償相當之金額」，事實上指的就是精神賠償（慰撫金）。

被害人因車禍而死亡，其親人逢此劇變，內心必是痛苦萬分，所以法律明定肇事者必須對死者特定親人賠償相當的金額，藉此減輕緩和被害家屬的喪親之痛。至於賠償多少金額，才算是「相當」？如果當事人不能透過協商確定，就只能訴請法院公斷，由法院依具體個案來認定。

《民法》第194條規定，因車禍致死的被害人父、母、子、女及配偶才可向肇事者請求精神賠償。若被害人死亡時，無父、母、子女及配偶，那麼被害人的遺產繼承人，例如《民法》第1138條所規定的第三順位的兄弟姊妹或第四順位的祖父母及被害人其他家屬，都不能依上開規定向肇事者請求精神賠償。

**【車禍解疑雜惑店】**

**車禍被害人持續昏迷呈植物人狀態，若終生需人照護時，被害人家屬可否向肇事者請求損害賠償？**

民法第195條（第1項、第3項）

不法侵害他人之身體、健康、名譽、自由、信用、隱私、貞操，或不法侵害其他人格法益而情節重大者，被害人雖非財產上之損害，亦得請求賠償相當之金額。其名譽被侵害者，並得請求回復名譽之適當處分。（第1項）

前二項規定，於不法侵害他人基於父、母、子、女或配偶關係之身分法益而情節重大者，準用之。（第3項）

車禍造成被害人受傷而未死亡時，被害人固得依法請求損害賠償，但被害人的家屬可否基於**特定身分關係**要求肇事者賠償？依《民法》第195條第3項規定來看，必須是肇事者侵害了被害人基於父、母、子、女或配偶關係的身分法益，且必須符合**情節重大**的要件，才能準用同條第1、2項的規定向肇事者請求非財產上的損害賠償，也就是**慰撫金**。

筆者曾處理過一件類似的車禍事故，被害人因車禍昏迷而被送往安養中心長照。期間被害人配偶向法院聲請監護宣告而成為被害人的監護人，透過區公所調解委員會成立調解。肇事者不僅同意賠償被害人包括醫療與失能給付在內的賠償金，同時也願意給付**慰撫金**給被害人配偶及其3名子女，請求權基礎便是從《民法》第195條第3項的規定而來。但類此車禍案件能在調解階段即告達成賠償共識的案例，實在是少之又少。

可否主張「身分法益」受到侵害且符合「情節重大」的要件，從而請求肇事者必須依法賠償慰撫金？通常要到了進入訴訟程序後，由法院依個案具體情狀裁量。法院得在個案中審酌一切有關的因素，包括（但不限於）侵害的態樣、損害是否重大、當事人的過失輕重或肇責比例等，以判斷是否符合「情節重大」的要件。

## 第三節　損害賠償請求權的時效

被害人因車禍致死，法律上可主張損害賠償的請求權人，同樣都是基於侵權行為損害賠償請求權而來。《民法》第192條、第194條參照。

因此請求權人必須自知有損害發生及賠償義務人時起算，在兩年內行使求償的權利，否則損害賠償請求權會因不行使而消滅，賠償義務人也會因此取得拒絕履行抗辯的權利。

從車禍發生之日起，如果請求權人過了10年後才知道有損害發生及賠償義務人的話，損害賠償請求權也會因罹於時效而消滅。《民法》第197條第1項參照。

# 第七章　如何製作車禍損害賠償清單？

車禍發生後，當事人首須釐清肇事責任，責任歸屬釐清後，接下來便要進入賠償議題的討論與協商。

賠償的範圍、項目、金額都有可能是雙方爭執的重點。爲使肇事者負起應有的賠償責任，也避免肇事者認爲被害人的求償金額有**獅子大開口**的疑慮，建議被害人宜將車禍造成的損害逐項臚列，作成一份賠償清單，再將各項費用單據檢附於清單之後，以昭公信。讀者可參考以下的範例來製作〔車禍損害賠償清單〕。

## 車禍損害賠償清單範例

車禍損害賠償清單

| 財產上的損害賠償 | | | |
|---|---|---|---|
| 住院醫療照護費用明細 | | | 備註 |
| 日期（***年） | 新臺幣（元） | | |
| 5／18 | 急診<br>醫療照護用品（4項） | 700<br>600 | 肇事者已墊付 |
| 5／19 | 醫療照護用品 | 200 | |
| 5／20 | 助行器 | 1,400 | |
| 5／22 | 醫療照護用品（2項） | 400 | |
| 5／24 | 醫療照護用品（2項）<br>補充鈣質營養品 | 400<br>1,400 | |
| 5／26 | 冰敷袋 | 100 | |
| 5／27 | 骨科輪椅＋便盆椅 | 11,000 | |
| 5／18～5／27 | 住院醫療費用 | 27,000 | |
| 5／28 | 出院返家之計程車車資 | 200 | |
| 小計　（扣除肇事者墊付款3,400-700-600） | | 42,100 | |

| 醫療看護費用明細 | | | |
|---|---|---|---|
| 5／18～5／27 | 住院期間24小時看護（10天） | 30,000 | 3,000元／天 |
| 5／28～6／1 | 出院後12小時看護（5天） | 7,500 | 1,500元／天 |
| 小計 | | 37,500 | |
| 回診醫療相關費用明細 | | | |
| 6／2 | 第1次回診＋計程車車資 | 400 | |
| 6／16 | 第2次回診＋計程車車資 | 400 | |
| 6／21 | 中醫外用消炎藥 | 3,000 | |
| 6／25 | 手術後癒合藥膏 | 700 | |
| 6／28 | 拐杖 | 1000 | |
| 小計 | | 5,500 | |
| 後續醫療費用估算 | | | |
| | 補充鈣質營養品 | 3,000 | |
| 1年後 | 返院開刀及回診往返之計程車車資（計3次） | 1,200（400*3） | 取出鋼釘 |
| 小計 | | 1,200 | |
| 工作薪資損失 | | | |
| 5／18～5／26 | 住院：10日 60,000／30*10 | 20,000 | 薪資證明 |
| 5／27～8／26 | 休養：3個月 60,000*3 | 180,000 | 診斷證明書 |
| 小計 | | 200,000 | |
| 機車修理費 | | | |
| 小計 | | 15,000 | 收據 |
| 精神上的損害賠償 | | | |
| 小計 | | 150,000 | |
| 總計 | | 451,300 | |

【範例說明】

一般醫療費用的支出原可透過肇事車主投保的強制責任險或加保的第三人責任險（**屬任意險**）來辦理給付。也就是有關醫療費用的部分，雙方可協商由被害人自行向保險公司申辦給付而扣除（註）。這裡提供的﹝損害賠償清單﹞範例，是爲了方便讀者理解與說明，故仍表列於上。

註：由於保險的目的是為了分散風險，若請求的醫療費用不屬於強制險給付或第三人責任險應理賠的項目；又或者是超過保險理賠金額的上限時，不足的部分，以醫療上合理必要支出的費用為限，仍應由肇事者負賠償責任。

**【車禍解疑雜惑店】**

**當事人因車禍賠償金額談不攏而進入訴訟時，法院會如何處理？**

車禍當事人就賠償金額未能達成共識而訴諸法院公斷時，承審法官通常不會逐項審究被害人的各項求償細目（事實上也沒有那個時間）。一般是詢問被告對於賠償金額或項目有無意見？或是徵詢原告還有沒有其他補充說明？再就雙方有爭執的部分作進一步審理。

# 第八章 如何計算車輛的折舊？

## 第一節 概說

一輛剛上路的新車或是才開了幾年且車況良好的舊車，如果因車禍被撞而受損，就算車輛經過維修後還能上路，卻也可能因此成爲別人口中的**事故車**。

雖說不是所有在車禍中受損的車輛，都會成爲所謂的事故車，但在受損車輛透過維修的方式回復原狀或在計算車輛減損的市值價額時，就會產生**折舊**的問題。車主除了可以請求肇事者將車輛回復原狀或金錢賠償外，也可請求賠償車輛因毀損所減少的價額。《民法》第196條參照。

計算車輛的折舊，涉及車輛取得的成本、使用年限與車輛殘值等三個要素。大多數的汽、機車都是消費財，車子只要出廠掛牌上路後，市值就會隨著時間的經過與行駛里程數的增加而下滑，車價逐年下滑的結果，就是折舊。一旦車輛的折舊率到了百分之百，這輛車就只剩下報廢時的殘值了。

【車輛的折舊】

- 受損車輛維修費用中的折舊
- 受損車輛可以修復的折舊
  - 指車輛因毀損所減少的價額（民法第196條）
- 受損車輛無法修復或修復顯有重大困難時的折舊

# 第二節　車輛維修費用中的折舊

車禍中受損的車輛送修後，修復費用通常包括 1.維修工資與 2.車材零件的更換。當車輛受損尚可修復且修復費用中也含有車材零件時，除了維修工資（**工資**沒有折舊的問題）外，修復費用應將報廢換新的材料費扣除折舊。

依據〔行政院〕公布的〔固定資產耐用年數表〕、〔固定資產折舊率表〕並參酌《營利事業所得稅查核準則》等相關規定，**一般汽車**的耐用年數爲5年（運輸業用的客車、貨車，耐用年數爲4年），**（電動）機車**的耐用年數爲3年，採定率遞減法計算折舊。以1年爲計算單位，**一般汽車**每年折舊率爲0.369，**機車**每年折舊率爲0.536。未滿1年者，按實際使用的月數相當於全年的比例計算之；不滿1月者，以月計。

折舊＝材料費x 0.369（汽車折舊率）或0.536（機車折舊率）

**賸餘價值（實際賠償金額）＝ 材料費－折舊**

綜上所述，材料費扣除折舊後的**賸餘價值**，才是肇事者應賠償被害車主的實際金額。舉例來說，張三買了一部新的自小客車，開了兩年後，某日在路上因李四的過失而被撞受損，連工帶料的維修費用共計15萬元，其中包括工資5萬元，材料費10萬元，對於張三受損車輛所支出的維修費用，李四應該賠償多少錢才算合理？

維修費用中的材料費花了10萬元，但張三車開了兩年，基於材料費的部分要扣除折舊，所以折舊後的賸餘價值：

**第1年的折舊**

10萬元（材料費）x 0.369（汽車折舊率）＝ 36,900元

10萬元（材料費）－ 36,900元（折舊金額）＝ 63,100元

第2年的折舊

63,100元 X 0.369（汽車折舊率）＝ 23,284元

63,100元 － 23,284元 ＝ 39,816元

實務上，材料費經計算扣除兩年的折舊後，這部分的賸餘價值應爲39,816元，加上工資5萬元的部分，李四賠償張三受損汽車的維修費用的合理金額應爲89,816元整，而非原先的15萬元。

**【車禍解疑雜惑店】**

**肇事者要求被害車主應將受損車輛交由其熟識的車廠維修，被害車主則堅持要回原廠修理時，到底誰說了算？**

當事人間會發生這種爭執的原因，在於受損車輛送回原廠維修的費用，往往較一般修車廠維修的費用高出許多，且被害人多不放心一般修車廠的維修品質（例如非使用原廠零件或不信任技師的專業）而拒絕肇事者的提議。肇事者則認爲送交原廠維修，不僅費用可能高於一般行情，且維修費用可能有被**灌水**（註）的疑慮，故雙方常爲此相持不下。

註：例如工資以少報多或將受損車輛非因車禍所致的舊傷一併修復，甚至趁機汰換老舊零件而摻入維修費用。

由於肇事者並非置之不理，也不是不將受損車輛送交車廠修理，這種爭議發生的主因，還是在於當事人彼此間的互信基礎不足及對維修費用的估算存有相當大的認知落差所致。

要解決雙方歧見，打民事賠償官司固然可行，但當兩造在法庭上進行言詞辯論互爲攻防之後，萬一法官還是不能因此形成心證，最後有可能囑託公正的第三方進行鑑價（**鑑價費**須由當事人負擔），再參考鑑價結果來判決。

鑑於訴訟程序往往曠日費時又勞民傷財，這些程序上的不利益，如果最終結果還是要透過**鑑價**方式才能解決的話，當事人何

不在訴訟前就委由具有相關專業與公信力的第三方機構來做？透過公正、專業的第三方（例如**台灣區汽車修理工業同業公會**）進行鑑價並參酌其所提供的建議，來決定後續的處理方式，既可化解雙方歧見，兼可避免訟累，或許這也是當事人另一個可以參考的選項。

## 第三節　車輛可以修復時的折舊

民法第196條

不法毀損他人之物者，被害人得請求賠償其物因毀損所減少之價額。

當一輛市價100萬元的汽車因車禍被撞受損後，如果市價僅剩70萬元時，其中30萬元的價差，就是這輛車因車禍受損所減少的價額，我們可將此減少的價額**視爲**車輛的折舊。因此被害車主可據此條文，請求肇事者賠償因車輛毀損所減少的價額，也就是30萬元。

由於計算車輛的折舊涉及車款、車齡、車況（例如維修紀錄、里程、油耗）等因素，且**折舊率**也會因車輛的配備、性能、品牌而有差異。以剛領牌的新車爲例，第1年車價的折舊率在15～20%，第2至5年，車價大約是以每年折舊率5%～8%左右遞減。因此一輛價值百萬元的新車，在領牌上路後的第1年，市場上的行情可能就只剩下75萬到80萬元左右了。

車輛折舊涉及如此多的因素或變數，且在折舊率又非一成不變的情況下，坊間關於車輛折舊的計算方式，也各有不同。如果車禍當事人對於受損車輛所減少的價額（**折舊**）不能達成共識時，最好是透過公正、專業的第三方鑑價，否則最終也只能經由民事訴訟的程序，請求法院公斷。

## 第四節　車輛無法修復或修復顯有重大困難時的折舊

車禍被撞的車輛因毀損嚴重而無法修復，或是維修費用比這輛車的殘值還要貴上許多時，不論這輛車是否超過它的耐用年數，肇事者應以金錢賠償被害車主的損失，被害車主也只能請求金錢賠償。《民法》第215條參照。

依據﹝行政院﹞公布的﹝固定資產耐用年數表﹞及﹝固定資產折舊率表﹞，參酌《營利事業所得稅查核準則》的規定，**一般汽車**的耐用年數爲5年，採平均法計算折舊，以1年爲計算單位，每年折舊率爲0.2，亦即每年折舊5分之1的方式來計算。

舉例來說，張三於7年前以市價120萬元買的自用小客車，因李四的過失被撞毀損，若無法修復或修復顯有重大困難時，因**自用小客車**的耐用年數爲5年，張三這輛車已經開了7年，超過表定的耐用年數，因此僅剩「殘值」。

**殘值＝汽車取得成本／固定資產耐用年數表規定之年數＋1**

120萬元／（5＋1）＝20萬元（殘值）

因此李四應賠償相當於汽車殘值的金額20萬元給張三。

車輛因車禍受損而衍生折舊的問題，如果當事人不能透過協商取得共識時，建議透過具有相關專業的公正機構以「鑑價」的方式來解決，避免訟累，才是上策。

# 第五節　〔債權讓與同意書〕在車禍糾紛處理上的應用

## 一、概說

車禍造成汽、機車受損，有時車輛的駕駛人與車輛所有權人（下稱車主）未必是同一人。例如登記在太太名下的自小客車，有可能都是先生在開；或是車主張三把自己的機車借給好友李四載女友出遊；也可能是租賃公司將租賃車出租給客戶使用……。可見車主與駕駛不是同一人的情形，在車禍實務中還頗爲常見。

當車主與駕駛不是同一人時，爲求車禍糾紛一次性的解決，不論是透過和解或是調解的程序，除了駕駛人外，最好是把受損車輛的車主一起納入處理，才是適正的做法。

然而實務上，車主往往基於某些原因或理由而不願參與車禍的和（調）解。例如車主只是名義上的所有人，實際用車的都是駕駛本人，因此認爲事不關己；也有車主認爲車子因車禍受損，只要借車的駕駛人負責把車修好就不再過問了，這類車主通常也不太願意配合到場進行和（調）解；至於租賃公司出租的租賃車如果因爲車禍造成損壞，有的租賃公司則會在合約上要求承租客戶必須先負責修復車輛，再約定將受損車輛可得請求損害賠償的權利轉讓給客戶。

爲了增加車禍當事人間的互信基礎，兼爲消弭肇事者在賠償修車費時的疑慮，沒有意願出席和解或調解場合的車主，不妨出具〔債權讓與同意書〕給駕駛人。

駕駛人有了這紙〔債權讓與同意書〕，再配合出示行車執照及修車費用單據佐證，受損車輛的車主就不必參與車禍的和（調）解。肇事者也能放心地把修車費賠付給不是車主的駕駛人，讓車禍糾紛得以達到一次性解決的目的。

## 二、如何填寫〔債權讓與同意書〕？

車禍造成車輛受損而駕駛人不是車主（車輛所有權人）時，假設駕駛人在車禍中沒有肇責且已先自費修復受損車輛，那麼駕駛人要如何請車主開立〔債權讓與同意書〕？以利後續作爲向肇事者求償的依據？請讀者參閱範例。

**債權讓與同意書範例**

債 權 讓 與 同 意 書

| 姓名（或名稱） | | 國民身分證<br>統一編號 | 住所或居所<br>（事務所或營業所） | 聯絡<br>電話 |
|---|---|---|---|---|
| 立同意書人 | ○○交通<br>有限公司 | 公司統編 | ○市○區○路○號 | 請填寫 |
| 受 讓 人 | 李 四 | A1******** | ○市○區○街○號 | 請填寫 |

立同意書人 ○○交通有限公司 所有車號 ○○○－AB之 營小客車，於○年○月○日 李 四 與 張 三 間之車禍中受有損害，本公司 同意將上開車輛所受損害得請求賠償之一切債權讓與 李 四，特立此書為憑。

立同意書人：○○交通有限公司　　（簽名或蓋章）
王○○（負責人）　　【註：請蓋公司大小章】
受　讓　人：李 四　　（簽名或蓋章）

中 華 民 國 ○ 年 ○ 月 ○ 日

車禍糾紛處理實務上，〔債權讓與同意書〕經常在計程車司機是**靠行關係**（註1）而發生車禍時會用到。因爲靠行的關係，計程車行照上的車主會記載「○○交通有限公司」，但實際上計程車可能是運將所有，車行只是行照名義上的車主。

一旦發生車禍，車行大多會請運將自行把車修復，運將爲能早日上路載客營業，在車禍賠償問題尙未解決前，就只好先自行墊付修車費用把車修好。

爲了符合**有權利的人，才能主張損害賠償權利**的規定，又要解決「運將才是計程車的實際所有人而非車行」的問題，因此要靠這紙〔債權讓與同意書〕來解套。（註2）

註1：汽車所有人為達營業目的或配合監理法令相關規定，將車主變更登記於車行名下，車行則允許真正的汽車所有人以車行名義對外提供服務並由其自負盈虧的情形，稱為「**靠行**」。

註2：實務上，保險公司為客戶辦理車禍出險理賠後，也會用到類似〔債權讓與同意書〕的書面，以做為向肇事者行使代位權求償的依據。

# 第九章 霍夫曼計算法

## 第一節 概說

大家都知道錢放銀行裡可生利息，假設張三銀行裡有500萬元的存款，如果他基於某種原因，必須在每年的1月初匯款100萬元給李四，而且必須連續匯款5年的話，那麼頭1年的1月張三付了100萬元給李四後，另外的400萬就可以先放在銀行賺利息，第2年的1月再付100萬元給李四，此時張三還有300萬可以繼續放在銀行生息，依此類推，張三到了第5年的1月付完最後一筆100萬元給李四後，分期付款的這段期間，張三在銀行也會有一筆爲數可觀的利息。這筆利息，稱之爲中間利息。

假如張三嫌分期付款太麻煩，不想以每年匯100萬元的方式連付5年，而是希望一次就把該付的錢算給李四的話，因爲會有前述的利息要先扣除，所以原應「定額分期給付」的方式，在改採「一次性給付」後，要如何扣除**中間利息**？這就是霍夫曼計算法所要解決的問題。

車禍造成被害人死亡時，被害人如果對於第三人負有法定扶養義務的話，那麼肇事者對於該第三人也必須負損害賠償的責任。所謂的**第三人**，是指受扶養權利人。實務上，通常是指被害人的父母、配偶或其未成年的子女。《民法》第192條第2項、《民法》第1117條參照。

由於**扶養費**的性質屬於將來繼續性的請求，肇事者原可採取逐年或按月給付相當於扶養費的損害賠償給對於被害人有扶養請求權的人，但實務上這樣處理車禍賠償的個案極爲少見。因此當肇事者能一次給付相當於全部扶養費的賠償時，計算應付的扶養費就要扣除肇事者原可分期給付時所產生的利息，〔霍夫曼計算法〕就是用來計算扣除這個利息的公式。

現行法律對於車禍造成被害人死亡而衍生的扶養費請求，雖然沒有具體規範肇事者應採何種方式給付，但實務上賠償金多以一次性給付爲計算基礎，經由〔霍夫曼計算法〕確定得請求的扶養費金額後，再將此金額與其他項目的賠償金相加，從而計算出肇事者應付賠償的總金額。

## 第二節　霍夫曼計算公式

X＝A／（1＋RN）

X：指現在肇事者應給付的扶養費金額

A：指肇事者每年原應給付的扶養費金額

R：指利率，通常以單利爲計算基準

N：第N年

假設肇事者每年原應給付的扶養費金額為100萬元（A），法定利率（R）以5%計算，除了當年（指0年後）沒有利息的問題，肇事者本應給付100萬元外，經過1年後（B），在肇事者採**一次性給付**扶養費時，經由上述公式計算後，肇事者1年後應給付的扶養費金額（X）應為952,381元。亦即：

952,381元 ＝ 100萬元／（1 ＋ 5% X 1）

註：「元」以下的小數點採四捨五入計算

至於肇事者每年原應給付的扶養費金額100萬元是怎麼計算出來的？這涉及扶養親屬寬減額、受扶養權利人的人數與其應受扶養的期間等因素，甚至車禍肇責的過失比例也應納入計算。

扶養費的計算本應考量被害人的身分、收入與經濟基礎及受扶養權利人的需要。實務上通常是以申報綜合所得稅義務人的扶養親屬寬減額或最低生活費標準爲計算基準。

此外，當扶養費採一次性給付時，還必須先計算被害人生存期間內應向受扶養權利人給付扶養費的年數。原則上，這個應受扶養期間的計算，是以受扶養權利人現齡至國人平均餘命（註）期間來計算扶養費；未成年子女的扶養費則是從被害人死亡時起，計算至其子女18歲成年的前一天。

註：**平均餘命**，是餘命的平均值，又稱為生命期望值，是從一個人現在的年齡起算，預期可以繼續存活的平均年數。

舉例來說，被害人因車禍而死亡，留有高齡75歲的老父（即受扶養權利人），假設國人平均餘命爲80歲，那麼被害人的父親應受扶養的期間則爲5年。如果肇事者每年應給付的扶養費金額經計算後爲100萬元，那麼肇事者每年就要給付100萬元的扶養費給被害人父親，並應連續給付5年。

然而肇事者若採一次性給付扶養費時，依〔霍夫曼計算法〕可知：第1年沒有利息的問題，應付100萬元，第2年則應付952,381元，第3年應付909,091元、第4年應付869,565元、第5年應再給付833,333元，肇事者採一次性給付的扶養費總金額經扣除中間利息後，合計爲4,564,370元，所以肇事者應付的金額就不是原來的500萬元了。

請讀者參閱次頁〔霍夫曼計算法之一次性給付金額參考表〕。

# 霍夫曼計算法之一次性給付金額參考表

| 年數 | 金額 | 累計 | 年數 | 金額 | 累計 |
|---|---|---|---|---|---|
| 1 | 1,000,000 | 1,000,000 | 21 | 500,000 | 14,616,070 |
| 2 | 952,381 | 1,952,381 | 22 | 487,805 | 15,103,875 |
| 3 | 909,091 | 2,861,472 | 23 | 476,190 | 15,580,065 |
| 4 | 869,565 | 3,731,037 | 24 | 465,116 | 16,045,181 |
| 5 | 833,333 | 4,564,370 | 25 | 454,545 | 16,499,726 |
| 6 | 800,000 | 5,364,370 | 26 | 444,444 | 16,944,170 |
| 7 | 769,231 | 6,133,601 | 27 | 434,783 | 17,378,953 |
| 8 | 740,741 | 6,874,342 | 28 | 425,532 | 17,804,485 |
| 9 | 714,286 | 7,588,628 | 29 | 416,667 | 18,221,152 |
| 10 | 889,655 | 8,278,283 | 30 | 408,163 | 18,629,315 |
| 11 | 666,667 | 8,944,950 | 31 | 400,000 | 19,029,315 |
| 12 | 645,161 | 9,590,111 | 32 | 392,157 | 19,421,472 |
| 13 | 625,000 | 10,215,111 | 33 | 384,615 | 19,806,087 |
| 14 | 606,061 | 10,821,172 | 34 | 377,358 | 20,183,445 |
| 15 | 588,235 | 11,409,407 | 35 | 370,370 | 20,553,815 |
| 16 | 571,249 | 11,980,836 | 36 | 363,636 | 20,917,451 |
| 17 | 555,556 | 12,536,392 | 37 | 387,143 | 21,274,594 |
| 18 | 540,541 | 13,076,933 | 38 | 350,877 | 21,625,471 |
| 19 | 526,316 | 13,603,249 | 39 | 344,828 | 21,900,299 |
| 20 | 512,821 | 14,116,070 | 40 | 338,983 | 22,309,282 |
| 備註 | 本表係以每年給付100萬元為基準，年息按利率5%計算，如給付金額有所增減，可就金額比例增減之。<br>例如每年按1千元計算時，第20年一次性給付的金額為513元，累計數額為14,116元（元以下四捨五入）。 | | | | |

# 第十章 處理車禍糾紛常運用到哪些法律途徑？

## 第一節 概說

法律是保護懂得運用法律的人，不僅要懂得法律，還要會運用法律！車禍被害人可以透過哪些法律途徑來維護自身權益？實務上，主要是透過民事、刑事或民、刑事交互運用的途徑，再搭配保險理賠的方式，以期達到解決車禍糾紛的目的。

處理車禍糾紛，民事上可運用的途徑相當多元，例如訴訟前的和解或調解以及具有最後手段性的訴訟程序等。尤其是〔和解〕與〔調解〕這兩種途徑，可說是目前解決車禍糾紛最廣被當事人運用，也是最有效率解決車禍糾紛的機制。存證信函或支付命令雖然也是解決車禍糾紛的選項，但在實務上較少人用。此外，法律也規範了假扣押與強制執行的程序，以確保車禍被害人的權利有最終獲得實現的機會。

透過刑事途徑處理車禍糾紛時，絕大多數的被害人會以告訴的方式來進行，以自訴途徑來處理車禍糾紛則是聞所未聞。然而以刑逼民（註）只能算是訴訟策略或法律手段的運用罷了，畢竟不是所有的車禍糾紛都必須以這種方式來解決。

註：**以刑逼民**，顧名思義就是利用刑事訴訟的程序，製造對方心理壓力，以達到迫使對方同意自己在民事上的請求或主張的一種手段或方法。

車禍糾紛的處理，法律途徑的運用並沒有固定模式可言，會因人、因事、因時、因地而有不同。當事人的智識程度、性格或是彼此的互動也會影響車禍糾紛解決的進程。

此外，車禍涉及的人數多寡、損害範圍的大小、肇責的判斷與舉證的難易，有關請求權時效、告訴期間的規定以及處理車禍付出的時間、勞費等有形與無形的成本，在在都會左右當事人採取的法律行動及其相關的因應作爲。

**【處理車禍糾紛常運用到的法律途徑】**

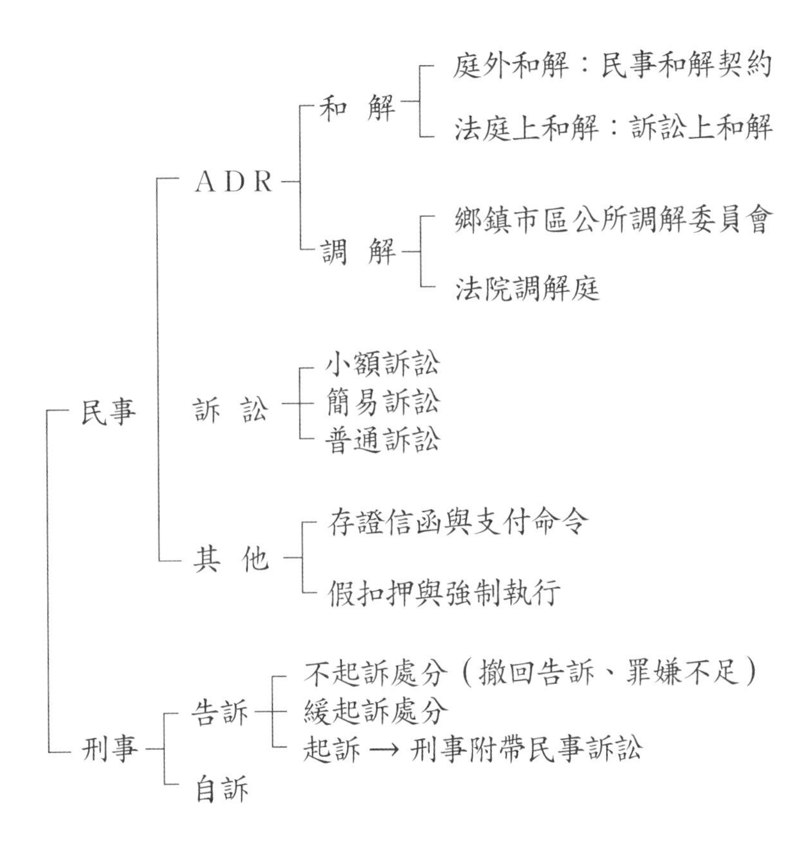

# 第二節　被廣爲運用的法律途徑：和解

## 一、概說

西諺有云：瘦的和解勝過胖的訴訟。

車禍發生後，能不勞師動衆又能儘速解決車禍糾紛的法律途徑，就是和解。至於和解的時機？因人、因時、因地，沒有所謂的標準答案。從車禍發生的那一刻起，當事人隨時隨地都可試行和解。當事人達成的和解，只要不違反**強制禁止**或**公序良俗**的規定，法律都會予以尊重。

民法第71條

法律行為，違反強制或禁止之規定者，無效。但其規定並不以之為無效者，不在此限。

民法第72條

法律行為，有背於公共秩序或善良風俗者，無效。

## 二、和解的法律性質及效果

和解是一種契約關係，規定在《民法》第736條到第738條。雖然只有區區三條規定，卻發揮了相當大的作用，因爲許多車禍糾紛都是藉由和解的機制解決的。

民法第736條

稱和解者，謂當事人約定，互相讓步，以終止爭執或防止爭執發生之契約。

本條是有關和解的**定義**，內容淺顯易懂，讀者只要知道和解是一種**契約關係**即可。

民法第737條

和解有使當事人所拋棄之權利消滅及使當事人取得和解契約所訂明權利之效力。

本條條文是有關和解的法律效力規定，意思是答應對方什麼事，就要說到做到。例如〔和解書〕上寫明「甲方願意賠償乙方新臺幣1萬元」，那麼甲方就要依約賠付乙方新臺幣1萬元。反之，乙方也有向甲方請求給付新臺幣1萬元的權利。

如果〔和解書〕上記載「乙方同意拋棄對甲方本件車禍之其餘民事請求」，這樣也會使乙方在車禍事件中，法律上可以主張的其他權利消滅。

民法第738條

和解不得以錯誤為理由撤銷之。但有左列事項之一者，不在此限：

一、和解所依據之文件，事後發見為偽造或變造，而和解當事人若知其為偽造或變造，即不為和解者。

二、和解事件，經法院確定判決，而為當事人雙方或一方於和解當時所不知者。

三、當事人之一方，對於他方當事人之資格或對於重要之爭點有錯誤，而為和解者。

和解不得以錯誤爲理由撤銷之，是指**和解契約**一旦成立，雙方當事人就要受到契約的拘束，對於和解的內容，除了具有本條但書所定第1款到第3款的事項外，不能以**錯誤**爲理由來撤銷。換言之，就算當事人因爲和解而受到不利益的結果，也不可以反悔不認帳。

例如〔和解書〕上載明「甲方同意給付乙方新臺幣1萬元；甲乙雙方均拋棄對對方本件車禍之其餘民事請求」，如果甲方事後發覺乙方實際損害只有5,000元，根本不必賠那麼多；或者乙方和解後發現自己的損害高達2萬元，甲方的賠償還不足以填補自己的損害時，不論是上述的哪一種情形，甲乙任何一方都不能再以**錯誤**（動機錯誤、認知或意思表示錯誤）爲理由，要求撤銷和解。

至於《民法》第738條但書所規定的3款例外可以撤銷和解的規定，其中第1款「和解所依據之文件，事後發見爲僞造或變造，……即不爲和解者」，望文即知其義。例如和解依據的修車費或醫療費用單據有遭竄改或僞、變造的情形時，因爲和解顯非出於當事人眞意所爲，基於這種情形所作成的和解，當然可以撤銷。

《民法》第738條但書第2款的規定，則是指當事人車禍糾紛已經由法院判決確定在案，但當事人在成立和解時並不知情，此時便可依這款規定主張撤銷。不過在處理車禍糾紛的實務上，會適用到這款規定的機會實在不高。

一般人對於和解後又要求撤銷的最大爭議，比較可能發生在第3款規定的情形，也就是「對於他方當事人之資格或對於重要之爭點有錯誤」的認知上。例如當事人有一方是未成年人，沒有法定代理人（通常是父母）共同簽名於〔和解書〕時；或是一方同意支付修車費，但修車費的金額是被害人說了算？還是肇事者說了算？雙方如果沒有講清楚、寫明白，一樣會發生爭議。尤其車禍造成被害人受傷時，雙方達成和解的金額包不包括〔強制責任險〕給付的金額在內？如果當事人沒有溝通好或是在和（調）解的內容中沒有記明清楚，日後還是有可能再起爭執。請參閱【車禍和（調）解內容記載含不含強制險的重要性】相關說明，頁306起。

## 三、車禍和解書要怎麼寫？

### （一）和解書的具體寫法

**和解書**沒有一定的格式，不論直式直書或直式橫書，還是隨便寫在沒有任何格式的白紙上，只要具備以下幾個最基本的要件，就算是已經具有和解書的雛型。

## 和解書範例

### 和 解 書

甲　方：○○○　　　　　　　（身分證統編、地址、電話）
乙　方：○○○　　　　　　　（身分證統編、地址、電話）
和解地點：（略）
車禍時間：民國（下同）○年○月○日○時○分
車禍地點：○○市○○區○○路與○○路口
事實及經過：
甲方騎乘車號：AAA－○○○之機車與乙方騎乘車號：BBB－○○○之機車於上開地點發生交通事故，致雙方均受有體傷，雙方機車均受損所生之車禍損害賠償事件，鑑於事出意外，雙方願相互讓步成立和解，其和解內容如下：
和解內容：
一、甲方願賠償乙方新臺幣○元（含乙方機車修理費○元，但不含強制責任險），並於本和解書作成之日當場以現金一次交付予乙方收執，不另製據。
二、強制責任險由甲乙雙方各自檢附醫療單據向保險公司申辦理賠事宜。
三、甲方願自行吸收機車所受損害，不向乙方請求任何賠償。
四、甲乙雙方均拋棄對對方本件車禍之其餘民事請求，並互不追究對方之刑事責任。
本和解書1式2份，甲乙雙方各執1份
甲　方：○○○　　　　　　　（簽名或蓋章）
乙　方：○○○　　　　　　　（簽名或蓋章）
中華民國○年○月○日

**【範例說明】**

1.標題名稱

一般標題都是寫〔和解書〕或〔車禍和解書〕，淺顯易懂又符合一般人的認知，如果抬頭要寫〔協議書〕、〔合約書〕或〔契約書〕亦無不可。但以**切結書**為標題就不甚妥適，因為**切結**大多是指單方的意思表示，既不符合和解書必須是雙方共同具名的契約關係，日後也容易衍生糾紛。

2.車禍當事人

通常〔和解書〕的當事人是以甲方、乙方相稱，如果是三人以上的車禍事故，和解書上再多加丙方、丁方也無妨，可視情況而定。例如張三騎車載李四回家，路上被王五開車撞傷，王五要賠償受傷的張三和李四，賠償金額也談好了。如果要寫〔和解書〕時，〔和解書〕上的甲方如果是王五，那麼乙方可以是張三和李四兩個人，也可以把張三獨立為乙方，李四列為丙方。無論如何〔和解書〕上至少要有甲、乙兩方，這是毋庸置疑的。

當甲方、乙方各僅一人時，當事人姓名可以不寫，只寫甲方、乙方即可，因為不會有誤認的問題。若任一方有二以上當事人時，則應加註姓名，以資區別。例如甲方王大明、甲方王小英。

此外，當事人必須皆已成年且親自到場和解，若當事人係未成年人，則應由法定代理人（通常為父母）到場和解。《民法》第12條、第1086條第1項參照。

若當事人不克到場，則應出具〔委任書〕委任已成年的代理人到場和解，以免影響和解的效力。〔委任書〕格式，讀者可參考次頁的範例填寫：

## 和解用委任書範例

<table>
<tr><td>

委任書

委任人：李 四　　　　　　（身分證統編、地址、電話）
受任人：張 三　　　　　　（身分證統編、地址、電話）

茲與 王五 間，因車禍損害賠償事件，委任 張三 為代理人，有代為一切和解行為之權，並有同意和解條件、撤回、捨棄、領取所爭物或選任代理人等特別代理權。

委任人：李 四　　　（簽名或蓋章）
受任人：張 三　　　（簽名或蓋章）

中華民國○年○月○日

</td></tr>
</table>

3.和解地點

通常只要寫上和解所在地地址即可，當然也可加註所在地的場所名稱。例如○○調解委員會、○○保險公司、○○車行等。以往車禍發生地的派出所也常是當事人協商和解的場所，不過現今警方大多表示不便介入，倒是在徵得當事人同意後，警方會以〔調解轉介單〕將交通事件轉介到鄉鎮市區公所的調解委員會調解。〔調解轉介單〕格式如下：

## 調解轉介單範例

調 解 轉 介 單

| 稱 謂 | 姓 名 | 住 址 | 電 話 |
|---|---|---|---|
| 聲請人 | 張 三 | ○○市○○區○路○巷○號 | (略) |
| 對造人 | 李 四 | ○○市○○區○街○號○樓 | (略) |

上當事人間因　車禍損害賠償　事件，

業經兩造同意，爰轉介向貴調解委員會聲請調解。

此 致

○○ 市 ○○ 區調解委員會

轉介單位或轉介人 ○○市警察局○○分局○○派出所

中 華 民 國 ○ 年 ○ 月 ○ 日

4.車禍時間、地點、事實及經過

就是具體記載車禍的人、事、時、地、物，也就是車禍的原因關係。車禍發生的日期、時間及地點，可參考警方製發的〔道路交通事故登記聯單〕或〔道路交通事故初步分析研判表〕上的記載。

特定事實後，任何人看到這份〔和解書〕，馬上就能很清楚地了解到這是一件有關車禍的〔和解書〕，而且知道是在什麼時間？和什麼人？在什麼地方？發生車禍所作成的〔和解書〕。至於車禍當事人中，誰有受傷？誰有車損或其他財損？則就個案具體情況寫明即可。

如果當事人並非受損車輛的所有權人，最好將車輛所有人

（指車主，即行車執照上的登記名義人）也一併納入和解，以期紛爭一次性的解決。

5.和解內容

**和解內容**是記載雙方達成解決車禍糾紛共識的具體結論，可以是賠償一定的金額，例如「乙方願賠償甲方新臺幣1萬元」或「乙方同意將甲方受損機車回復原狀」。當然，和解內容也可以是「甲乙雙方願各自吸收所受損害，互不向對方請求任何賠償」。

由於和解是一種契約關係，因此和解內容可以**附加條件**，例如「自本和解書作成之日起3個月內，甲方如有因本件車禍而再支出醫療費用時，所有醫療費用均由乙方負擔」或「甲方同意乙方給付全部賠償金後，始同意撤回對乙方提起之過失傷害刑事告訴」。

當然，和解內容也可以加上**付款期限**，例如「乙方願自本和解書作成之日起10日內賠償甲方新臺幣1萬元」或「乙方願於○年○月○日前賠償甲方新臺幣1萬元」。

範例中的和解內容，是設定在雙方當事人已釐清（或不再爭執）車禍責任歸屬，且不附加任何條件或但書的前提下，雙方沒有後續尚待履行的義務，因此透過和解將車禍糾紛做一次性地解決。茲再析述如下：

（1）和解內容第一項前段有關「甲方願賠償乙方新臺幣○元整（含乙方機車修理費○元，但不含第三人強制責任險）」的記載

有關賠償金額的確定，通常是經由雙方不斷地溝通協商後，最終才得到「誰要賠誰？賠多少錢？」的結論。至於要不要加註「含修車費、薪資損失或精神賠償…」等細項與金額？

這部分當事人可自行決定。因為和解內容的最後只要記明「甲乙雙方均拋棄對對方本件車禍之其餘民事請求，並互不追究對方之刑事責任」，便可終結車禍所生的一切法律關係。

（2）和解內容第一項後段有關「並於本和解書作成之日當場以現金一次交付予乙方收執，不另製據。」的記載

意思是甲方只要當場把錢交給乙方點收確認無誤後，乙方就不需要再開立收據給甲方，透過〔和解書〕這段文字的記載，就可以達到與開立收據相同的效果。

（3）和解內容第一項賠償金額包不包含「強制責任險」？

在有人受傷的車禍和解事件中，賠償金額包不包含〔強制責任險〕？〔強制責任險〕由誰向保險公司申辦給付？攸關當事人的權益，務必在和解內容中寫清楚，以避免日後衍生不必要的爭議。請參閱【車禍和（調）解內容記載含不含強制險的重要性】相關說明，頁306起。

（4）和解內容第三項有關「甲方願自行吸收機車所受損害，不向乙方請求任何賠償。」的記載

這是經由雙方溝通協商後得到的結論。基於紛爭一次性解決的前提，如果和解內容有本範例第四項「甲乙雙方均拋棄對對方本件車禍之其餘民事請求」的記載，那麼不把這一項寫進和解內容也無妨。

（5）和解內容第四項前段有關「甲乙雙方均拋棄對對方本件車禍之其餘民事請求」的記載

因為車禍對雙方當事人都造成了損害，為了終結這件車禍所生的一切法律關係，讓當事人回歸正常的生活，這一項務必

要寫明。

（6）和解內容第四項後段有關「並互不追究對方之刑事責任」的記載

這是基於甲乙雙方在車禍中都有受傷的事實，在車禍糾紛尚未解決前，彼此都有可能向對方提出〔過失傷害〕的刑事告訴。現在雙方已經和解了，本於誠信原則，加記「互不追究對方之刑事責任」（註），對雙方實屬必要且有益。

註：坊間提供的和解書表慣用「**甲乙雙方均同意拋棄對對方本件車禍之一切民、刑事請求**」的寫法，事實上並不正確。因為刑事告訴權或自訴權是《憲法》保障人民的基本權利，不能拋棄。

憲法第16條

人民有請願、訴願及「訴訟」之權。

6.和解書應由雙方簽名並載明年月日

〔和解書〕和其他任何法律文書一樣，都應由當事人簽名或蓋章於其上，以示負責，並將日期記明清楚，據以判斷作成和解的時間點或計算將來的付款期限，以利日後查證。

〔和解書〕的和解日期如果不寫民國年月日，當然也可以寫西元年月日。

7.本和解書1式2份，甲、乙雙方各執1份

〔和解書〕依當事人多寡製作相當的份數即可，如果為了同時解決車禍衍生的其他問題，〔和解書〕正本也可視情況多作幾份備用。例如為了向保險公司申辦保險理賠、向調解委員會撤回調解或是向法院或檢察署具狀撤回告訴時，〔和解書〕就能派上用場。

8.和解書需不需要有見證人簽名？

〔和解書〕並不需要非有見證人簽名不可。如果當事人找

來第三方當見證人並簽名在〔和解書〕上，主要是在強化當事人雙方和解內容的真實性。見證人可以是親友，也可以是里、鄰長，如果找不到人見證也沒關係，〔和解書〕一樣會發生法律上應有的和解效力。

## （二）各式車禍和解書範例



### 三方車禍造成單純財損的和解書範例

車禍造成的損害，在當事人都有過失的情形下，不論過失比例如何，當事人可依《民法》第217條的規定主張**過失相抵**，但有的個案則可能基於某些原因而不適用過失相抵（註）。

註：當事人不主張過失相抵，有可能是和解過程中有保險公司參與的緣故。當車禍造成他人車損時，肇事車主因有加保**車體損失險**（屬於任意險），如有提出申請，保險公司便會派人協助理賠相關事宜。

假設車禍只有造成單純財損且當事人均不主張適用過失相抵的規定時，這樣的和解書要怎麼寫，才對當事人都有保障？茲舉三方連環車禍的案例加以說明：

## 和解書

甲　方：張 三　　　　　（身分證統編、地址、電話）

乙　方：李 四　　　　　（身分證統編、地址、電話）

丙　方：王 五　　　　　（身分證統編、地址、電話）

和解地點：（略）

車禍時間：民國（下同）○年○月○日○時○分

車禍地點：○○市○○區○○路與○○路口

事實及經過：

甲方駕駛所有車號：AA－○○○○之自小客車、乙方駕駛所有車號：○○○－BB之計程車及丙方駕駛所有車號：CC－○○○○之自小貨車於上開地點發生交通事故，致甲乙丙三方上開車輛均受損所生之車禍損害賠償事件，鑑於事出意外，各方願相互讓步成立和解，其和解內容如下：

一、甲方願賠償乙方新臺幣（下同）1萬元（含汽車修理費及營業損失），並於本和解書作成之日當場以現金一次交付甲方收執，不另製據。

二、乙方願賠償甲方2萬元汽車修理費，並於本和解書作成之日當場以現金先行交付1萬元予甲方收執，不另製據；餘款1萬元由乙方於○年○月○日前給付完竣。

三、丙方願賠償甲方5千元整汽車修理費，並於○年○月○日前給付完竣。

四、丙方願自行吸收自小貨車所受損害，不向甲乙方請求任何賠償。

五、甲乙丙三方相互間均拋棄對任一方本件車禍之其餘民事請求。

本和解書1式3份，由甲乙丙方各執1份。

甲 方：張 三　　　　　（簽名或蓋章）

乙 方：李 四　　　　　（簽名或蓋章）

丙 方：王 五　　　　　（簽名或蓋章）

中華民國○年○月○日

**【範例說明】**

1.本範例適用的情形

範例中的車禍當事人有三方且均為車主，當車禍肇責釐清且同意不主張過失相抵的情況下，和解內容便可分項記載。

2.賠償金的給付方式

（1）當場給付

和解成立時，賠償金能當場以「現金」一次付清是最好，具體寫法請參照本範例和解內容第一項。若是以「支票」代替現金當場給付時，和解內容寫法如下：

……並於本和解書作成之日當場以發票人○○○所簽發，發票日爲○年○月○日，票額新臺幣○元整，受款人爲○○○，票號：AB0000之支票乙紙，交付予○○○收執，不另製據。

此外，拜網路科技之賜，許多人也會以網路銀行匯款來代替現金的交付。因此賠償金若是以此方式給付時，和解內容寫法如下：

……並於本和解書作成之日當場以網路銀行匯款之方式一次給付予○○○，不另製據。

（2）分期給付

有時賠償義務人身上帶的現金不足，為了表示解決問題的誠意，只要被害人同意，也可當場先給付部分賠償金，餘款改天再一次付清即可，具體寫法請參照本範例和解內容第二項。

（3）定期給付

只要當事人彼此同意，賠償義務人在作成〔和解書〕之日亦可暫不付款，改天再一次付清也行，具體寫法請參照本範例和解內容第三項。

3.和解內容第一項「……（含汽車修理費及營業損失）……」的記載，有關乙方計程車司機的營業損失，原則上應以修車期間無法開車載客的天數計算，始為合理。

4.和解內容第四項有關「丙方願自行吸收自小貨車所受損害，不向甲乙方請求任何賠償。」的記載，也可寫為「丙方願自行吸收自小貨車所受損害，不向任一方請求賠償。」

5.和解內容第五項有關「甲乙丙三方相互間均拋棄對任一方本件車禍之其餘民事請求。」的記載，意思就是任何一方都不能再向另外兩方主張其他民事上可得請求的權利。

## 未成年人騎車撞傷行人的和解書範例

車禍造成行人受傷的情形，常發生在一方是汽、機車駕駛，而另一方是行人的情形。有時是行人違規穿越馬路所致；有時則是行人走在行人穿越道時，汽、機車駕駛未依規定減速或暫停禮讓行人優先通行使然。實務上，這類車禍絕大多數的汽、機車駕駛在肇責認定上或多或少都有過失，只是肇責比例輕重有別而已。

如果當事人有機會成立和解時，這種〔和解書〕要怎麼寫，才對雙方都有保障？茲舉以下案例說明：

**和解書**

甲　方：張 三　（身分證統編、地址、電話）

**法定代理人**：張父、張母　（身分證統編、地址、電話）

乙　方：李 四（行人）　（身分證統編、地址、電話）

**委任代理人**：王五　（身分證統編、地址、電話）

和解地點：（略）

車禍時間：民國（下同）112年9月15日10時30分

車禍地點：○○市○○區○○路與○○路口

事實及經過：

甲方（未成年且無駕照）騎乘車號：AAA－○○○之機車與行經上開地點之乙方（行人）發生碰撞交通事故，致乙方受有體傷所生之車禍損害賠償事件，**鑑於事出意外，雙方願相互讓步成立和解，其和解內容如下：**

一、甲方及其法定代理人父母願連帶賠償乙方新臺幣（下同）5萬元（不含強制責任險），並自112年10月15日起至113年2月15日止，計分5期，按每月15日每期給付1萬元予乙方，至全部清償完畢爲止。分期給付金額，甲方及其法定代理人父母如有一期未付，未到期部分，視爲全部到期。

二、強制責任險由乙方自行向保險公司申辦理賠事宜。

三、甲方及其法定代理人父母應將第一項各期應付金額匯入乙方指定之○○銀行○○分行，帳號：○○○○，戶名：李四之帳戶。

四、乙方拋棄對甲方及其法定代理人父母本件車禍之其餘民事請求，並不再追究甲方之刑事責任。

本和解書1式2份，由甲乙方各執1份。

甲　方：張　三　　（簽名或蓋章）

法定代理人：張父、張母　　（簽名或蓋章）

乙　方：李　四

委任代理人：王　五　　（簽名或蓋章）

中華民國○年○月○日

**【範例說明】**

1.本範例適用的情形

（1）車禍當事人中有未成年人時

應由其法定代理人（通常是父母）進行和解。本範例的甲方張三在車禍發生時未滿18歲且還無照騎車上路，所以由其父母到場與乙方（即行人李四）進行和解。《民法》第187條第1項、第1086條第1項參照。

（2）當事人不能親自到場和解時

當事人應出具委任書委任代理人到場和解。本範例的乙方李四即是委由代理人王五出席。代理人必須是成年人，可以是當事人的親友或家人，也可以是律師或保險理賠員。只要雙方進行和解時，代理人出具當事人簽名或蓋章的〔委任書〕佐證，在法律上就與當事人到場和解的效果一樣。請參閱【和解用委任書範例】，頁145。

2.和解內容第一項前段有關「甲方及其法定代理人父母願連帶賠償乙方……」的記載

甲方在車禍發生時尚未成年，如果肇事責任也在甲方時，依《民法》第187條第1項的規定，法定代理人父母就要負連帶賠償責任。請參閱【肇事者是未成年人時，被害人可以向誰請求賠償？】相關說明，頁88起。

3.和解內容第一項後段有關「……並自……日止，計分5期，按……，至全部清償完畢為止。分期給付金額，……如有一期未付，未到期部分，視為全部到期。」的記載

實務上，車禍賠償金額確定後，若被害人體諒肇事者有經濟上的困難，同意賠償採分期付款時，就可用到這種寫法。

本範例係採定期定額給付且付款期數超過3期以上，因此和解內容必須記明「如有一期未付，未到期部分，視為全部到期」，才能確保被害人的權益。請參閱【如何協商賠償或付款的方式？】相關說明，頁363起。

4.和解內容第二項有關**保險給付**的記載

**強制汽車責任保險法第11條（第1項第1款）**

本法所稱請求權人，指下列得向保險人請求保險給付或向特別補償基金請求補償之人：

一、因汽車交通事故遭致傷害者，為受害人本人。

本範例中的乙方李四因車禍而受傷，依上開規定可向車號：AAA－〇〇〇的機車（即甲方騎乘之機車）車主投保〔強制責任險〕的保險公司申辦**傷害醫療給付**。

5.和解內容第三項有關給付賠償金的方式

本範例雙方係合意以「匯款」方式給付賠償金，被害人李四可要求賠償義務人（此指甲方張三及其父母）或協助其辦理給付的保險公司，日後將款項匯至被害人李四指定的金融帳戶。

6.和解內容當事人簽章的部分

甲方張三是未成年人，如果〔和解書〕只有未成年人的簽章而沒有其法定代理人父母的簽章，這會讓〔和解書〕的法律效果處於「效力未定」的狀態。因此法定代理人父母必須簽名或蓋章於〔和解書〕上，才會發生和解的效力。

此外，乙方李四是委請代理人王五出席調解，所以代理人王五也要在〔和解書〕上簽名或蓋章，正確的寫法是王五先把當事人乙方李四的姓名寫上，加註**代理人**後，王五再把自己的姓名寫上。

**【車禍解疑雜惑店】**

**和解後，被害人又對肇事者提出過失傷害刑事告訴時，該怎麼辦？**

車禍和解內容雖有「被害人不再追究肇事者刑事責任」的記載，這是指雙方達成和解時，被害人尚未提出刑事過失傷害告訴時的寫法。

由於《刑法》第284條的〔**過失傷害罪**〕屬於**告訴乃論之罪**，如果〔和解書〕是在法定6個月告訴期間內作成的，那麼被害人「不再追究肇事者刑事責任」這句話，是否會發生不得提起刑事告訴的法律效果？

刑法第287條

第二百七十七條第一項、第二百八十一條及第二百八十四條之罪，須告訴乃論。但公務員於執行職務時，犯第二百七十七條第一項之罪者，不在此限。

**法理上**，基於《憲法》保障人民有訴訟的權利，被害人的**告訴權**並不會因和解內容有「**拋棄告訴權**」的記載而喪失，也不會有「**不追究刑事責任**」的字樣而發生不得提告的效果，因此被害人和解後又提出刑事告訴時，還是會發生告訴的效力。

**實務上**，爲了避免被害人和解後，又對肇事者提起過失傷害刑事告訴，有的肇事者在成立和解給付賠償金的同時，會要求被害人再寫一紙**刑事撤回告訴狀**並請**被害人簽名**後，交由肇事者自行留存，以防萬一。

當被害人與肇事者和解後，萬一又因故（例如肇事者未如期付款或被害人事後反悔）對肇事者提出刑事告訴時，肇事者便可將被害人先前所寫的〔刑事撤回告訴狀〕提出於檢察署或法院，主張被害人已同意撤回告訴。此種雙方當事人作成〔和解書〕同時又預寫〔刑事撤回告訴狀〕的做法，雖不常見，其效力如何？法理上容有討論空間。

如果車禍成立和解後，肇事者擔心日後被害人又會對自己提起刑事告訴，那麼另循鄉鎮市公區公所調解委員會的**調解**程序處理，會是比較周延又有保障的做法。因爲調解成立經法院核定的車禍事件，包括被害人在內的當事人依法就不能再提刑事告訴了。

鄉鎮市調解條例第27條（第1項）

調解經法院核定後，當事人就該事件不得再行起訴、告訴或自訴。

## 職業駕駛撞傷機車騎士的和解書範例

這類型的車禍，肇事者通常是計程車、貨車或公車等職業駕駛，被害人則可能是機車騎士、路人或車上乘客。究其肇事原因有的是計程車司機爲了搶客，突然變換車道而擦撞騎士；有的是貨車駕駛路口轉彎時，因視線死角或內輪差而撞傷路人，更有公車司機因緊急煞車而造成車上乘客跌倒受傷……。

這類車禍事件，計程車、貨車司機或公車駕駛除了民事賠償的責任外，也會有涉嫌**過失傷害**的刑事責任（註）。

註：職業駕駛因車禍造成他人傷亡而有涉及刑事責任時，《刑法》已廢除了有關**常業犯**的規定，不再有所謂的「業務過失傷害」或「業務過失致死」的罪名。

刑法第284條

因過失傷害人者，處一年以下有期徒刑、拘役或十萬元以下罰金；致重傷者，處三年以下有期徒刑、拘役或三十萬元以下罰金。

被害人除可對肇事駕駛請求賠償外，對於受僱駕駛所屬的交通公司（即車行）、貨運或客運公司，也可請求僱用人連帶負損害賠償責任。《民法》第188條第1項參照。

如果當事人有機會成立和解時，這種〔和解書〕要怎麼寫才對雙方都有保障？茲舉以下案例說明：

### 和解書

甲　方：嘟嘟客運股份有限公司（公司統編、地址、電話）

法定代理人：○○○（姓名）

委任代理人：張 三（身分證統編、地址、電話）

李 四（駕駛（身分證統編、地址、電話）

乙　　方：王 五（被害人）（身分證統編、地址、電話）

　　　　　趙 六（車主）　（身分證統編、地址、電話）

和解地點：（略）

車禍時間：民國（下同）112年8月10日18時

車禍地點：○○市○○區○○路○○號前

事實及經過：

甲方李四駕駛甲方嘟嘟客運股份有限公司（下稱嘟嘟客運公司）所有車號：○○○－AB之民營公車與乙方王五騎乘乙方趙六所有車號：XYZ－○○○之機車於上開地點發生交通事故，致乙方王五受有體傷，乙方趙六上開機車受損所生之車禍損害賠償事件，鑑於事出意外，雙方願相互讓步成立和解，其和解內容如下：

一、甲方李四、嘟嘟客運公司願連帶賠償乙方王五、趙六金額總計新臺幣（下同）6萬元（不含強制責任險），即於112年10月15日本和解書作成之日當場以現金先行交付2萬元予乙方王五、趙六收執，不另製據；餘款4萬元由甲方李四、嘟嘟客運公司於112年11月15日前連帶給付完竣。

二、強制責任險由乙方王五自行向甲方嘟嘟客運公司投保之○○保險公司申辦理賠事宜。

三、乙方王五、趙六均拋棄對甲方李四、嘟嘟客運公司本件車禍之其餘民事請求，乙方王五並不再追究甲方李四之刑事責任。

本和解書1式4份，甲方2份，乙方2份。

甲　方：嘟嘟客運（股）公司

**委任代理人：**張 三　　　　　　（簽名蓋章）

李 四（駕駛）　　（簽名蓋章）

乙　　方：王 五（被害人）　　（簽名蓋章）

趙 六（車主）　　（簽名蓋章）

中華民國112年10月15日

**【範例說明】**

1.本範例適用的情形

（1）肇事者基於僱傭關係且因執行職務而發生車禍時

甲方除了肇事司機（受僱人）外，也應將客運公司（僱用人）一併列入。《民法》第188條第1項參照。

（2）肇事或受損車輛非司機或騎士所有，車主（指行車執照上的登記名義人）另有其人時

基於**紛爭一次性解決**原則，宜將車主併列為當事人。本範例中的甲方嘟嘟客運（股）公司及乙方趙六即為車主。

（3）當事人未能出席和解時

為免口說無憑影響和解的效力，代理人到場和解時，應出具當事人〔委任書〕，以昭公信。請參閱【和解用委任書範例】，頁151。

本範例中的甲方嘟嘟客運（股）公司即是委由代理人張三到場和解。實務上，公司可能委由法務或保險理賠人員代理，也可能要求肇事司機自己兼代。

2.和解內容第一項有關「甲方李四、嘟嘟客運股份有限公司願連帶賠償乙方王五、趙六金額總計……」的記載

肇事駕駛李四係因受僱執行公司職務時發生車禍，故李四與公司應對乙方王五、趙六負連帶損害賠償責任。《民法》第188條第1項參照。

乙方受害者包括受傷的騎士王五與機車受損的車主趙六，本來兩人的賠償金額應該分開來寫，亦即「甲方賠償乙方王五多少錢……」、「甲方賠償乙方趙六多少錢……」方屬適正。但可能是基於彼此是家屬或親友的關係，在車禍和（調）解的實務上，受害騎士與車主雖不同人，但兩人的賠償金大多會寫合計後的加總金額。從賠償義務人的立場來看，支付的賠償總額既已確認，就算不分別記載被害人的賠償金額，雙方的權益也不會受到影響。

3.本範例和解內容第三項後段有關「乙方王五並不再追究甲方李四之刑事責任」的記載

肇事司機是職業駕駛，若被害人尚未提出〔過失傷害〕的刑事告訴，和解內容固然可以記載「不追究刑事責任」。但被害人如果在**和解成立前**已提出〔過失傷害告訴〕的話，那麼〔和解書〕要怎麼寫才算周延？茲分兩點說明：

（1）賠償金已給付完竣時

可視刑事程序進行到哪一階段而異其寫法，例如才剛到警局做完筆錄不久後，雙方便成立和解，和解內容可記載為「乙方王五願撤回對甲方李四所提之○○市政府警察局○○分局○年字第○號涉嫌過失傷害之刑事告訴」（可參考刑事報案單上記載的案號）或「乙方王五願撤回對甲方李四所提之臺灣○○地方檢察署（法院）○年度○字第○號涉嫌過失傷害之刑事告訴」（可參考傳票或開庭通知上記載的案號）。

此外，肇事者亦可請被害人出具刑事撤回告訴狀撤回告訴，以求民、刑事一次性解決。〔刑事撤回告訴狀〕的寫法，請參閱【刑事撤回告訴狀範例】，頁228。

(2) 賠償金尚未給付或未給付完竣時

因為和解可以附加條件，和解內容可採附條件式的寫法，即「乙方王五於取得全部賠償金額後，同意撤回對甲方李四所提之○○市政府警察局○○分局○年字第○號涉嫌過失傷害之刑事告訴」或「乙方王五於取得全部賠償金額後，同意撤回對甲方李四所提之臺灣○○地方檢察署（法院）○年度○字第○號涉嫌過失傷害之刑事告訴」。

以被害人「取得全部賠償金」為條件，俟取得全部賠償金的和解條件成就後，被害人再具狀撤回告訴即可。

**【車禍解疑雜惑店】**

**假如肇事者給付全部賠償金額後，被害人卻未依約撤回刑事告訴時，該怎麼辦？**

由於肇事者在成立和解或調解時，無法就賠償金作一次性的給付，已經提出刑事告訴的被害人也不願意在成立和（調）解當下就同意具狀撤告（因為還沒有拿到全部的賠償金），民事上的賠償雖因成立和（調）解而告解決，但刑事告訴的部分卻未能一併處理，這是實務上常會遇到的問題，究其原因，還是源於當事人間的互信不足所致。

雖然不是每件車禍都會發生這種問題，但這種狀況也不是全然無解。視具體個案的不同，在此提供以下兩個解決方案供參：

**1.將〔撤回告訴狀〕交由保險人員保管**

有保險公司理賠人員到場協助處理時，最後一筆賠償金可能是由保險公司來支付，但保險公司內部通常要花十幾個工作天來跑流程。被害人如果擔心拿不到賠償金而不願意在成立和（調）解的同時具狀撤告，建議被害人可將〔撤回告訴狀〕預先寫好，簽名或蓋章後，在徵得理賠人員同意下，請其代為保管（通常理賠人員在車禍處理過程中，較易與雙方當事人建立信賴關係）。俟被害人取得全部賠償金後，再由理賠人員將〔撤回告訴狀〕交寄該管偵審機關（案件在偵查中就送交檢察署，審理中就送交法院）或轉由肇事者自行交寄之。

除了理賠人員可從旁協助外，若有雙方當事人所共同信任的第三人（例如成立和解時，當事人委任的律師或地方上的里、鄰長），而該第三人也願意提供這方面的協助時，亦可比照上述方式辦理。

**2.雙方當場面交**

當肇事者要一次給付全部賠償金或給付最後一筆賠償金時，雙方可相約見面，採一手交付**賠償金**，一手交付**刑事撤回告訴狀**的方式解決。被害人當場點收賠償金額無誤後，肇事者將拿到手的〔刑事撤回告訴狀〕自行送交該管偵審機關。

**【車禍解疑雜惑店】**

**只有肇事司機與被害人簽訂和解書，沒有將司機所屬的公司列為當事人時，和解是否有效？**

當然還是有效，只要被害人和肇事司機能達成和解共識，法律並沒有規定不行。通常這種和解會發生在損害較輕微的小車禍或是司機不希望公司介入的情況。

司機不希望公司介入而願意自行負擔賠償責任，有時是不想被公司懲處，有時則是擔心考績受到影響，怕年終獎金縮水或拿不到，極少數的情形則可能是公司將車禍責任全部推給司機自己去處理。

被害人通常也是同情肇事司機的處境，基於上述原因而同意只與司機和解，所以就不另向司機所屬的公司求償，有時候甚至連〔強制責任險〕也願意放棄申請理賠，以免司機的飯碗不保。

肇事司機如果沒有將所屬公司列爲當事人時，一旦和解成立，爲了避免被害人將來又依《民法》第188條第1項規定請求公司連帶負損害賠償責任，雙方可在〔和解書〕上追加一條如下記載的內容，即：

**被害人就本車禍事件同意不再向肇事司機所屬公司（即僱用人）請求任何賠償或爲其他法律上權利之主張。**

最後一點要提醒讀者注意的是，如果肇事司機是因執行公務而駕駛政府機關車輛發生交通事故時，可能涉及**國家賠償**的責任。爲符合法制，此時應依《國家賠償法》規定的程序來處理，對於被害人自身權益也會較有保障。

## 死亡車禍的和解書範例

當車禍造成被害人死亡時，肇事者與被害人家屬有關民事賠償的協商，通常是案件進入司法程序後才開始進行。

在資訊發達的現代，民衆權利意識逐漸抬頭，透過各種管道（例如網際網路、免費法律諮詢服務、犯罪被害人保護協會等）取得車禍相關資訊也愈來愈方便，民衆也更加知道如何運用法律程序來維護自身權益。因此死亡車禍衍生的賠償問題，肇事者與被害人家屬在和解或調解的階段就能達成賠償共識的機會似乎也愈來愈小。

再者，〔強制責任險〕的死亡給付爲每人200萬元，讓被害人家屬在車禍發生後的第一時間，不僅緩解了經濟上的困境，並得以運用這筆款項來支付後續車禍官司的各種勞費。

雖然死亡車禍有關賠償的處理，比起一般財損或體傷的車禍在難度上要高出許多，但隨著時間的經過，只要民事賠償官司尚未定讞，當事人還是可以隨時試行和解。若肇事者與被害人家屬有機會成立和解時，〔和解書〕要怎麼寫，才對雙方都有保障？茲舉以下案例說明：

**和解書**

甲　方：張　三　　　　（身分證統編、地址、電話）

乙　方：林美美　　　　（身分證統編、地址、電話）

李大明　　　　（身分證統編、地址、電話）

李小英　　　　（身分證統編、地址、電話）

和解地點：（略）

車禍時間：民國（下同）○年○月○日○時○分

車禍地點：○○市○○區○○路與○○路口

事實及經過：

甲方駕駛車號：AA－○○○○之自小客車與行經上開地點之第三人李四（男，身分證統編：A1********，○年○月○日歿，即乙方林美美之夫、乙方李大明、李小英之父）發生碰撞交通事故，致第三人李四傷重死亡。就此所生之車禍損害賠償事件，雙方成立和解，其和解內容如下：

一、甲方願賠償乙方林美美、李大明、李小英金額總計新臺幣○元（不含強制責任險），即於○年○月○日本和解書作成之日當場以○年○月○日○○銀行○○分行簽發及付款，票額新臺幣○元整，票號AB0000之支票乙紙交付乙方林美美、李大明、李小英收執，不另製據。

二、強制責任險由乙方林美美、李大明、李小英自行向〇〇保險公司申辦理賠事宜。

三、乙方林美美、李大明、李小英均拋棄對甲方本件車禍之其餘民事請求，並均不再追究甲方之刑事責任。

本和解書一式4份，由甲方及乙方林美美、李大明、李小英各執1份。

甲 方：張 三　　　　　　　　（簽名或蓋章）

乙 方：林美美、李大明、李小英　（簽名或蓋章）

中華民國〇年〇月〇日

**【範例說明】**

1.法律上可請求肇事者負賠償責任的權利人

為被害人支付生前醫療費用、生前增加生活上需要之費用或殯葬費用的人、被害人生前對其負有法定扶養義務的人以及被害人的父母、子女及配偶，都是法律上可請求肇事者負賠償責任的權利人。請參閱【車禍被害人死亡，哪些人可以主張法律上的權利？】相關說明，頁122起。

本範例中的甲方張三為肇事者，假設被害人李四生前已婚並育有兩子，那麼其妻林美美及其子女李大明、李小英等人，均應同列為當事人進行和解。《民法》第192條第2項、第194條參照。

死亡車禍的和解過程中，實務上較少見到被害人家屬以外的第三人（例如為被害人支付生前醫療費用或殯葬費用的人）列名於雙方的〔和解書〕中。有可能醫療費或殯葬費本來就是由被害人家屬自行墊付且已納入賠償金額中計算；也可能是基於人情義理，該第三人不便具名在肇事者與被害人家屬間的

〔和解書〕中，而由肇事者與該第三人另外作成和解，於此併予敘明。

2.車禍事實及經過

有關「車禍事實及經過」的描述，除應記載被害人李四的身分證統編及死亡日期外，亦宜記明其與乙方家屬間的身分關係。如此一來，當其他人在看到這份〔和解書〕的內容時，也較能清楚理解肇事者給付賠償的對象與死者間有何種關係。

被害人李四的身分證統編及死亡日期可從其**除戶謄本**得知，肇事者張三給付賠償的對象則可從李四（被繼承人）的〔繼承系統表〕來判斷。

**繼承系統表範例**

<table>
<tr><td colspan="2">被繼承人 李 四 繼承系統表<br>依照民法第1138、1139、1140條規定被繼承人李四繼承系統表列明如下：</td></tr>
<tr><td>（○.○.○.出生）<br>身分證統編：<br>A1********<br>被繼承人姓名：<br>李 四<br>（○.○.○.死亡）</td><td>（稱謂）註：請表明與被繼承人之關係<br>配偶：林美美（○.○.○.生）繼承<br>身分證號：B2********<br>長子：李大明（○.○.○.生）繼承<br>身分證號：A1********<br>長女：李小英（○.○.○.生）繼承<br>身分證號：A2********</td></tr>
<tr><td colspan="2">上記繼承系統表記載事項確實無誤，如有遺漏或錯誤致他人受損害者，申請人願負法律責任。<br>法定繼承人：林美美、李大明、李小英　（簽名或蓋章）<br>中華民國 ○ 年 ○ 月 ○ 日</td></tr>
</table>

註：本範例車禍被害人李四死亡時，如果李四的父母還健在，那麼依《民法》第194條的規定，除法定繼承人林美美、李大明、李小英外，還必須將李四的父母一同納入和解（或調解），始為適格。

3.和解內容第一項前段「甲方願賠償乙方林美美、李大明、李小英金額總計新臺幣○元整（不含強制責任險）」的記載

本段記載的說明重點在於「不含強制責任險」這句話一定要寫清楚！因為〔強制責任險〕的**死亡給付**金額是**每人200萬元**。如果當事人成立和解時，被害人家屬便已從保險公司申請到200萬元的死亡給付，那麼〔和解書〕漏未記載賠償金額包不包含〔強制責任險〕倒還不打緊，但和解成立時，如果被害人家屬尚未向保險公司申請到死亡給付的200萬元強制責任險，那麼〔和解書〕上沒有載明肇事者賠付的金額是否包含〔強制責任險〕？日後恐會衍生重大爭議，這一點非常重要。請參閱【車禍和（調）解內容記載含不含強制險的重要性】相關說明，頁306起。

4.和解內容第1項後段「當場以○年○月○日○○銀行○○分行簽發及付款，票額新臺幣○元整，票號AB○○○○之支票乙紙交付乙方林美美、李大明、李小英收執，不另製據」的記載

本段記載的說明重點在於「付款的方式」。

因為死亡給付的賠償金額往往高達數百萬，甚至上千萬，如果肇事者帶著一捆捆的現鈔到場和解，不僅清點金額不便，被害人家屬帶著大筆現金離去，也會有安全上的顧慮。

再者，被害人家屬如果收的是肇事者簽發的支票或不知是從哪裡取得第三方所簽發的客票，被害人家屬會擔心將來支票有**跳票**的風險。因此以一紙**銀行保證兌付的支票**作為支付工具，就是最保險的付款方式。

5.和解內容第二項「強制責任險由乙方林美美、李大明、李小英自行向○○保險股份有限公司申辦理賠事宜。」

的記載

依《強制汽車責任保險法》第11條第1項第2款規定，因汽車交通事故死亡者，受害人遺屬的「父母、子女及配偶」為第一順位的請求權人，可向保險公司請求保險給付。

因此本範例中的乙方林美美、李大明、李小英可依上開規定，向甲方張三駕駛的肇事車輛投保的保險公司申辦死亡給付。

6.車禍造成被害人死亡，肇事者另涉《刑法》第276條〔過失致人於死罪〕的刑事責任時

由於本罪屬**非告訴乃論**之罪（俗稱公訴罪），因此無從撤回告訴，肇事者雖與被害人家屬達成民事和解，〔和解書〕中最多也只是加註被害人家屬「均不再追究肇事者之刑事責任」而已。實務上，雙方既已達成和解且肇事者也已支付賠償金給被害人家屬，法院自會據此加以審酌，科予肇事者（即刑事被告）適當的刑責。

# 第三節　具經濟強效的法律途徑：調解

## ADR替代性的紛爭處理機制

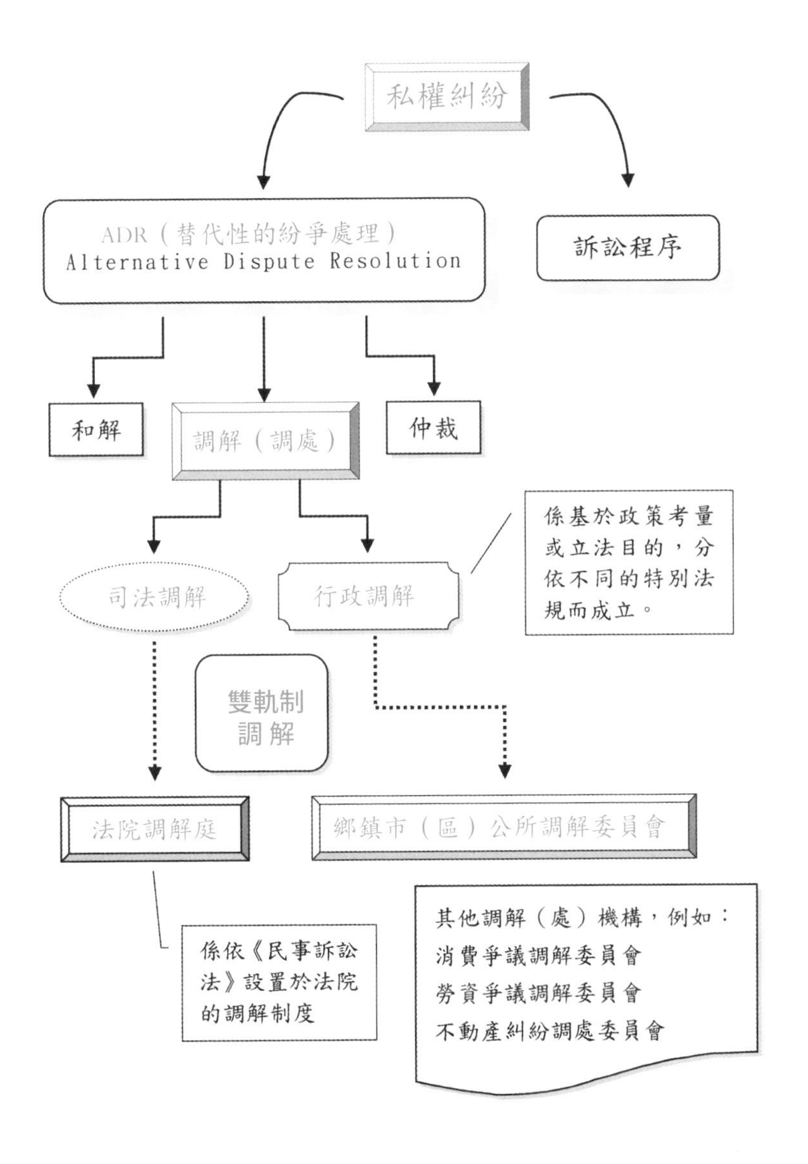

## 一、概說

近年來，政府大力宣導ADR～訴訟外紛爭解決機制，也就是民眾對於私權糾紛的處理，除了可以向法院提起訴訟，由法院以判決的方式解決外，也鼓勵民眾多多利用「調解」、「和解」或「調處」、「仲裁」等訴訟外的方式來解決。

古語有云：訟終凶。打官司可說是一般人避之唯恐不及的事，加上訴訟給人的印象就是曠日廢時，心理上也會有些壓力，所以只要能透過和解或調解的機制解決車禍糾紛，大多數的人認爲就算要吃點虧也是無妨。

現行調解制度採雙軌制，也就是所謂的「司法調解」與「行政調解」。司法調解，是指依《民事訴訟法》規定而在法院設置調解庭所進行的調解；行政調解，是指基於特定的政策或立法目的而依相關法規而成立的調解機構，例如依《鄉鎮市調解條例》設置在鄉、鎮、市（區）公所的調解委員會；爲了保護消費者而依《消費者保護法》成立的消費爭議調解委員會或是爲了保護弱勢勞工而成立的勞資爭議調解委員會。因爲這一類的調解部門大多是設置在行政機關內，所以學術上稱爲「行政調解」。

爲了避免訟累，運用替代性紛爭處理機制解決私權紛爭，已是時勢所趨。何況「調解」的好處很多，方便、省時、省力、省錢、有效又不傷和氣。因此車禍衍生的糾紛，當事人除了上法院外，另一個能夠迅速有效解決車禍糾紛的地方就是**調解委員會**（以下簡稱調解會）。

法院調解庭的調解和調解會的調解，本質上並無不同，況且調解會解決車禍糾紛的功效極爲顯著，因此本文就以鄉鎮市區公所調解會的「調解」來作說明。有興趣深入了解的讀者，也可參閱筆者另一著作《有糾紛？找調解會！》，該書有更詳盡的介紹。

## 二、調解的基本概念與運用在車禍糾紛處理的時機

### （一）什麼是調解？

調解，是指一種藉由第三者（即調解委員）的參與，居間斡旋，經由溝通協調的程序，衡量事理之平，促使發生糾紛的雙方當事人相互退讓，依法合意達成共識，以達解決紛爭的一種制度。

調解，本質上是一種**談判**的過程。由調解會指派具有專業背景或社會歷練豐富的調解委員充當和事佬，在對立的當事人間進行溝通協調，勸諭雙方化解歧見、相互讓步以促成糾紛的解決。因此調解過程中，調解委員必須保持客觀公正，既不能偏袒任何一方，也不能爲任何一方代作決定。

### （二）調解是一種法律程序

調解會主要的法源是《鄉鎮市調解條例》，這部法條不僅涵蓋了調解會組織的產生、調解程序的實質運作，也對調解成立經法院核定得法律文書效力做了明確的規範。

調解的目的就是希望經由這個程序，達到紛爭一次性的解決。不僅能有效地疏減法院的訟源，也有助於維持地方上的和諧，所以說調解是一種法律活動。

### （三）車禍事件可以聲請調解

調解會調解的案件主要是調解民事事件及告訴乃論的刑事案件。

基於**私權關係**而發生的民事糾紛，態樣繁多，調解會大多可以受理；**刑事案件**則依可否由被害人或依法得爲告訴之人提

出告訴，區分為「告訴乃論」與「非告訴乃論」兩種類型。只有屬於「告訴乃論」的刑事案件，調解會才可以受理調解。

鄉鎮市調解條例第1條

鄉、鎮、市公所應設調解委員會，辦理下列調解事件：

一、民事事件。

二、告訴乃論之刑事案件。

### ㈠車禍涉及民事賠償的部分可以聲請調解

車禍造成被害人的權利（例如財產權、身體權、生命權等）受到侵害，法律上定性為「侵權行為」，因此車禍涉及民事賠償的部分，當然可以聲請調解。申言之，凡因車禍造成車輛或財物毀損、身體受傷或成殘，甚至死亡時，有關民事賠償部分，都可透過調解會的調解來解決。

### ㈡車禍衍生的告訴乃論刑事案件可以聲請調解

車禍衍生的刑事案件，大多是「過失傷害」或「過失重傷害」等屬於**刑事告訴乃論**的罪名。《刑法》第284條、第287條參照。

實務上，除了當事人可自行向調解會聲請調解外，偵查程序中的檢察官在徵得當事人（通常是刑案中的被害人、其他有告訴權之人及被告）的同意後，也會將案件轉介到調解會調解。

## （四）聲請調解的時機

鄉鎮市調解條例第10條（第3項）

第一條所定得調解事件已在第一審法院辯論終結者，不得聲請調解。

**調解**可看成是**訴訟的前置程序**，如果車禍糾紛要透過調解會來解決，只要當事人在第一審法院辯論終結前提出，調解會都可依法受理。一旦官司打到第一審的法院辯論終結時才要回頭來聲請調解，調解會依法自當不予受理。

**【車禍解疑雜惑店】**

**機車騎士因道路坑洞而摔車受傷，可不可以聲請調解？**

這類事故可能涉及政府機關國家賠償責任的問題，應依《國家賠償法》的規定處理，賠償義務機關不能透過調解會來聲請調解。例如張三騎車在大馬路上，因路面有個大坑洞，張三閃避不及而摔得鼻青臉腫，維護管理上有疏失的政府工務機關，就要對張三負損害賠償的責任。《國家賠償法》第3條第1項、第9條第2項參照。請參閱【肇事者是行使公權力的公務員或公共設施的設置或管理有欠缺時】相關說明，頁102起。

國家賠償法第10條（第1項、第2項）

依本法請求損害賠償時，應先以書面向賠償義務機關請求之。（第1項）

賠償義務機關對於前項請求，應即與請求權人協議。協議成立時，應作成協議書，該項協議書得為執行名義。（第2項）

國家賠償法第11條（第1項本文）

賠償義務機關拒絕賠償，或自提出請求之日起逾三十日不開始協議，或自開始協議之日起逾六十日協議不成立時，請求權人得提起損害賠償之訴。

由以上規定可知，賠償義務機關應先與被害人張三進行協議，協議不成時，張三依法應向該管地方法院提起損害賠償訴訟，這類〔國賠案件〕是不能到調解會聲請調解的（註）。

註：實務上，常見政府機關將道路養護工程外包給廠商後，如果施工中因承包商的疏失而造成用路人受有損（傷）害時，應負國賠責任的政府機關通常會要求承包商先透過調解會與被害人協商賠償相關事宜。

## 三、車禍事件如何聲請調解？

### （一）聲請人與對造人

調解，原則上是採當事人主義，也就是調解程序的發動、進行與結束，主要是由**當事人**來決定。

當事人有兩造，一造稱為聲請人，也就是提出調解聲請的一方；另一造稱為對造人，也就是被調解的對象。所以**聲請人**與**對造人**就是調解程序的**主體**。

聲請人與對造人只是為了區別當事人在糾紛中的角色而已。在調解程序中，車禍中的肇事者或被害人都可以向調解會聲請調解，成為調解聲請人或成為被調解的對造人。

### （二）調解的管轄劃分

車禍當事人要到哪裡的調解會聲請調解呢？這涉及了管轄劃分的問題，《鄉鎮市調解條例》第13條有明文規定。

鄉鎮市調解條例第13條

聲請調解事件之管轄如下：

一、兩造均在同一鄉、鎮、市居住者，由該鄉、鎮、市調解委員會調解。（第1款）

二、兩造不在同一鄉、鎮、市居住者，民事事件由他造住、居所、營業所、事務所所在地，刑事事件由他造住、居所所在地或犯罪地之鄉、鎮、市調解委員會調解。（第2款）

三、經兩造同意，並經接受聲請之鄉、鎮、市調解委員會同意者，得由該鄉、鎮、市調解委員會調解，不受前二款之限制。（第3款）

**㈠兩造均在同一鄉、鎮、市居住者，由該鄉、鎮、市調解委員會調解。**

調解的管轄是以行政區來劃分，而且是以「人」的住、居所（註）在地的行政區來判斷。假如當事人雙方都住在同一個行政區，自然就是到雙方在地的鄉鎮市區公所調解會調解。

註：調解實務上，〔聲請調解書〕上有關住所或居所的欄位，建議當事人寫能收得到調解文書的地址即可，不一定要寫戶籍地。如果不想揭露實際住居處所，也可另寫**送達代收地**（例如上班公司的地址或委任律師的事務所地址）來解決收受調解文書的問題。

### ㈡兩造不在同一鄉、鎮、市居住者，民事事件由他造住、居所、營業所、事務所所在地，刑事事件由他造住、居所所在地或犯罪地之鄉、鎮、市調解委員會調解。

每個鄉鎮市區公所都設有調解會，辦的都是調解業務，爲了盡可能符合公平、正義，對於分住不同行政區的當事人，法律便在程序上將管轄的利益歸給調解對造人。

簡言之，當您和要調解的對象住在不同行政區時，要找對方調解，就必須到對方住所或居所所在地的調解會聲請調解，不能要求對方配合到您住的地方來調解。

以車禍爲例，假設住在臺北市大安區的張三與住在新北市永和區的李四，雙雙騎車行經臺北市萬華區時，因李四（肇事者）的過失而發生車禍事故，造成被害人張三車損人傷，那麼張三想找李四調解的話，應該到哪裡的調解會聲請調解呢？

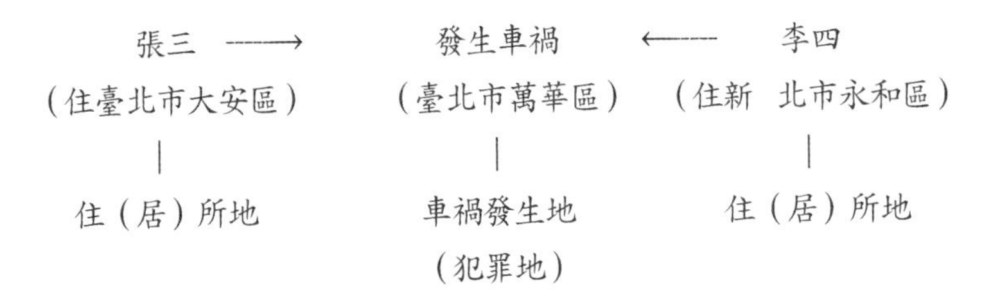


1.張三可以向臺北市大安區公所調解會聲請調解嗎？

**不可以。**

按本條款規定，住在臺北市大安區的張三只能選擇向**新北市永和區公所調解會**聲請調解（因爲李四住在新北市永和區）；或是向**臺北市萬華區公所調解會**聲請調解（**車禍發生地**可視爲**犯罪地**），張三就是不能向自己住居所在地的大安區公所調解會聲請調解。

本案例中的**車禍發生地**可視爲**犯罪地**的原因，是因爲車禍造成張三受傷，被害人張三依法是可以對肇事者李四（潛在的被告）提起《刑法》第284條〔過失傷害罪〕的刑事告訴（只是現階段尚未提告）。因此**臺北市萬華區公所調解會**可依本條款規定受理調解的聲請。

2.張三可以向臺北市萬華區公所的調解會聲請調解嗎？

**當然可以。**

車禍造成張三受傷，**犯罪地**就是案例中的**車禍發生地**，因此張三可以到**臺北市萬華區公所**調解會聲請調解。

如果張三在車禍中人**沒有受傷**，只有機車或單純財物受損的話，由於《刑法》第354條〔毀損罪〕不處罰**過失犯**，因此不會涉及刑事犯罪的問題。請參閱【車禍造成車輛毀損，被害人可以告肇事者毀損罪嗎？】相關說明，頁28。準此，張三如果到萬華區公所調解會聲請調解，調解會認爲本件車禍並沒有所謂的**犯罪地**，就可能不予受理調解的聲請。（註）

註：筆者認為～調解會是為需要解決糾紛的民眾而設，何況車禍是調解會處理各類型私權糾紛中，件數最多的一種，實宜從寬認定。亦即不論有沒有人在車禍中受傷，車禍發生地的調解會都應該受理調解。

3.張三可以向新北市永和區公所調解會聲請調解嗎？

**當然可以。**

按本條款規定，不論是以民事的損害賠償或刑事涉嫌過失傷害的事由來聲請調解，**新北市永和區公所調解會**都能受理本件車禍的調解。

調解當事人中的**聲請人**，不論是被害人或加害人，都可以依管轄劃分的規定來聲請調解。案例中的李四如果勇於負責並有解決問題的誠意，他也可以主動到**臺北市大安區公所調解會**聲請調解，大安區公所調解會也會依法受理；同理，李四這時就不能在請求新北市永和區公所調解會幫忙囉！

**㈢經兩造同意，並經接受聲請之鄉、鎮、市調解委員會同意者，得由該鄉、鎮、市調解委員會調解，不受前二款之限制。**

法律的規定有原則就有例外，還有一種叫例外的例外，本條款規定即爲適例。適用本條款規定必須符合兩個要件：

1.必須經雙方當事人合意

當事人通常要提供「雙方同意由○○調解委員會調解」的書面，或是當事人一方提出調解聲請時，檢附他方「本人同意由○○調解委員會調解」的〔同意書〕給調解會，以資佐證。

2.必須是沒有管轄權的調解會同意受理調解

適用本條款規定除雙方當事人合意外，還必須加上沒有管轄權的調解會也同意，也就是需要三方合意才行。

例如分住在**高雄市**與**臺北市**兩地的車禍當事人，可以合意請求無管轄權而願受理他們車禍糾紛的**臺中市○○區公所調解會**協助調解。

## 四、聲請調解需不需要對方同意？

鄉鎮市調解條例第11條

聲請調解，民事事件應得當事人之同意；告訴乃論之刑事事件應得被害人之同意，始得進行調解。

### （一）聲請調解不需事先徵得對造當事人的同意

調解實務上，聲請人只要有對造人的姓名及住址，調解事件又屬於民事或告訴乃論的刑事事件，調解會原則上都會受理。換言之，聲請調解時，並不需要徵得對造當事人的同意。只要召開調解會議時，對造當事人如期準時到場，便可推定其同意調解。

### （二）你有權利聲請調解，我有權利不出席調解

調解必須是你情我願，調解會才幫得上忙。雖然聲請人聲請調解時，不需要對造當事人事先同意，但對造當事人收到調解會的﹝調解通知書﹞後，也有權決定屆期要不要到場調解。

由於調解會沒有強制當事人出席調解的權力，當事人就算不出席調解，也不會因此受到懲罰。換言之，當事人一方不出席調解時，可解讀爲**不同意調解**或**無意願調解**。

## 五、車禍聲請調解書要怎麼寫？

聲請調解，聲請人要填寫﹝聲請調解書﹞，請別人代寫則稱爲﹝聲請解筆錄﹞，車禍聲請調解書（筆錄）格式，請讀者參考次頁的範例填寫。

# 車禍聲請調解書（筆錄）範例

第五號用紙

| 聲請調解書（筆錄） | 收件日期：　年　月　日　時　分 |
|---|---|
| | 收件編號：　案號：　年　調字第　號 |

| 稱　謂 | 姓名（或名稱） | 性別 | 出生日期 | 國民身分證統一編號 | 職業 | 住所或居所（事務所或營業所） | 電話 |
|---|---|---|---|---|---|---|---|
| 聲請人 | 王○○ | 男 | ○.○.○ | A1******** | | ○○市○○區○○路○段○號 | 請填寫 |
| 對造人 | 李○○ | 男 | 不知免填 | 不知免填 | | ○○市○○區○○路○巷○號 | 請填寫 |

上當事人間車禍損害賠償事件聲請調解，事件概要（與願接受之調解條件）如下：

車禍發生時間：○年○月○日○時○分許
車禍發生地點：○○市○○區○○路與○○路口
聲請人車號：ABC－○○○號（機）車
對造人車號：○○○－XYZ號（機）車
人員受傷（亡）及車輛受損情況：（「有」者於【】內打「V」）
【V】有人受傷：王○○、李○○
【V】車輛受損：王○○、李○○
其他補充說明：

（本件現正在　地方法院檢察署偵查審理中，案號如右：　）

| 證物名稱及件數 | 道路交通事故初步分析研判表、現場圖、診斷證明書 |
|---|---|
| 聲請調查證據 | |

此致　○○市○○區調解委員會
中華民國○年○月○日
聲請人：王○○　（簽名或蓋章）

上筆錄經當場向聲請人朗讀或交付閱覽，聲請人認為無異。
筆錄人：　（簽名或蓋章）
聲請人：　（簽名或蓋章）

附註：（略）

**【範例解說】**

1.用紙格式

聲請人可使用調解會提供的〔車禍聲請調解書〕或到公所網站下載表格，在電腦上登打相關內容後列印下來，或是自行列印表格後再撰寫。

2.「收件日期」欄及「收件編號」欄：

這是調解會收件時，留給承辦人填寫用的，聲請人不用填寫這兩欄。

3.「稱謂」欄（當事人基本資料欄）：

稱謂欄分為「聲請人」欄及「對造人」欄，請分別依式填寫。如果不知道對造人生日、身分證統編可以不填，但至少要寫上**姓名**、**地址**及**電話號碼**。對造人姓名、電話號碼可從〔道路交通事故當事人登記聯單〕查到，至於對造人的**地址**，聲請人除可聯絡對造人提供外，也可到交通隊填寫〔道路交通事故當事人住址資料申請書〕（頁57）後取得。

4.「事由」欄：即車禍損害賠償事件。

5.「事件概要」欄：

（1）事實經過

聲請人可依〔道路交通事故當事人登記聯單〕或〔道路交通事故初步分析研判表〕等資料如實填寫。

（2）「願意接受的調解條件」要不要寫？

由於調解結果猶未可知，如果擔心對方看了自己開的條件可能就不想來調解，或是考量寫了就等於是把自己的「底線」透露給對方知道，那麼聲請人還是不寫的好。

6.「本件現正在……地方法院檢察署偵查審理中，案號

如：」欄

少數個案在聲請調解前，有可能案件就已經在檢察署偵查中或法院審理中，如果有案件的案號，可在本欄位填上「臺灣○○地方檢察署」或「臺灣○○地方法院」，再寫上「案號」。如果聲請調解前沒有提出告訴或被告，就不會有「案號」，聲請人自然不必填寫。

7.「證物名稱及件數」欄：

如果有車禍或診斷證明等資料要提供給調解會，可於本欄填上資料名稱及件數。

8.「聲請調查證據」欄：

調解會的權限無法和法院或檢察署相提並論。實務上，這一欄通常不需要寫，寫了也沒什麼作用。

9.「此致○○調解會」欄、「日期」欄、「聲請人簽章」欄：

請填寫聲請調解的縣、市名及鄉、鎮、市（區）名，並填上聲請日期，再由本人親自簽名或蓋章。如果是公司行號，公司章及負責人章（俗稱大小章）也是在這個欄位用印。

10.「筆錄人簽名蓋章」欄、「聲請人簽名蓋章」欄：

聲請人本人親自填寫的稱為聲請調解書，聲請人請他人代筆的稱為聲請調解筆錄。

## 六、送件與收件

聲請人寫好〔聲請調解書〕後，可親送、託人代送或是以掛號郵寄等方式送件給調解會。實務上，調解會**不受理**以電話、傳真或電子郵件等方式的聲請。

## 七、車禍事件調解的流程

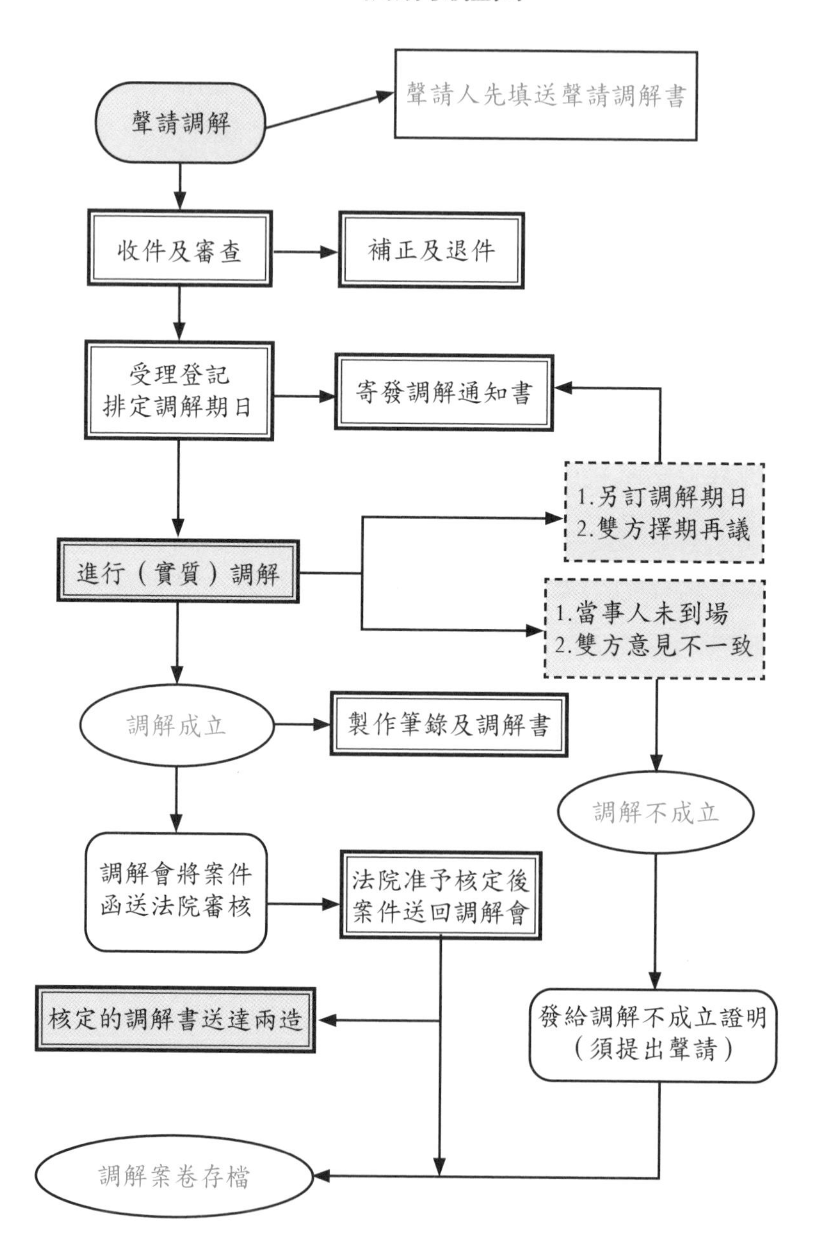
調解流程圖
聲請調解
聲請人先填送聲請調解書
收件及審查
補正及退件
受理登記
排定調解期日
寄發調解通知書
1.另訂調解期日
2.雙方擇期再議
進行（實質）調解
1.當事人未到場
2.雙方意見不一致
調解成立
製作筆錄及調解書
調解不成立
調解會將案件
函送法院審核
法院准予核定後
案件送回調解會
核定的調解書送達兩造
發給調解不成立證明
（須提出聲請）
調解案卷存檔

## （一）聲請調解

調解程序，是從當事人向調解會提出聲請時開始（註）。聲請調解時，聲請人應提供身分證件（例如國民身分證、健保卡或駕照、居留證或護照）以供查驗核對。

註：有些縣市已能提供全程式的線上聲請服務，讀者可自行上網搜尋。

## （二）收件及審查：補正及退件

調解會收件後，會先就〔聲請調解書〕內容作初步審查，以判斷聲請的事件可不可以調解？有沒有管轄權？或有無其他需要補正的地方？如果形式上審查都沒有問題了，就會受理登記及編號。如果依法不應受理調解或應補正而未補正時，就會將原件退還聲請人。

## （三）受理登記、排定調解期日及寄發調解通知書

調解會受理登記編號後，接著就會排定開會日期並以掛號郵寄的方式將〔調解通知書〕送達給當事人或其指定的委任代理人。開會日期通常是安排在收件日起算的15天內；聲請人也可以請求調解會將開會日期延後，但以延長10日爲原則。

鄉鎮市調解條例第15條（第1項、第3項）

調解委員會接受當事人之聲請或法院之移付後，應即決定調解期日，通知當事人或其代理人到場。（第1項）

第一項調解期日，應自受理聲請或移付之日起，不得逾十五日。但當事人聲請延期者，得延長十日。（第3項）

由於調解期日及開會的時間、場所是由調解會安排，不是當事人來指定，因此當事人若能親自到調解會洽辦，好處是當場就能確認將來開會的日期、時間。如果當事人因故不能配合排訂的日期或時間出席，也可以馬上和調解會討論改訂其他調解期日或時間。

## 調解通知書範例

### ○○市○○區調解委員會 調解通知書

發文日期：中華民國 ○ 年 ○ 月 ○ 日
發文字號：○ 市 ○ 調字第 ○ 號

| 受通知人地址姓名 | 受通知人地址：○○市○○區○○路○號○樓<br>受通知人: 王○○ 君 |
|---|---|
| 案 號 | ○ 年 ○ 調字第 ○ 號 |
| 案 由 | 臺端 與 李○○ 間<br>車禍損害賠償 事 件 |
| 應到時間 | 中華民國 ○ 年 ○ 月 ○ 日 ○ 時 ○ 分 |
| 應到處所 | ○○市○○區公所○樓調解室<br>(○○市○○區○○路○段○號○樓) |
| 備 註 | 為期解決兩造紛爭，敬請屆期準時出席調解是禱。 |
| 附 註 | 一、受通知人於上開調解期日，須攜帶身分證、印章，親自到場。<br>二、本會準時開會，受通知人請於開會十分鐘前，持本通知書向本會報到。<br>三、當事人於其聲明或主張之事實或證據，如認為他造非有準備不能陳述者，應於期日前提出準備書狀，並得直接通知他造。於調解期日，並應攜同所舉證人及所用證物到場。<br>四、當事人兩造，各得推舉一人至三人列席調解會議，協同調解，並得邀其屆時自行到場。<br>五、當事人如不能親自到場，應出具委任書，委任代理人到場進行調解。<br>六、受通知人就本事件提出書狀時，應將案由、案號一併記載。<br>七、告訴乃論刑事事件，經依法通知無正當理由不到，得依被害人聲請移請管轄檢察官偵辦。<br>八、繫屬於第一審法院言詞辯論終結前之案件，應將起訴書、傳喚通知書一併攜同到場。 |
| 調解會通訊方式 | 會址：○○市○○區○○路○段○號○樓<br>電話：**-****-**** 傳真：**-****-**** |

### ㈠調解通知書會記載些什麼？

調解通知書主要記載的內容，包括受通知人的地址及姓名、案號、案由、應到的日期、時間及處所，並附註相關的注意事項及與調解會的聯絡方式。

當事人依排定的調解期日及時間到調解會場報到時，最好把﹝調解通知書﹞一起帶去，以便調解會的工作人員能從﹝調解通知書﹞記載的內容，迅速地調出個案相關卷證。

### ㈡送達證書

調解會寄發給當事人的﹝調解通知書﹞，通常是以雙掛號方式郵寄，並附有調解會製作的﹝送達證書﹞（類似郵局回執聯的作用），送達證書是用來判斷通知書是否已經送達當事人的依據。

鄉鎮市調解條例第22條（第2項）

調解事件，對於當事人不得為任何處罰。

## （四）進行實質調解

整個調解程序進展到這個階段，雙方當事人才有機會在調解委員的面前坐下來，開始進行車禍糾紛的溝通與協商，筆者稱此階段的調解爲實質調解。

### ㈠報到及身分查驗

當事人於開會前宜詳閱﹝調解通知書﹞上記載的事項，請按預定開會的日期、時間提早到場辦理報到。陪同當事人出席調解的家人、親友或保險理賠人員，則不需要辦理報到。

代理人代理當事人本人出席調解時，一樣要先辦理報到，並要將﹝委任書﹞送交調解會收存。委任書格式，請讀者參考次頁的範例塡寫。

# 調解用委任書範例

第六號用紙

委 任 書　　○ 年 民 調字第 ○ 號

| 稱謂 | 姓 名〈或名稱〉 | 性別 | 出生日期 | 國民身分證統一編號 | 職業 | 住所或居所（事務所或營業所） | 連絡電話 |
|---|---|---|---|---|---|---|---|
| 委任人 | 張 三 | 男 | **.*.* | A1******** | | ○市○區○路○號 | 請填寫 |
| 受任人 | 李 四 | 女 | **.*.* | A2******** | | ○市○區○街○號 | 請填寫 |

茲因與　王 五　間　　車禍損害賠償　　調解事件，

委任　李 四　為代理人，有代理為一切調解行為之權，並有同意調解條件、撤回、捨棄、領取所爭物或選任代理人等特別代理權。

此 致

○○市○○區調解委員會

委任人：　張 三　印　　（簽名或蓋章）

（委任人以簽名方式為委任者，請親自簽名，受任人勿代為簽名）

受任人：　李 四　印　　（簽名或蓋章）

中華民國　○　年　○　月　○　日

**【車禍解疑雜惑店】**

**過了調解時間對方還沒來，已到場的當事人還要等多久？**

實務上，調解會的工作人員會請到場的當事人靜候10到15分鐘，並利用這段時間以電話試著聯繫未到場的當事人，以確認是否正在趕來開會的路上。如果過了原訂調解的時間，到場的當事人不願意繼續等候或是調解會聯絡不上未到場的當事人時，調解會人員會視個案具體情況並徵詢到場當事人的意見，以決定要不要安排下一次的調解。

如果到場的當事人不想再開調解或是未到場的當事人透過電話表達無調解意願時，調解事件就會在此一階段以**調解不成立**結案。

### ㈡當事人未到場：視為調解不成立

鄉鎮市調解條例第20條

當事人無正當理由，於調解期日不到場者，視為調解不成立。但調解委員認為有成立調解之望者，得另訂調解期日。

由於調解必須當事人雙方都有意願坐下來談，調解會才能幫得上忙。因此「當事人無正當理由，於調解期日不到場者」的規定，通常是指〔調解通知書〕已合法送達，但當事人一方或雙方未以電話或書面向調解會表示是否出席調解，也沒有因出國、工作、生病等原因而請求延期調解，此時法律便賦予**調解不成立**的效果。

至於本條但書所謂「但調解委員認為有成立調解之望者，得另訂調解期日。」的規定，在調解實務上，由調解委員來認定是否有望成立調解而另訂期日加開調解的案例，可說是絕無僅有。大抵還是要由當事人自己來決定，也就是說當事人雙方如果還有意願繼續留在調解會協商處理的話，調解會便同意配合當事人的需要，再次安排日後的調解。

**【車禍解疑雜惑店】**

**是不是要通知對方兩次或三次不來，才算調解不成立？**

沒有這回事！

這可能是一般人錯誤的認知，因為法律並沒有這樣的規定。當〔調解通知書〕是寄存於當地警察機關（所謂的寄存送達）或在郵局招領中，因為不確定受通知人是否領取；又或者領取了通知書，卻已錯過原訂的開會期日，那麼調解會依當事人請求擇期排開調解，再次寄發〔調解通知書〕應屬合理可期，調解會自無不許理。

至於〔調解通知書〕如果是因拒收、查無此人（址）或遷移新址不明等原因遭退的話，事實上該通知書已無從送達，除非有當事人的電話號碼可以試著聯絡，直接詢問其是否有意願參加調解，否則調解事件在這個階段仍然會以調解不成立收場。

### ㊂實質調解的運作

1.召開調解會議時，會有幾位調解委員在場？

原則上，每件調解個案會由3位調解委員進行調解。但實務上，各地調解會的做法可能不盡相同。有的調解會是由主席偕同全體委員以合議方式進行調解；有的調解會（特別是人口密集的都會區調解會）則因資源有限，要調解的案件又多還要兼顧調解品質，便只由1位調解委員以獨任的方式進行調解。

**鄉鎮市調解條例第7條**

調解委員會調解時，應有調解委員三人以上出席。但經兩造當事人之同意，得由調解委員一人逕行調解。

2.調解進行中，可不可以錄影或錄音？

**最好不要！**

一來**於法無據**，雖然法律沒規定不行，但也沒有規定可以；二來錄影或錄音的舉動，會使雙方協商的氣氛變僵，在互信基礎不足的情況下，容易橫生枝節，非但無助於達成調解的共識，何況居間協調的調解委員也多不贊同。建議有此念頭的當事人，還是打消錄音、錄影的念頭較好。

3.進行調解時，可以請親友陪同在場嗎？

鄉鎮市調解條例第17條

當事人兩造各得推舉一人至三人列席協同調解。

由此規定可知，除了當事人外，關切案情的親友、受當事人委託的律師或保險理賠人員也可列席協同調解。至於法律對於列席的人數稍有限制，無非是希望陪同到場的人是要來幫正忙而不是來幫倒忙的人。例如當事人不善言詞表達，需要旁人協助說明案情；又或者當事人是外籍人士，需有旁人協助翻譯。尤其是車禍事件的調解，如果有保險公司理賠人員在場，提供當事人有關保險專業意見，甚至能確定保險給付的金額與期限，常是促成車禍調解成立不可或缺的好幫手。

附帶一提，**協同調解人**畢竟不是調解當事人，所以協同調解人如果想要表達個人意見時，最好先徵得調解委員同意，彼此相互尊重，才能營造良好的調解氣氛。

4.溝通與協調

溝通是爲了瞭解彼此的立場，培養互信的基礎；協調則是進一步謀求雙方共識，儘可能找出彼此願意消弭紛爭、解決問題的最大公約數。

鄉鎮市調解條例第22條（第1項）

調解委員應本和平、懇切之態度，對當事人兩造為適當之勸導，並徵詢列席協同調解人之意見，就調解事件，酌擬公正合理辦法，力謀雙方之協和。

**溝通**與**協調**，可以說是實質調解中最重要的一環。當雙方分別坐定後，調解委員通常會先確認出席調解的雙方身分，看是當事人本人？還是受當事人委任的代理人？以及陪同出席的是律師？還是當事人的親友或保險理賠人員？接下來才會請聲請人先說明車禍相關案情。

在聲請人說明事件原委時，對造人不要急著搶話辯解，因爲聲請人講完後，調解委員自然也會把時間留給對造人表示意見。藉由雙方陳述的內容，調解委員才能釐清車禍起因或事實爭點，並進一步地就雙方爭執所在，提供專業建言或實務上的處理經驗給兩造參考。

協商溝通的過程和諧，委員會請當事人各自提出具體調解條件共同討論，調解委員可藉此觀察雙方的互動情形，運用調解技巧以勸諭雙方相互讓步，再嘗試提出解決方案，朝建立雙方共識的方向繼續努力。

調解品質的良窳，除有賴調解委員的專業及調解技巧外，更有賴於當事人雙方釋出善意及解決問題的誠意，尤其要儘量避免出現非理性的言語或肢體動作。因此有經驗的調解委員大多會評估當事人的心理及其需要，掌握調解的節奏，促使雙方建立互信與共識，讓事情能順利地朝調解成立的方向進展下去。

### ㈣雙方意見不一致

實務上，**當事人意見不一致**的情況，不外是雙方認知落差太大、車禍肇責未能釐清或是賠償金額談不攏等幾種。倘若當事人無法達成共識時，調解委員會視情況詢問雙方是否願意擇期再議？如果當事人均表同意，則可由委員排訂下次的調解期

日，再接再勵。（註）

註：實務上，一件車禍糾紛調解個兩、三次是常有的事，就算最後雙方因意見不一致而導致調解不成立，至少也不會傷了彼此的和氣。

## （五）調解不成立，可聲請發給調解不成立證明書

**調解不成立**的情形有兩種，一是當事人未到場（一方不到場或雙方均未到場）；另一是雙方意見不一致。由於調解會**不會主動核發**〔調解不成立證明書〕，有需要的當事人應自行提出聲請。

鄉鎮市調解條例第30條（第1項）

調解不成立者，當事人得聲請調解委員會給與調解不成立之證明書。

### 調解不成立證明聲請書範例

調解不成立證明聲請書

聲請人 王○○ 與 李○○ 間，○年民調字第○號 車禍損害賠償 事件，業經貴會調解不成立，謹聲請給與調解不成立之證明書。

此 致

○○市○○區調解委員會

中華民國○年○月○日

聲請人 張三　　（簽名或蓋章）

## 調解不成立證明書範例

<table>
<tr><td colspan="7">調解不成立證明書　○年○調字第○號</td></tr>
<tr><td colspan="2">當事人姓名</td><td>性別</td><td>出生年月日</td><td>身分證編號</td><td>職業</td><td>住所或居所</td></tr>
<tr><td>聲請人</td><td>王○○</td><td>女</td><td>詳卷</td><td>詳卷</td><td></td><td>○○市○○區○○路○號</td></tr>
<tr><td>對造人</td><td>李○○</td><td>男</td><td>詳卷</td><td>詳卷</td><td></td><td>○○市○○區○○街○號</td></tr>
<tr><td colspan="5">1（　）當事人不到場<br>2（V）雙方當事人意見不一致<br>3（　）其他</td><td>說明</td><td></td></tr>
<tr><td colspan="7">上當事人間就民國（下同）○年○月○日○時○分許，發生於○○市○○區○○路與○○路口，聲請人騎乘車號：ABC－○○○之機車與對造人騎乘車號：○○○－XYZ之機車於上開地點發生之交通事件，○年○月○日在本會進行調解，因雙方意見不一致而未能達成共識，本件調解不成立，特此證明。<br><br>中華民國○年○月○日<br><br>○○市○○區調解委員會<br><br>○○市○○區公所調解委員會圖記</td></tr>
</table>

附註：依法起訴、告訴或自訴時，請將本證明書附於書狀內。

### 【範例解說】

調解不成立證明書記載的內容，除了雙方個人基本資料（註）及事件概要外，主要是紀錄曾經召開調解的日期及不成立的原因，也就是當事人未到場、雙方意見不一致或其他，並不會也無法把雙方調解的細節（例如調解時說過的話或提出的調解條件）加以紀錄。

註：目前實務上，〔調解不成立證明書〕有關當事人生日及身分證統編部分的個資，傾採不揭露而以詳卷記之。

## （六）調解成立

### ㈠製作調解筆錄及調解書

當事人願相互讓步並達成共識，調解委員便會請調解會同仁（通常是秘書或幹事）來製作〔調解筆錄〕。調解筆錄，是一紙將雙方達成共識的調解內容，具體地形諸於文字的公文書。

筆錄內容會請當事人閱覽或以朗讀的方式使當事人瞭解後，請雙方簽名或蓋章。接著會再製作一定份數的調解書，當事人同樣要再〔調解書〕上簽名或蓋章，調解會完成用印及整卷後，會將〔調解書〕連同車禍事件卷宗一起函送該管法院審核。

### ㈡發給當事人調解筆錄

調解會通常會依雙方當事人的人數，當場製作數份〔調解筆錄〕讓當事人留存。如此一來，當事人在調解成立後，馬上可以取得調解成立的依據，憑以辦理後續有待履行的義務。

## （七）調解案整卷後函送法院審核

車禍事件調解成立並完成整卷，〔調解書〕及卷宗必須函送該管法院審核，經審核准予核定並由法院用印後，〔調解書〕會連同卷宗發還調解會，調解會則將法院核定的〔調解書〕再以**掛號郵寄**給當事人，相關卷宗資料歸檔，整個調解程序便告結束。

鄉鎮市調解條例第26條（第1項）

鄉、鎮、市公所應於調解成立之日起十日內，將調解書及卷證送請移付或管轄之法院審核。

## 法院准予核定的調解書範例

| ○○市○○區調解委員會調解書 | | | | | | ○年民調字第○號<br>收件編號： |
|---|---|---|---|---|---|---|
| 稱謂 | 姓名<br>（或名稱） | 性別 | 出生日期 | 國民身分證統一編號 | 職業 | 住所或居所<br>（事務所或營業所） |
| 聲請人 | 王○○ | 女 | ○.○.○ | N2******** | | ○○市○○區○○路○號 |
| 對造人 | 李○○ | 男 | ○.○.○ | A1******** | | ○○市○○區○○街○號 |

上當事人間 車禍損害賠償 事件，於民國○年○月○日○時○分

在 ○○市○○區公所調解委員會 經本會調解成立，內容如下：

兩造就民國（下同）○年○月○日○時○分許，發生於○○市○○區○○路與○○路口，聲請人騎乘所有車號：ABC－○○○之機車與對造人騎乘所有車號：○○○－XYZ之機車於上開地點發生交通事故，致聲請人與對造人均受有體傷，聲請人與對造人上開機車均受損所生之民事車禍損害賠償事件，雙方達成共識，調解成立，其內容如下：

一、聲請人願給付對造人新臺幣○元整（不含強制責任險），即於○年○月○日當場於調解委員會以現金一次交付予對造人收執，不另製據。

二、強制責任險由聲請人與對造人各自向保險公司申辦理賠事宜。

三、聲請人與對造人均拋棄對對方本件之其餘民事請求，並互不追究對方之刑事責任。

（本件現正在　　法院檢察署偵查審理中，案號如右：　　）

上調解成立內容：經向當場兩造當事人朗讀或交付閱讀，並無異議。

聲請人：王○○　　　　對造人：李○○

○○市○○區調解委員會 圖記

中華民國○年○月○日

主　席：主席章　　　　記　錄：秘書章

出席調解委員或協同調解人（本件經兩造當事人同意由下列人員調解）

| 委員姓名 | 職業 | 住所或居所 | 簽名蓋章 | 協同調解人 | 職業 | 住所或居所 | 簽名蓋章 |
|---|---|---|---|---|---|---|---|
| 陳○○ | | | 印 | | | | |
| 上調解書業經本院依法審核，准予核定。○年度○核字第○號<br>臺灣○○地方法院 印<br>中華民國○年○月○日 臺灣○○地方法院 法官 吳○○ | | | | | | | |

## 七、調解的效力

- 當事人不得再行起訴、告訴或自訴
- 與民事確定判決有同一的效力
- 訴訟終結，原告得向法院聲請退還已繳裁判費三分之二
- 法院核定的調解書得為執行名義
- 視為撤回告訴或自訴

### （一）當事人不得再行起訴、告訴或自訴

鄉鎮市調解條例第27條（第1項）

調解經法院核定後，當事人就該事件不得再行起訴、告訴或自訴。

調解成立經法院核定的好處，就是讓車禍糾紛在調解程序就能一次解決，不讓這件事還有藕斷絲連或翻案的機會。所以車禍糾紛只要調解成立並經法院核定後，被害人就不能再以起訴、告訴或自訴等法律途徑爭執。

### （二）與民事確定判決有同一的效力

鄉鎮市調解條例第27條（第2項前段）

經法院核定之民事調解，與民事確定判決有同一之效力。

民主國家以行政、立法、司法三權分立爲基本架構，所以設置在**行政機關**的鄉鎮市（區）公所調解會作成的〔調解書〕，也應由代表**司法機關**的法院進行審查並經准予核定後，才能發生與確定判決同樣的效力。

所謂與民事確定判決有同一效力，簡單地說～就是一件官司打到最後，再也不能以任何法律途徑救濟時，這件官司便告大勢底定。當車禍的民事糾紛能經由調解程序獲得解決時，法院核定的〔調解書〕就相當於法院的確定判決書，可以作爲強制執行的執行名義。一旦肇事者不履行應付的賠償責任時，被害人就可以聲請強制執行。請參閱【淺談車禍賠償的強制執行】，頁282起。

### （三）訴訟終結，原告得向法院聲請退還已繳裁判費三分之二

鄉鎮市調解條例第28條（第1項）

民事事件已繫屬於法院，在判決確定前，調解成立，並經法院核定者，訴訟終結。原告得於送達法院核定調解書之日起三個月內，向法院聲請退還已繳裁判費三分之二。

本條規定只針對當事人已在法院打官司而且是在第一審辯論終結前，另外透過調解會調解成立並取得法院核定的〔調解書〕時，才有適用。

打官司，原告要預先繳納裁判費，爲了疏解法院訟源，減輕法官審判工作的負荷，兼爲鼓勵當事人能多多利用普設於各地公所的調解會來解決車禍糾紛，以節省時間、勞費，因此法律有了這樣的配套機制。

至於要如何聲請退還裁判費？讀者除可參考以下的範例填寫外，亦可透過【司法院全球資訊網】下載填寫。

## 民事聲請退還裁判費狀範例

民事聲請退還裁判費狀

案號：○年度○字第○號

承辦股別：○股

訴訟標的金額或價額：新臺幣○元

聲 請 人 王○○　　　身分證字號：

（即原告）　　　住址　　　電話

為聲請退還裁判費用事：

一、聲請人與○○○間損害賠償事件，現由鈞院以○年度○字第○號審理中，茲上開事件兩造業於○○市○○區公所調解委員會調解成立並經法院核定在案。爰依鄉鎮市調解條例第28條之規定，請求退還已繳納之裁判費新臺幣（下同）○元之三分之二，計○元。

二、聲請以匯款方式辦理退費，並同意負擔匯費。請鈞院將退還之裁判費匯入銀行○○分行／○○郵局，金融機構代碼：*** 帳號：********之帳戶。（註）

此 致

臺灣○○地方法院 民事庭

證物名稱及件數：

法院核定之調解書乙件，原繳款收據及聲請人（受款領取人）存摺封面影本各乙件。

中 華 民 國 ○ 年 ○ 月 ○ 日

具狀人　王○○　（簽名蓋章）

撰狀人　　　　　（簽名蓋章）

註：聲請人（即原告）僅一人時，聲請人即受款領取人；原告有數人時，〔聲請退還裁判費狀〕應再記載原告○○○等（即共同原告）均同意推派○○○為受款領取人。

### （四）法院核定的調解書得爲執行名義

鄉鎮市調解條例第27條（第2項後段）

經法院核定之刑事調解，以給付金錢或其他代替物或有價證券之一定數量為標的者，其調解書得為執行名義。

調解成立經法院核定**刑事部分**的調解，和前面所說的經法院核定民事部分的調解與確定判決有同樣的效力，就車禍事件多以**金錢賠償**爲主要內容而言，其實沒有什麼不同。因爲刑事調解成立的〔調解書〕經法院核定後，有關「以給付金錢或其他代替物或有價證券之一定數量爲標的」的調解內容，就是《強制執行法》第4條第1項第6款所規定的**執行名義**。

### （五）視爲撤回告訴或自訴

鄉鎮市調解條例第28條（第2項）

告訴乃論之刑事事件於偵查中或第一審法院辯論終結前，調解成立，並於調解書上記載當事人同意撤回意旨，經法院核定者，視為於調解成立時撤回告訴或自訴。

此指依法得爲告訴或自訴之人就〔刑事告訴乃論罪名〕的事件，已向檢察署提出告訴或向法院提起自訴，在調解成立並於〔調解書〕記載當事人同意撤回告訴或自訴的意旨，且經法院核定該〔調解書〕時，法律便賦予它等同於調解成立時，已發生撤回告訴或自訴的效力。

例如〔調解書〕記載「對造人（此指被害人）同意撤回對聲請人（此指被告或犯罪嫌疑人）所提之臺灣○○地方檢察署○年度偵字第○號涉嫌過失傷害之刑事告訴」，含有這段調解內容的〔調解書〕經法院核定後，就會使撤回告訴的效力回溯

自調解成立之時。（註）

註：為了讓偵查中的檢察官或受訴法院的法官能儘早知悉當事人撤回告訴的意思，調解會為求周延，也會提供〔刑事撤回告訴狀〕讓當事人填寫後，自行送交承辦檢察官或承審法官。

## 八、調解成立時，被害人要求保留刑事告訴權或撤告權，調解會要如何處理，才能確保雙方權益？

### （一）被害人爲何要求保留刑事告訴權或撤告權？

車禍當事人因互信不足，即便經由調解會就民事賠償金額達成共識，但調解成立當下肇事者未必能當場一次全額付款給被害人，有時肇事者還必須分兩次或三次以上的分期付款。

此外，有保險公司派員參與車禍調解時，保險理賠人員也必須將調解成立後調解會製發的〔調解筆錄〕，連同被害人提供的醫療單據攜回公司跑流程，假以時日後（約莫一個月左右）才能將理賠金額匯入被害人指定的帳戶。

當被害人不能在調解成立時一次取得全部賠償金，6個月的刑事告訴期間也尚未屆至，還沒提起刑事告訴的被害人通常會希望**保留告訴權**；已經提告的被害人在還沒拿到全部賠償金前，同樣也會希望**保留撤告權**。因此會有被害人要求調解內容**不能記載**「不追究刑事責任」或「同意撤回刑事告訴」的意旨，以免影響自身權益。

### （二）調解內容必須符合具體、適法、可能、確定，且不能附加條件或但書

調解成立的內容作成〔調解書〕後，調解會要將調解書及卷宗函送該管法院審核，已如前述。現行實務上，法院就調解內容是以**書面審查**爲原則，審核標準必須符合具體、適法、可能、確定等要件，而且不能附加條件或但書。

調解內容性質上近似法院判決書的主文，因此調解成立時，被害人要求調解內容記載「俟收到全部賠償金額後，始同意不再追究刑事責任」或是記載「俟收到全部賠償金額後，始同意撤回告訴」。類似這樣的調解內容，因日後被害人能否收到全部的賠償金猶未可知，也就是這個條件的成就或不成就？在調解成立當下尚屬未定之論，這樣的調解內容不符合「具體、確定」的要件，法院有可能會不予核定。

### （三）調解會要如何處理，才能確保雙方權益？

調解實務上，爲了符合法院審核調解內容的要求，也爲了化解當事人間的歧見並加強雙方的互信基礎，調解會在調解成立的同時，會另外提供一份〔切結書〕給被害人塡寫。

切結書，旨在表明當被害人收到全部賠償金後，同意對加害人「不再追究刑事責任」或「具狀撤回刑事告訴」，最後再由被害人在〔切結書〕上簽名切結保證並記明切結日期。

## 切結書範例

<table><tr><td>
切結書<br><br>
本人〇〇〇願於收到全部款項後，始同意對〇〇〇<br>
□不再追究刑事責任<br>
　　　　　　　　　　，恐口說無憑，特立此書。<br>
□具狀撤回刑事告訴<br><br>
立切結書人：〇〇〇　　　　　　　（簽名或蓋章）<br><br>
中華民國〇年〇月〇日
</td></tr></table>

〔切結書〕**正本**交給肇事者，**影本**則分由被害人及調解會留存。如此一來〔調解書〕便不會出現「附條件」的記載，也避免影響法院對於調解內容的核定。

## 小結

現今社會工商發達且交流頻繁，間亦造成車禍事故不斷。普設於全國各地的調解委員會，遴聘法律專業及信望素孚人士擔任調解委員，爲民衆排難解紛、定爭息訟，大家應多多利用此一便民利民的制度，爲減少司法資源浪費，以達疏解法院訟源及促進社會祥和，共盡一份心力才是。

# 第四節　能以刑逼民的法律途徑：告訴

## 一、概說

車禍是一場發生在瞬間的意外，但造成的傷害卻可能是被害人及其家屬心中永遠的痛！

當民事賠償的問題短期內不能迅速獲得圓滿解決時，車禍事件中的當事人，甚至是雙方的家人，可能就要有長期抗戰的心理準備。實務上觀察到車禍糾紛之所以不能迅速解決的原因，可從三個面向析探：

### （一）事發經過原因不明

這是指車禍發生的事實眞相不明，主要情形有：車禍現場遭到破壞（例如事故車輛遭到移置）、當事人無法清楚交代事發過程（例如受傷送醫、酒駕肇逃）、警方在車禍現場採證不足或紀錄有所疏漏以及缺乏車禍相關人證（例如目擊者）或物證（例如路口監視器或行車紀錄器的影像紀錄）等。

當車禍眞相無法還原時，就是肇事原因不明、責任歸屬不清、肇責比例難以確定，形成當事人各執一詞、雙方認知有落差的結果。

### （二）賠償未能達成共識

車禍賠償涉及的問題也不少，通常是賠償金額談不攏、賠償方式沒有交集、肇事者缺乏資力，還有所謂的被害人獅子大開口（即求償金額與實際損害顯不相當）等情形。

### （三）當事人間的互動關係

車禍當事人在進行協商談判的過程中，往往受到彼此人格特質的影響而不自知。由於每個人的成長背景與學習環境各不相同，面對問題的態度與解決糾紛的方式也各異其趣，這些內外在因素交互影響的結果，最終形成了每個人獨一無二的人格特質。調解實務上，我們常聽到當事人聲稱「**對方根本沒有解決問題的誠意**」、「**對方態度很強勢**」或是「**覺得我好欺負**」等說法，都可歸屬於這一類。

車禍發生後，糾紛解決的難度會隨著時間的經過而增加。從被害人的立場來看，如果被害人透過和解或調解都不能達到求償目的時，想到打民事官司要花時間、要寫狀紙、要繳訴訟費用，還要自己舉證等程序上的諸多不利益，那麼改走刑事的法律途徑，似乎不失為可行的方法。

## 二、以刑逼民面面觀

### （一）什麼是以刑逼民？

法律既是工具，也可視為一種武器。以刑逼民～顧名思義，就是利用刑事訴訟的程序，來達到迫使對方答應自己在民事上的請求或主張的一種手段或方法，但這四個字並不是法律專有名詞。

一般人由於法律資訊的不對稱，都有**害怕被告**的心理。涉有私權糾紛的當事人，如果一方為了達到某種目的而他方又不肯「乖乖就範」的時候，就有可能想方設法地在糾紛發生及處理過程中，另闢蹊徑～「尋找」或「製造」一些不利對方的事實，再以此事實做為對方涉嫌刑事犯罪的依據，對之加以提告（指告訴或告發，視犯罪事實而定），這就是所謂的**以刑逼民**。

### （二）以刑逼民是一種手段

以刑逼民是一種手段，不是目的。

**以刑逼民**並非目的，大多是當事人爲了要解決原有的私權糾紛而採取的非常手段，好聽一點的說法是訴訟策略的運用，倒未必是眞的想要被告的人去吃牢飯。至於被告最後會不會受到國家刑罰的制裁？發動以刑逼民的人似乎並不在意。

### （三）以刑逼民被廣爲運用在有人受傷的車禍事件中

《憲法》保障人民有訴訟的權利，任何人在任何時間、地點和別人發生衝突或糾紛的時候，都有可能透過法律程序，去告別人或者被告。舉例來說，你開車撞傷我而不賠償，我就告你過失傷害，這是以刑逼民；或者你開車撞壞了我的車，我就告你毀損，這也是以刑逼民。總之就是先告了再說，至於告不告得成？那是另一回事，反正我就是要讓你先成爲刑案的被告，讓你心理上感到有壓力，至於民事賠償的部分，我們以後再來慢慢地談⋯⋯。

實務上，車禍發生後就馬上提出刑事告訴的案例並不多見。一來傷者送醫治療後，還需要一段時間的休養，並沒有立即提告的急迫性；二來車禍的責任歸屬總要等到警方調查告一段落後，才有結果，誰對誰錯？猶未可知，所以也沒有馬上提告的必要性。

被害人會傾採以刑逼民，通常是在車禍糾紛不能透過一般民事途徑解決，加上法律規定**6個月的刑事告訴期限**快要到了，才會採取此一策略。

一來雙方經過協商程序仍然不能達成賠償共識，提出**刑事過失傷害告訴**，有其法律上的正當性；二來被告一旦經檢察官依〔過失傷害〕罪嫌起訴後，被害人便可對被告提起〔刑事附帶民事訴訟〕來求償。《刑事訴訟法》第487條參照。現行法制下，這個求償程序不必繳納訴訟費或裁判費。因此以刑逼民的刑事告訴手段，自然而然地就廣受車禍和（調）解不成的被害人所運用。

### （四）以刑逼民是無往不利的法律武器嗎？

**當然不！**

**以刑逼民**只是手段的運用，當然不可能保證萬無一失。換句話說，以刑逼民運用的恰到好處，自然管用；運用的不好，對方當事人不吃你這一套，又或者是代表法律、維護公平正義的法官、檢察官根本不買你的帳（例如罪名不成立或罪證不足）時，以刑逼民非但不能達到解決糾紛的目的，也可能因爲到警局提告作筆錄、請假出庭應訊等程序，而讓自己疲於奔命、累得半死！

再者，車禍被害人提起刑事告訴，等同是把被告有無犯罪的事實交給檢察官偵查，萬一檢察官認爲被告罪證不足而予以不起訴處分，以刑逼民無法達到後續求償的目的時，那麼被害人的下一步該怎麼辦呢？被告因爲檢察官做了對他自己「有利」的不起訴處分，會不會就因此誤以爲沒有刑事責任，那就更不必負所謂的民事責任了？

**天底下唯一可以不勞而獲的事，就只有「災難」而已！**

車禍是場意外，對於任何一方當事人都是一場災難！以刑逼民只是一種手段，雖可用來處理車禍糾紛，但絕非是無往不利的法律武器，當事人決定要以刑事告訴來解決車禍糾紛時，務必審慎評估整體情勢，以免事倍功半，徒增訟累。

## 三、刑事告訴

### （一）什麼是告訴？

告訴，是指行爲人犯某些罪的罪名依《刑法》或其他法律設有刑事罰的規定，被害人或其他有告訴權的人，向偵查機關

（例如警局、地方檢察署）申告犯罪及被害的事實，並表示希望追訴處罰的意思表示。在車禍事件中受傷的被害人或是因車禍往生的被害人家屬，都可依法提出告訴。

**刑事訴訟法第232條**

犯罪之被害人，得為告訴。

**刑事訴訟法第233條（第1項、第2項）**

被害人之法定代理人或配偶，得獨立告訴。（第1項）

被害人已死亡者，得由其配偶、直系血親、三親等內之旁系血親、二親等內之姻親或家長、家屬告訴。但告訴乃論之罪，不得與被害人明示之意思相反。（第2項）

### （二）被害人爲什麼要提出刑事告訴？

**刑事告訴**在國家公權力運作下，可促使肇事者必須正視被害人的感受，面對問題並承擔其應負的責任。在協助雙方當事人解決車禍賠償問題上，刑事告訴的運作機制確實具有相當顯著的功效。

按《鄉鎮市調解條例》第1條規定，鄉、鎮、市公所調解委員會除了可以調解民事事件外，也可以調解﹝告訴乃論﹞的刑事案件。當車禍致人受傷時，肇事者可能涉嫌過失傷害的刑事罪責。如果被害人不能透過和（調）解程序獲得賠償時，那麼就必須慎重考慮是否要對肇事者提出刑事告訴了。

被害人提出刑事告訴，除了能讓肇事者增加心理負擔外，另一個考量是～一旦檢察官認定被告（即肇事者）在車禍中涉嫌犯罪而予以起訴時，被害人就能提起﹝刑事附帶民事訴訟﹞來對肇事者求償。提起﹝刑事附帶民事訴訟﹞的好處，是被害人不需要另繳訴訟費或裁判費。

**刑事訴訟法第487條（第1項）**

因犯罪而受損害之人，於刑事訴訟程序得附帶提起民事訴訟，對於被告及依民法負賠償責任之人，請求回復其損害。

### （三）被害人應於何時提出刑事告訴？

〔告訴乃論〕的刑事案件有**告訴期間**的限制，被害人因車禍而受有體傷時，如果雙方當事人始終未能達成和解或調解，被害人應把握6個月的告訴期限，對肇事者提出刑事告訴。

刑事訴訟法第237條（第1項）

告訴乃論之罪，其告訴應自得為告訴之人知悉犯人之時起，於六個月內為之。

**告訴期間**的起算日是自知悉有犯人之時起算。例如車禍致人受傷時，6個月的告訴期間，原則上是從車禍發生日起算。如果車禍發生當下加害人肇事逃逸了，被害人第一時間未必知道誰是犯罪嫌疑人，或許要等到警方接獲報案並進行偵查後，才能鎖定犯嫌，被害人有可能在事發數日或更久以後才會知道犯人的身分。

爲了保障被害人的告訴權益，因此法律才會規定告訴期間的起算，應該要從**知悉犯人之時**起算，就不是從車禍發生之日起算了。被害人一旦錯過了告訴期間才提出告訴，警察機關將不予受理報案，檢察官也會依法作成不起訴處分。《刑事訴訟法》第252條第5款參照。

## 四、車禍被害人錯過了刑事告訴期間，是否還有其他救濟的途徑？

實務上，車禍被害人有可能因爲不知道法律有告訴期間的規定而錯過告訴期間，也可能是車禍受傷必須長期休養而錯過了告訴期間。被害人一旦錯過了告訴期間，就會發生**失權**的效果。但有一種特殊的情形，被害人卻可以不受到告訴期間的限制，也就是被害人在告訴期間經過後，仍可**依法**提出告訴。這個例外的規定，許多人並不知道規定在哪裡？

由於這個規定並不是放在《刑事訴訟法》，而是放在與鄉鎮市調解委員會（下稱調解會）關係特別緊密的《鄉鎮市調解條例》中，爲了讓讀者更清楚了解這個救濟途徑的規範內容及運作方式，在此特別作更進一步地說明：

鄉鎮市調解條例第31條

告訴乃論之刑事事件由有告訴權之人聲請調解者，經調解不成立時，鄉、鎮、市公所依其向調解委員會提出之聲請，將調解事件移請該管檢察官偵查，並視為於聲請調解時已經告訴。

## （一）適用本條規定的要件

- ㈠ 必須是告訴乃論的刑事事件
- ㈡ 必須聲請人是有告訴權的人
- ㈢ 必須聲請調解時，尚未逾告訴期間
- ㈣ 必須調解不成立
- ㈤ 必須向受理調解的調解會提出聲請

### ㈠必須是告訴乃論的刑事事件

告訴乃論，是指被告涉嫌犯罪，須由被害人或其他有告訴權的人向偵查機關申告犯罪的事實，並表示希望訴追的意思，國家才會進行追訴處罰的制度。

車禍中的肇事者涉犯的罪名，大多是《刑法》第284條的〔過失傷害罪〕或〔過失致重傷害罪〕，這些罪名都是告訴乃論之罪，因此適用的第一個要件，就是事件本身必須是刑事告訴乃論的罪名才行。

### ㈡必須聲請人是有告訴權的人

向調解會聲請調解必須是調解事件中的聲請人，也就是調解聲請人必須是有告訴權的人。告訴權人，通常是指被害人，但有時候也可能是被害人的家屬，例如被害人的配偶或法定代理人（當被害人是未成年人時，通常法定代理人指的就是父母）。《刑事訴訟法》第232條、第233條參照。

如果是由犯罪嫌疑人、被告或加害人這一方提出調解聲請時，有告訴權的人會成爲調解事件中的對造人，就沒有適用本條規定的餘地（註）。

註：〔法務部〕99年12月22日法律字第0999047585號函釋要旨，按《鄉鎮市調解條例》第31條規定之適用前提為告訴乃論之刑事事件業經有告訴權之人聲請調解，倘調解係由無告訴權之一方（如加害人）提出聲請者，則無該條之適用。

**㈢必須聲請調解時，尙未逾告訴期間**

被害人或其他有告訴權的人提出調解聲請的時間點，解釋上必須還在6個月的告訴期間內才行，如果已經超過6個月的告訴期間才聲請調解，也沒有適用本條規定的餘地。

**㈣必須調解不成立**

調解不成立指的是當事人（一方或雙方）未到場或是到場的雙方因意見不一致而未能達成共識的情形。車禍事件如果經由調解程序而成立，糾紛卽告解決，法律就沒有同意被害人於告訴期間經過後，還可再提告訴的道理。《鄉鎮市調解條例》第27條第1項參照。

**㈤必須向受理調解的調解會提出聲請**

只有受理車禍事件的調解會才有調解的相關紀錄，包括何時聲請調解（例如有受理聲請調解的書面紀錄）、何時召開調解會議（例如有調解通知書佐證）及調解不成立的原因（例如有當事人簽名的調解筆錄可稽）等資料，因此被害人或其他有告訴權的人自然要向受理調解的調解會提出聲請。

## （二）調解會的作業方式

參照〔法務部〕73年7月26日（73）法律字第8533號函釋要旨所示，調解會將調解不成立的刑事告訴乃論案件移送地方檢察署時，應檢附以下的相關資料、證件，以供檢察官偵辦之參考：

### ㈠聲請調解書（筆錄）

爲了使地檢署瞭解相關案情，調解會應檢附當事人（此指被害人或其他有告訴權的人）提出的聲請調解書（筆錄）。解釋上，也應包括當事人已提供給調解會的身分證明文件。

### ㈡當事人提出的相關證物

例如道路交通事故當事人登記聯單、交通事故初步分析研判表、現場圖、診斷證明書或其他有助於檢察機關辦案參考的資料等，均屬之。

### ㈢調解委員會調查所得的證據

鄉鎮市調解條例第21條（第1項）

調解應審究事實真相及兩造爭議之所在；並得為必要之調查。

關於本條後段所謂「並得爲必要之調查」的規定，實務上調解會並沒有類如法官或檢察官所擁有的絕對調查權，除了行政機關基於彼此協力互助的原則，可能提供個案資料外，絕大多數的情況是**行不通的**。

### ㈣調解筆錄

調解筆錄是調解會用來紀錄有關調解事件開會結果的書面。在聲請移送地檢署偵查的程序中，〔調解筆錄〕可以看出個案召開調解會議的日期、時間以及調解不成立的原因（例如當事人未到場或雙方意見不一致）。

## ㈤刑事事件調解不成立移送偵查聲請書

### 刑事事件調解不成立移送偵查聲請書範例

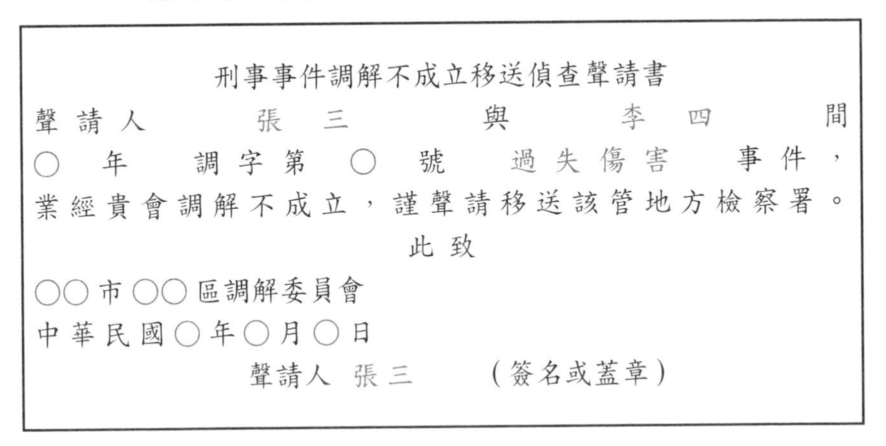

刑事事件調解不成立移送偵查聲請書

聲請人　張三　與　李四　間

○年　調字第○號　過失傷害　事件，

業經貴會調解不成立，謹聲請移送該管地方檢察署。

此致

○○市○○區調解委員會

中華民國○年○月○日

聲請人 張三　　（簽名或蓋章）

刑事事件調解不成立移送偵查聲請書是調解不成立時，聲請人（指原調解事件中的被害人或其他有告訴權的人）要向調解會提出的聲請文件。這紙制式書表可請調解會提供，聲請人依式塡寫並於簽名或蓋章後，再送交調解會卽可。

當調解會將案件以公函移送該管地方檢察署後，承辦檢察官通常會將案件下交轄區員警偵辦，被害人或其他有告訴權的人日後也會接到警方的書面或電話，被通知前往警局或派出所製作筆錄。

由以上說明可知，被害人一旦錯過了告訴期間而未及提出告訴，只要被害人或其他有告訴權的人在告訴期間內曾經向調解會聲請調解而調解不成立時，就可依法向調解會提出刑事案件移送偵查的聲請。

## 五、被害人提起刑事告訴要準備哪些資料？

### （一）身分證件

### （二）車禍相關資料

例如道路交通事故當事人登記聯單、交通事故初步分析研判表或其他相關資料（例如車禍現場圖、照片）。被害人如果有自己蒐證取得的車禍資料（例如自拍的現場照片、行車紀錄器的影像檔或附近店家調閱到的監視器畫面等），都可拷貝提供給警方參考。

### （三）檢附診斷證明書或驗傷單等就醫資料

診斷證明（書）不論是「甲種（式）、乙種（式）」或是「訴訟用、非訴訟用」，只要是醫療院所出具的，在法律上都一樣有效。請參閱【車禍解疑雜惑店】診斷證明書一定要開「甲種」或「訴訟用」的才行嗎？頁36。

### （四）其他補充資料

例如調解不成立時，可檢附調解會核發的﹝調解不成立證明書﹞或被害人早先曾寄發給對方要求賠償的﹝存證信函﹞等均屬之。

## 六、被害人要到哪裡提出告訴？

- 檢附相關資料向警察機關提出告訴
- 具狀並檢附相關資料向檢察機關提出告訴

刑事訴訟法第5條（第1項）
案件由犯罪地或被告之住所、居所或所在地之法院管轄。

**犯罪地**在車禍事件中，指的就是**車禍發生地**，因此車禍事件發生地所在的法院就有管轄權。實務上，被害人大多是透過車禍發生地所在的警局或派出所提告，只有少數被害人會到該管地方檢察署具狀提告或按鈴申告。

### （一）檢附相關資料向警察機關提出告訴

被害人可檢附車禍及診斷證明等資料向車禍發生地的警察局或派出所提出告訴。這個程序就是一般人俗稱的報案。

被害人完成報案手續後，會拿到警方所核發的受（處）理案件證明單（請參考次頁範例），被害人就不必擔心警方後續不會依法處理了（註）。

註：車禍被害人報案時，值勤員警通常會先詢問被害人何時發生車禍及是否有到調解會調解？如果還在6個月告訴期間且被害人還沒調解過的話。少數員警會善意提醒被害人可先到調解會聲請調解，萬一調解不成再來報案。以免調解成立後，被害人將來還要回頭撤告銷案。

由於法律沒有規定被害人提出刑事告訴前必須先經過調解，在調解不成之後才可以報案提告。上述說法有可能讓被害人誤以為是員警想要**吃案**或**推案**，因此雙方在溝通過程中，應更加小心謹慎求證才是。

被害人提出刑事告訴後，警方會通知犯罪嫌疑人（指肇事者）或相關證人（例如目擊者）到警局製作筆錄，俟車禍相關事證資料調查完畢後，再由警局將全案移送地方檢察署續行偵辦。

## 受（處）理案件證明單範例

案號：P***********

<table>
<tr><td colspan="7">○○市政府警察局○○分局○○派出所<br>受（處）理案件證明單</td></tr>
<tr><td>案 類</td><td colspan="6">□一般刑案（傷害（不含駕駛過失））<br>□車（牌）輛協尋 □違反社會秩序維護法 □失蹤人口<br>□身分不明 □兒少性剝削擅離安置 □遺失物 □其他案類</td></tr>
<tr><td rowspan="3">報案人</td><td>受理時間</td><td colspan="3">○年○月○日○時○分</td><td>聯絡電話</td><td>(電話)**-********<br>(手機)09**-******</td></tr>
<tr><td>姓 名</td><td>王○○</td><td>性別</td><td>女</td><td>出生年月日</td><td>○年○月○日</td></tr>
<tr><td>身分證字號／護照號碼</td><td>A2********</td><td>住址</td><td colspan="3">○○市○○區○○街○號</td></tr>
<tr><td rowspan="2">報案(受理)內容</td><td>發生地</td><td colspan="3">○○市○○區○○路與○○路口</td><td>發生時間</td><td>○年○月○日<br>○時○分</td></tr>
<tr><td colspan="5">報案人表示在上述時、地發生車禍受傷，故至本所報案。</td><td>報案(當事)人簽名：</td></tr>
<tr><td>備 註</td><td colspan="6">一、謊報案件或不實陳述屬違法行為，將追究相關法律責任，得處七年以下有期徒刑。<br>二、為防止他人查詢報案人報案紀錄，報案人須提供正確姓名及身分證字號，方可於報案2日後逕至警政署全球資訊網站（網址：<br>）查詢。<br>三、本證明單受理人員及單位審核人員未用印者無效。<br>四、如所報刑案涉及多項罪名，因欄位限制最多顯示三項，惟不影響犯罪事實偵辦。<br>五、車（牌）輛協尋：（略）<br>六、除所報為車（牌）輛協尋外，本證明單僅作為協助或服務民眾之受理報案登記，補作其他用途。</td></tr>
</table>

受理人員 警員○○○ 單位審核人員 所長○○○

## （二）具狀並檢附相關資料向檢察機關提出告訴

### 刑事告訴狀範例

刑事告訴狀

案號：　年度 字第　號（免填）　　股別：（免填）

告 訴 人 王○○ 身分證字號　　性別 生日

住址　　電話

被　告　李○○ 身分證字號（不知免填）性別 生日（不知免填）

住址　　電話

為被告涉嫌刑法第284條過失傷害罪嫌，依法提出告訴事：

一、緣告訴人於民國○年○月○日於○○市○○路與○○路口，騎乘車號：○○○-XXX機車由南向北行進，突遭同方向被告駕駛之計程車（車號：YY-○○○）自外側超越告訴人之機車並向左迴轉，致其計程車右後車門撞擊本人騎乘之機車，造成告訴人機車全毀，告訴人雙膝嚴重撕裂傷，合先敘明。

二、本件車禍經警方初步分析研判結果被告為肇事主因，告訴人則無肇事因素，原想經雙方協調以決爭端，詎料被告竟置之不理，爰請鈞署依法處理。

為此，告訴人依刑事訴訟法第284條之規定，狀請鈞署迅予傳喚被告到案，協助被告完成賠償事宜，若仍遲不為賠償，請鈞署依刑法第284條過失傷害罪嫌偵結起訴被告，以維告訴人權益。

此 致

臺灣〇〇地方檢察署　公鑒

證物名稱及件數

道路交通事故初步分析研判表、驗傷單（診斷證明）

中 華 民 國 ○ 年 ○ 月 ○ 日

具狀人 王〇〇（簽名蓋章）

撰狀人　　　　（簽名蓋章）

除了到警局或派出所提出刑事告訴外，被害人也可檢附車禍相關資料及診斷證明或驗傷單，具狀向該管**地方檢察署**（下稱地檢署）提告或是按鈴申告，**申告鈴**通常就設在地檢署的大門外。

**㈠刑事告訴狀是否要載明車禍求償的項目及金額？**

被害人因車禍而受傷，故應檢附驗傷單或診斷證明文件連同告訴狀一起遞交地檢署。至於車禍損害而要請求賠償的項目及金額，並不需要寫在〔刑事告訴狀〕內。因為檢察官偵查的重點是在被告有無〔過失傷害〕的犯罪事實，被害人求償的主張現階段也僅是提供給檢察官辦案上的參考而已。

**㈡地檢署收受刑事告訴狀後，接下來會如何處理？**

地檢署會先分案給承辦檢察官，檢察官則會下交轄內警察機關處理，並將處理的情況以書面簡要告知被害人。偵辦本案的員警會再依偵查程序，調閱相關車禍資料並約談當事人或其他關係人到案說明，俟偵結告一段落後，再將全案移回地檢署續行偵辦。

【車禍解疑雜惑店】

**被害人因車禍身受重傷而無法表達意見時，要如何提出告訴？**

重大事故的車禍，被害人可能傷勢嚴重而陷於昏迷或意識不清的狀態，即便想要提告也無能為力。此時**被害人的法定代理人**或**配偶**是可以**獨立提出告訴**的。《刑事訴訟法》第233條第1項參照。

如果被害人已經成年又無配偶（例如未婚或失婚）時，則可由**利害關係人**（例如被害人的子女）向**檢察官**提出聲請，如果連所謂的利害關係人都沒有，那就只能由檢察官依職權**指定代行告訴人**提出告訴了

刑事訴訟法第236條（第1項）

告訴乃論之罪，無得為告訴之人或得為告訴之人不能行使告訴權者，該管檢察官得依利害關係人之聲請或依職權指定代行告訴人。

### ㊂檢察官初次開庭時，會如何處理？

1.當被害人接到地檢署通知出庭的傳票時

這表示警方的調查已告一段落，案件移回地檢署由檢察官續行偵辦。通常開庭會同時傳喚被告（肇事者）與告訴人（被害人）一起出庭。這個庭叫**偵查庭**，庭訊多由檢察官負責，但有時也會請檢察事務官協助。

開庭的重點可能不是放在調查車禍發生的原因事實或被告有無肇事責任等案情上，而是依《檢察官偵查中加強運用鄉鎮市區調解功能方案》的相關規定，勸諭雙方試行和解或調解（註）。換言之，檢察官通常不會在初次開庭時，就先對被告是否涉嫌過失傷害進行訊問，因此開庭花的時間不會很多。

註：檢察官可在徵得當事人的同意後，將案件轉介到鄉鎮市區公所的調解會進行調解，調解的期程通常是**兩個月**。

檢察官將車禍衍生的刑事案件轉介到調解會調解的做法，通常不會違反當事人的本意。畢竟肇事者並不樂見將來被檢察官起訴並遭法院判刑而留下前科，被害人則希望藉由調解來爭取合理的賠償，爲自己討回公道。

2.當被害人接到地檢署通知出庭調解時

考量將案件轉介到鄉鎮市調解會調解，仍不免會造成當事人在時間、金錢上的勞費。實務上，目前地檢署也採用了一些便民措施，針對偵查中損害較輕微的車禍刑案，發函通知車禍當事人直接到地檢署進行調解。一旦車禍民事賠償的部分能調解成立，承辦檢察官則可當庭就被害人撤回刑事告訴的部分一併處理，可謂一舉兩得。

## 六、撤回告訴

### （一）撤回告訴的時間點

當事人雙方願相互讓步達成車禍的和解或調解時，如果被害人已提出刑事告訴，不論是在偵查階段或是檢察官起訴被告後的第一審辯論終結前，告訴人都可以具狀撤告。

### （二）被害人要如何撤回告訴？

車禍糾紛的處理，不論是透過私下和解或是調解會的調解，只要雙方能夠達成賠償共識，被告的肇事者大都希望被害人也能撤回刑事告訴。被害人要如何撤回告訴？因時、因地，實際做法上可能會有些許不同，茲析述如下：

### ㈠雙方自行達成和解時

偵查中達成和解時，〔和解書〕除當事人各執一份外，應多作一份由被害人送交警局銷案（註）。被害人可不寫〔刑事撤回告訴狀〕，只要帶著身分證件及〔和解書〕直接到警局辦理即可。如果案件已從警局移送地檢署偵辦，被害人則應檢附〔刑事撤回告訴狀〕連同〔和解書〕一起送交地檢署。

註：「銷案」是一般人的說法，事實上就是**撤回告訴**的意思。

### ㈡雙方經由調解會調解成立時

1.當事人自行聲請調解而調解成立時

請調解會多作一份〔調解筆錄〕，由被害人送交警局**銷案**。此外，由於警局不可能知道車禍當事人會在何時成立和解或調解，且案件偵查告一段落後，警方也必須將案件移送地檢署續行偵辦。因此案件如果已從警局移送地檢署時，被害人應自行檢附〔刑事撤回告訴狀〕連同〔調解筆錄〕一起送交地檢署的承辦檢察官。

2.地檢署轉介或法院移付調解而調解成立時

實務上，調解會會多作一份〔調解書〕或〔筆錄〕，請被害人填寫〔刑事撤回告訴狀〕後，由調解會一併函復地檢署或法院。刑事撤回告訴狀的寫法，讀者除可參考以下的範例填寫外，亦可透過【司法院全球資訊網】下載填寫。

## 刑事撤回告訴狀範例

<table>
<tr><td>
刑事撤回告訴狀<br>
案號：○年度○字第○號　　　　　　股別：○股<br>
告訴人告訴被告○○○涉嫌過失傷害案（○年度○字第○號），現因雙方成立和解（調解、為息事寧人），告訴人不再追究，爰依刑事訴訟法第238條第1項規定，撤回告訴。<br>
　此 致<br>
臺灣○○地方檢察署（法院）　　　公鑒<br>
告訴人：○○○　　　　　　　　　（簽名蓋章）<br>
　　　　　　身分證字號<br>
　　　　　　住址　　　　　　　電話<br>
證物名稱及件數：和解書（調解筆錄）1件<br>
中 華 民 國 ○ 年 ○ 月 ○ 日
</td></tr>
</table>

### ㊂被害人撤回告訴，但肇事者另涉公共危險罪嫌時

如果肇事者在車禍事件中撞傷人，卻還涉嫌肇事逃逸或酒駕等公共危險罪名時，由於肇事逃逸或酒駕等罪名屬非告訴乃論之罪（俗稱公訴罪），被害人無從撤回告訴。即便被害人就〔過失傷害〕部分撤回告訴，檢察官還是要針對肇事者涉嫌公共危險的部分續行偵辦。

考量肇事者已與被害人達成和解或調解並同意撤回告訴的結果，承辦檢察官就此情節，理當會斟酌個案具體情狀，予以被告（肇事者）適當的處分。

### （三）撤回告訴的效力

檢察官在偵查中接到〔刑事撤回告訴狀〕後，會對被告作成不起訴處分。《刑事訴訟法》第252條第5款參照。在第一審法院審理中撤回告訴時，則由法院作成不受理的判決。《刑事

訴訟法》第303條第3款參照。告訴人**撤回告訴**後，依法就不得再行告訴。

刑事訴訟法第238條（第1項、第2項）

告訴乃論之罪，告訴人於第一審辯論終結前，得撤回其告訴。（第1項）

撤回告訴之人，不得再行告訴。（第2項）

## 七、檢察官爲被告不起訴處分時，告訴人有無救濟途徑？

### （一）概說

刑事案件進入偵查階段，經檢察官偵查終結後，被告可能會有三種結果，就是不起訴、緩起訴或提起公訴。

實務上，車禍造成被害人受傷而衍生爲刑事案件後，檢察官偵查期間，大多會希望當事人先試行和解或調解。如果當事人能就賠償議題達成和解或調解，被害人並願撤回告訴時，檢察官自可依法對被告作成〔不起訴處分〕。

反之，當事人無法達成賠償共識時，被害人自然會希望檢察官起訴被告，將來再透過法院對被告提起〔刑事附帶民事〕的訴訟，只是這未必是每位被害人皆能如願以償的結果。關鍵所在就是檢察官有可能因認**犯罪嫌疑不足**而對被告作成〔不起訴處分〕。（註）

註：《刑事訴訟法》第252條規定了10款情形，只要被告符合其中任一款規定，檢察官就會對被告為〔不起訴處分〕。

車禍被害人對被告提起〔過失傷害〕的刑事告訴，一旦檢察官沒有起訴被告，案件進不了法院，自然也無法另提〔刑事附帶民事〕訴訟來向被告求償，這是被害人應有的認知，也是被害人所要承擔的風險。

### （二）告訴人的救濟途徑

#### ㈠聲請再議

再議是告訴人（此指被害人或其他有告訴權之人）不服檢察官對被告作出不起訴或緩起訴處分時的法律救濟途徑。當檢察官對被告作成〔不起訴處分〕後，告訴人如果認爲權益受害或事實理由並非如檢察官〔不起訴處分書〕所記載時，告訴人可在收到〔不起訴處分書〕後10日內，具狀敍明不服的理由，提交原承辦檢察官向其上級檢察署**聲請再議**，以資救濟。告訴人不服檢察官對被告作成〔緩起訴處分〕時，亦同。

刑事訴訟法第256條（第1項本文）

告訴人接受不起訴或緩起訴處分書後，得於十日內以書狀敘述不服之理由，經原檢察官向直接上級檢察署檢察長或檢察總長聲請再議。

再議**有理由**時，應撤銷原處分，由檢察官繼續偵查或起訴；再議**不合法**或**無理由**時，應予駁回。

#### ㈡交付審判

聲請交付審判是針對〔再議無理由〕**被駁回**時，告訴人最後能運用的救濟途徑。

刑事訴訟法第258條之1（第1項）

告訴人不服前條之駁回處分者，得於接受處分書後十日內委任律師提出理由狀，向該管第一審法院聲請交付審判。

實務上，車禍被害人不服檢察官對被告作成不起訴處分而**聲請再議**的情形較爲常見。至於再議被駁回而又依法聲請**交付審判**的個案，則是少之又少。

聲請**交付審判**係採強制律師代理主義。換言之，被害人此時必須花錢請律師打官司了。若事已至此，顯然結果已與被害人希望透過**以刑逼民**的初衷相去甚遠。被害人只能另起爐灶，再循其他法律途徑解決。

## 第五節　起訴被告後的法律途徑：刑事附帶民事訴訟

車禍被害人以被告涉嫌﹝過失傷害﹞而提出刑事告訴，如果檢察官也認爲被告涉犯﹝過失傷害﹞罪嫌而提起公訴後，被害人就可依法對被告及其他依法應負賠償責任之人提起刑事附帶民事訴訟的求償程序。

刑事訴訟法第487條（第1項）

因犯罪而受損害之人，於刑事訴訟程序得附帶提起民事訴訟，對於被告及依民法負賠償責任之人，請求回復其損害。

假設大華客運公司僱用司機李四駕駛公車在執行載客職務途中，不慎撞到行人張三，造成張三受傷。因雙方未能達成賠償共識，和（調）解不成立，被害人張三遂具狀提告司機李四涉嫌﹝過失傷害﹞並經檢察官依法提起公訴後，此時被害人張三就可依《民法》第188條第1項的規定，將司機李四及大華客運公司列爲**共同被告**提起﹝刑事附帶民事訴訟﹞，請求李四及大華客運公司連帶負賠償責任。

現行法制下，﹝刑事附帶民事訴訟﹞的另一實益是被害人不必另外再向法院繳納一筆裁判費。

## 一、刑事附帶民事訴訟的起訴時間點

刑事訴訟起訴後　　　　第二審辯論終結前

第一審辯論終結後，提起上訴前

刑事訴訟法第488條
提起附帶民事訴訟，應於刑事訴訟起訴後第二審辯論終結前為之。但在第一審辯論終結後提起上訴前，不得提起。

車禍被害人提起〔刑事附帶民事訴訟〕的時間點，原則上要在**檢察官起訴被告後**。因為起訴前，被害人並不知道檢察官日後會對被告作成何種處分（起訴、不起訴或緩起訴）。

至於被害人最晚提起〔刑事附帶民事訴訟〕的時間點，則是在**刑事訴訟的第二審辯論終結前**。但**在第一審辯論終結後，公訴檢察官或被告提起上訴前**，被害人在這段期間不能提起。

這是因為第一審辯論終結後，法院刑事庭將會對被告作出有罪或無罪的判決，被害人如果在第一審辯論終結前錯失提起〔刑事附帶民事訴訟〕的時機，就必須視公訴檢察官或被告是否對第一審的判決表示不服且上訴第二審而定。

因此被害人只有在公訴檢察官或被告提起上訴後，才能在上訴審理期間再提起〔刑事附帶民事訴訟〕。

**【車禍解疑雜惑店】**

**被害人不服法院的刑事判決，有無其他法律救濟途徑？**

法院刑事判決後，會將判決書函送檢察官及被害人，可是被害人並不是刑事訴訟程序中的當事人（公訴檢察官才是），如果被害人對於法院的判決表示不服（例如判決被告無罪或認爲判決被告的刑度過輕），只能依法檢附不服判決的理由，請求檢察官再提上訴，而且必須自判決書送達**檢察官**後的10日內提出。

刑事訴訟法第344條（第1項、第3項）

當事人對於下級法院之判決有不服者，得上訴於上級法院。（第1項）

告訴人或被害人對於下級法院之判決有不服者，亦得具備理由，請求檢察官上訴。（第3項）

刑事訴訟法第349條

上訴期間為十日，自送達判決後起算。但判決宣示後送達前之上訴，亦有效力。

## 二、刑事附帶民事訴訟會在何時開始審理？

檢察官起訴被告後，被害人雖可依法提起「刑事附帶民事」的賠償訴訟，但因爲**法院刑事庭**還要針對檢察官起訴被告的犯罪事實進行審理，在刑事庭尚未作出被告是否有罪的判決前，除非有《刑事訴訟法》第496條但書的情形，否則「刑事附帶民事訴訟」的審理程序不會開始進行。

刑事訴訟法第496條

附帶民事訴訟之審理，應於審理刑事訴訟後行之。但審判長如認為適當者，亦得同時調查。

實務上，被害人提起「刑事附帶民事訴訟」後，關於請求損害賠償的部分，原則上應由刑事庭來審理，但案情複雜時，刑事庭若不自爲審理，也得以裁定將被害人**刑附民**的部分移由民事庭來審理，視具體個案而定。

## 三、刑事附帶民事訴訟的提出方式

**刑事訴訟法第492條**

提起附帶民事訴訟，應提出訴狀於法院為之。

前項訴狀，準用民事訴訟法之規定。

**刑事訴訟法第495條（第1項）**

原告於審判期日到庭時，得以言詞提起附帶民事訴訟。

被害人提起〔刑事附帶民事訴訟〕可以**訴狀**提起或於刑事案件審判期日到庭時，以**言詞**提起〔刑事附帶民事訴訟〕。但被告如果犯罪事證明確，檢察官可能會**聲請簡易判決處刑**來起訴被告，法院也可能**逕爲判決**，未必會再開庭審理或通知被害人出庭。基於上述原因並考量日後法院審理上的需要，被害人最好還是提出**訴狀**爲宜。

〔刑事附帶民事訴訟起訴狀〕的寫法，讀者除可參考以下的範例填寫外，亦可透過【司法院全球資訊網】下載填寫。

### 刑事附帶民事訴訟起訴狀範例

刑事附帶民事訴訟起訴狀

| | | | | |
|---|---|---|---|---|
| 案號： | 年度 字第 | 號（免填） | 股別：（免填） | |
| 告 訴 人 | 王〇〇 | 身分證字號 | 性別 | 生日 |
| | | 住址 | 電話 | |
| 被　告 | 李〇〇 | 身分證字號（不知免填） | | |
| | | 性別 | 生日（不知免填） | |
| | | 住址 | 電話 | |

為就被告李〇〇涉嫌刑法第284條過失傷害案件，依法提起附帶民事訴訟，請求損害賠償：

訴之聲明

一、被告應賠償原告新臺幣（下同）〇元整，並自起訴狀繕本送達之翌日起至清償日止，按週年利率百分之5計算之利息。

二、前項判決請准供擔保宣告假執行。

三、訴訟費用由被告負擔。

事實及理由

緣被告李〇〇於民國（下同）〇年〇月〇日〇時〇分許，駕駛車號：XX-〇〇〇〇自小客車於〇〇市〇〇區〇〇路與〇〇路口，從〇〇路旁由北往南正要駛入車道之際，本應注意有無來車或行人並應禮讓行進中之人車優先通行，依當時情形又無不能注意之情事，而竟未注意後方有無來車，即率爾駕車駛入車道，致原告騎乘車號：〇〇〇-YYY號之機車因閃避不及致釀車禍（證1）。原告因此受有左腳指3、4指骨骨折併左側膝蓋挫傷及左小臂擦傷等傷害（證2），此有臺灣〇〇地方檢察署〇年〇月〇日〇年度偵字第〇號檢察官聲請簡易判決處刑書（證3）為憑，被告犯罪事證已然明確。

本人因案受傷，所費金額概算如下：醫藥費新臺幣（下同）〇元、看護費〇元、就醫交通費〇元、薪資損失〇元及精神慰撫金〇元，總計〇元整（證4）。

為此原告依刑事訴訟法第451條第3項「檢察官聲請簡易判決處刑，與起訴有同一效力」及同法第488條規定，依法提出刑事附帶民事訴訟，懇請鈞院賜判決如訴之聲明，以維權益，至感德便。

此 致

臺灣○○地方法院刑事庭（或○○簡易庭） 公鑒

證物名稱及件數

證1.道路交通事故初步分析研判表、證2.診斷證明、
證3.檢察官聲請簡易判決處刑書、證4.損害賠償清單

中 華 民 國 ○ 年 ○ 月 ○ 日

具狀人 王○○ （簽名蓋章）
撰狀人 （簽名蓋章）

**【範例解說】**

1.訴訟標的金額

就是把原告訴狀中「事實及理由」欄下所載各項，包括（但不限於）醫藥費、看護費、就醫交通費、復健費、精神賠償等金額加總計算。

**【車禍解疑雜惑店】**

**車禍被害人提起刑事附帶民事訴訟時，可否將車損或其他財損一起納入向被告求償？**

被害人車禍受傷提出刑事告訴後，若檢察官以被告涉犯《刑法》第284條的過失傷害罪而將被告起訴後，被害人就可以透過〔刑事附帶民事訴訟〕請求被告賠償體傷所衍生的一切損害。但車禍造成**車輛毀損**或**其他財損**（例如個人衣物、手表、眼鏡或手機的毀損）時，因為《刑法》第354條毀損罪處罰的對象是「故意犯」而不是「過失犯」，因此被告不會另又成立毀損罪。

按《刑事訴訟法》第487條第1項規定，被害人提起〔刑事附帶民事訴訟〕請求被告賠償的範圍，應以被告犯罪造成的損害為

限。因此車禍造成財產上的損害，被告既然不會成立毀損罪，那麼被害人似乎就不能透過〔刑事附帶民事訴訟〕的方式來請求被告賠償了。

假如被害人將車禍造成的財損也連同體傷造成的損害一起納入〔刑事附帶民事訴訟〕的程序向被告求償時，那麼法院會如何處理呢？實務上可能有以下兩種做法：

**1.請被害人就財損部分繳納裁判費後，併案審判**

爲求訴訟經濟，若被害人關於車禍財損部分的請求並不會延滯訴訟程序的進行或妨礙訴訟的終結時，法官會命原告（即被害人）先就財損部分繳納裁判費後，與體傷的損害併予審理判決。

**2.曉諭被害人另案起訴**

認爲被害人在〔刑事附帶民事訴訟〕中請求車禍財產損害的賠償於法不合，應另行提起民事訴訟向被告求償。

2.被告

除了檢察官起訴的被告（即肇事者）外，如果依法還有連帶應負賠償責任的其他人時，也可在〔刑事附帶民事訴訟〕中追加為共同被告。例如被告係未成年人，那麼被害人可將未成年人的法定代理人（通常是父母）列為共同被告，請求負連帶賠償的責任；若被告係執行職務中的受僱人，那麼被害人則可將僱用人併列為共同被告，請求負連帶賠償的責任。

3.訴之聲明

有關「前項判決請准供擔保宣告假執行」的這個聲明，是為了防止被告利用程序延滯訴訟的確定，兼防被告將來在原告官司勝訴判決確定後有脫產的行為，故有以此聲明來保障被害人權益的必要。

當然～如果能在**起訴前**就配合〔假扣押〕的**保全程序**來進行的話，那麼對於被害人的權益就會更有保障了。請參閱【防範脫產的法律途徑：假扣押】相關說明，頁268起。

4.事實及理由

參酌檢察官〔起訴書〕或〔聲請簡易判決處刑書〕的內容，簡單扼要地將事發經過及相關人、事與受害情節寫清楚即可。至於被害人求償的項目、範圍與金額，則應逐一載明，最好能彙整成一張〔損害賠償清單〕，附於訴狀之後（註）。請參閱【如何製作車禍損害賠償清單？】相關說明，頁129起。

註：刑事部分的犯罪事實，檢察官已取得的相關事證，被害人可以援用。但民事部分，如果被害人請求賠償所需檢附的相關事證，不存在於刑事訴訟卷內時，被害人仍要自負舉證責任。

5.證物名稱及件數

原告應依訴狀陳述的事實及理由，依序檢附相關事證資料佐證。

由以上說明可知，車禍被害人並不是光在〔刑事附帶民事訴訟起訴狀〕寫要被告賠償多少，法官就會照單全收並一律判賠。通常法官只會就雙方有爭執的項目或求償金額，作進一步的審理。畢竟要法官花時間逐一審查被害人的求償項目或金額是否必要合理，實際上也有窒礙難行之虞。

# 第六節　純民事求償的法律途徑：訴訟

## 一、概說

訴訟，就是一般人所說的～打官司。車禍糾紛必須走到這個地步，實在也是當事人不得已的選擇。

### （一）民事訴訟在車禍事件運用的時機

#### ㈠車禍僅造成單純財產上的損害時

被害人不能透過刑事告訴的手段達到求償的目的，只能以民事訴訟途徑來解決。

#### ㈡曾私下和解，但肇事者未依約履行賠償責任時

車禍當事人間成立的〔和解〕只是民法上的契約關係，〔和解書〕並不是〔執行名義〕，沒有執行力。一旦肇事者給付遲延或毀約而不履行賠償責任時，被害人就必須再拿出〔和解書〕到法院另提訴訟來請求。

#### ㈢車禍當事人都有受傷，而且雙方都與有過失時

理性的當事人應該都知道～互告對方過失傷害絕對是下下策。基於兩害相權取其輕原則，車禍賠償的解決方式，建議當事人還是透過民事訴訟途徑請求法院公斷爲上。

### （二）民事訴訟的種類

**民事訴訟**依原告請求賠償的金額多寡，區分爲〔小額訴訟〕、〔簡易訴訟〕及〔普通訴訟〕等程序。

本書宗旨就是希望當事人儘可能採取訴訟以外的其他途徑解決車禍糾紛，並不鼓勵讀者動輒興訟。因此民事訴訟的介紹，將僅就〔小額訴訟程序〕與〔簡易訴訟程序〕加以說明，並佐以相關訴狀範例提供讀者參考，請讀者諒察。

## 二、小額訴訟

小額訴訟程序，是爲了節省當事人的時間、金錢等勞費而設，既不需要委任律師，也不用花太多的時間、勞費。原告只須繳納新臺幣1,000元的**裁判費**，便可訴請法院公斷，且將來判決後，裁判費可由敗訴的一方負擔。因此小額訴訟具有程序簡易、費用經濟、時間速效的優點。

### （一）適用小額訴訟的時機

民事訴訟法第436條之8（第1項、第4項）

關於請求給付金錢或其他代替物或有價證券之訴訟，其標的金額或價額在新臺幣十萬元以下者，適用本章所定之小額程序。（第1項）

第一項之訴訟，其標的金額或價額在新臺幣五十萬元以下者，得以當事人之合意適用小額程序，其合意應以文書證之。（第4項）

**㈠求償金額在新臺幣10萬元以下時**

當事人無法透過和解或調解的方式解決車禍賠償問題；或是達成和解後，肇事者未履行賠償責任或給付遲延時，就可以利用〔小額訴訟程序〕來主張。

**㈡求償金額在新臺幣50萬元以下時**

當事人爲求簡速審理，也可經由雙方合意的書面，利用〔小額訴訟程序〕來解決。

### （二）要到何處的法院遞狀起訴？

**㈠原則：以原就被～被告所在地法院**

法院管轄區域的劃分，原則上是以「人」的住所來判斷，依《民事訴訟法》第1條、第2條規定，原告要向被告住所地的法院提起訴訟；被告是公司行號時，則應向其主事務所或主營業所所在地的法院提起訴訟。

法院管轄區域的劃分與行政區的劃分不同，讀者可透過【司法院全球資訊網】進一步查詢。

**㈡例外：侵權行爲地～車禍發生地法院**

原告可向「侵權行爲地」的法院遞狀起訴。車禍發生地可看成是法律規定的「侵權行爲地」，因此侵權行爲地所在的法院，對於車禍事件也有管轄權。

民事訴訟法第15條（第1項）

因侵權行為涉訟者，得由行為地之法院管轄。

### （三）如何撰寫小額訴訟狀？

「民事小額訴訟表格化訴狀」，讀者除可參考以下的範例填寫外，亦可透過【司法院全球資訊網】下載填寫。

## 民事小額訴訟表格化訴狀範例

### 民事小額訴訟表格化訴狀

### 一、當事人

| 稱謂 | 姓名或名稱<br>身分證統一編號<br>或營利事業統一編號 | 性別 | 出生年月日 | 住居所或營業所<br>郵遞區號<br>電話號碼 |
|---|---|---|---|---|
| 原告<br>（說明一）<br>法定代理人<br>訴訟代理人 | 王○○ | 男 | ○.○.○ | ○○市○○區○○路○段○號○樓 |
| 被告<br>法定代理人<br>訴訟代理人 | 李○○ | 男 | | ○○市○○區○○街○號○樓 |

### 二、訴之聲明（即請求被告給付的內容）

<table>
<tr><td>金額</td><td>新臺幣 50,000 元</td><td>連帶給付<br>（說明二）</td><td>□是<br>☑否</td></tr>
<tr><td rowspan="2">利息</td><td colspan="3">　□民國　年　月　日<br>自☑起訴狀繕本送達被告之翌日　　　起<br>　□附表所示利息起算日</td></tr>
<tr><td>至清償日止</td><td>利率<br>（說明三）</td><td>年息　☑ 5　□ 6<br>　　　□ 20　　%<br>　　　□ 其他：</td></tr>
<tr><td>違約金</td><td colspan="3">□自民國　年　月　日起至清償日止，按 息 分之 計算。<br>□自民國　年　月　日起至清償日止，其逾期在六個月以內者依上開利率10%，逾期超過6個月部分依上開利率20%計算。<br>□其他：</td></tr>
<tr><td>訴訟費用</td><td colspan="3">☑被告負擔。　　□被告連帶負擔。</td></tr>
</table>

三、原因事實（請勾選符合您本件請求的事實，如無適當的事實可供勾選，或有其他補充陳述，請在「其他」項下填寫）

☐ 原告執有如附表一所示之票據，屆期經提示未獲付款。（請填寫附表一）
☐ 被告積欠原告借款（契約內容如附表二），屆期尚有如訴之聲明所示之金額未付。（請填寫附表二）
☑ 被告因駕車不慎，撞及原告所有之車輛，致原告受有損害（車禍經過及損害內容如附表三）。（請填寫附表三）
☐ 其他：

附表一

支票：

| 編號 | 發票人 | 付款人 | 發票日 | 票面金額（新臺幣：元） | 支票號碼 |
|---|---|---|---|---|---|
| 1 | | | | | |
| 2 | | | | | |
| 3 | | | | | |

本票：

| 編號 | 發票人 | 受款人 | 發票日 | 票面金額（新臺幣：元） | 本票號碼 |
|---|---|---|---|---|---|
| 1 | | | | | |
| 2 | | | | | |
| 3 | | | | | |

附表二

| 借款人 | 連帶保證人 | 借款金額（新臺幣/元） | 借款日 | 清償日 | 利息、違約金 | 其他 |
|---|---|---|---|---|---|---|
| | | | | | | |

附表三

<table>
<tr><td colspan="2">時間：民國 ○ 年 ○ 月 ○ 日 ○ 時 ○ 分</td></tr>
<tr><td colspan="2">地點：○○市○○區○○路與○○街口</td></tr>
<tr><td>原告車牌號碼：AA－○○○○</td><td>被告車牌號碼：CC－○○○○</td></tr>
<tr><td colspan="2">經過：<br>被告李○○於民國（下同）○年○月○日○時○分許，駕駛車號：CC-○○○○之自小客車沿○○市○○區○○路北往南方向行駛，行經○○路與○○街口時，本應注意車前狀況，且依當時情形並無不能注意之情事，竟疏未注意前方有無來車即逕自行駛。適原告駕駛所有車號：AA-○○○○之自小客車沿○○街東往西方向行駛，行經○○路與○○街口時，被告○○竟闖紅燈行駛，被告之自小客車左側遂撞上原告自小客車右側，致原告自小客車前方保險桿毀損、引擎蓋板金凹陷、水箱破裂，修理費用共計新臺幣 50,000 元。</td></tr>
<tr><td colspan="2">損害：☑ 車輛修理費：新臺幣 50,000 元<br>☐ 營業損失：新臺幣　　　元<br>（每日營收：新臺幣　　　元，共　　　日）<br>☐ 其他：</td></tr>
</table>

四、證據（影本）

<table>
<tr><td>☐票據 張 ☐退票理由單 張 ☐借據 張 ☐存證信函 張。</td></tr>
<tr><td>☑發票1張 ☐估價單 張 ☑車損照片○張 ☑其他：車禍資料</td></tr>
</table>

此 致

臺灣 ○○ 地方法院　　簡易庭

具狀人 王○○ （蓋章）

撰狀人　　（蓋章）

中華民國 ○ 年 ○ 月 ○ 日

填表說明：（略）

## 三、簡易訴訟

簡易訴訟，同樣是爲了節省當事人時間、金錢等勞費而設，這和小額訴訟程序類似，都具有程序簡易、費用經濟、時間速效的優點，只是**訴訟標的金額**多寡有所差異罷了。

### （一）適用簡易訴訟的時機

當原告求償金額在新臺幣10萬元以上50萬元以下時，就可適用〔簡易訴訟程序〕。此外，原告求償的金額如果超過50萬元時，原應適用普通訴訟程序的車禍事件，也可基於**雙方合意**的書面，改以〔簡易訴訟程序〕來解決。

民事訴訟法第427條（第1項、第3項）

關於財產權之訴訟，其標的之金額或價額在新臺幣五十萬元以下者，適用本章所定之簡易程序。（第1項）

不合於前二項規定之訴訟，得以當事人之合意，適用簡易程序，其合意應以文書證之。（第3項）

### （二）如何塡寫車禍求償的民事起訴狀？

車禍求償事件適用簡易訴訟程序時，有關法院管轄的規定與〔小額訴訟〕相同。不過〔簡易訴訟〕並沒有類似小額訴訟表格化的訴狀可供下載。〔民事起訴狀〕，讀者除可參考範例塡寫外，亦可透過【司法院全球資訊網】下載塡寫。

**民事起訴狀範例**

**民事起訴狀**

案號：　　年度　字第　號　　　承辦股別：

訴訟標的金額或價額：新臺幣〇元

原　告　王〇〇　　身分證字號　　　性別　　生日

住址　　　　　　電話

被　告　李〇〇　　身分證字號（不知免填）

性別　　　　　　生日（不知免填）

住址　　　　　　電話

為請求損害賠償提起訴訟事：

訴之聲明

一、被告應給付原告新臺幣（下同）〇元，並自起訴狀繕本送達之翌日起至清償日止，按年息5%計算之利息。

二、訴訟費用由被告負擔。

三、願供擔保，請准宣告假執行。

事實及理由

緣被告李〇〇於民國〇年〇月〇日〇時〇分許，駕駛車號：XX-〇〇〇〇自小客車行經〇〇市〇〇區〇〇路口，從〇〇街〇巷由東往西正要駛入〇〇路之際，本應注意前方路口有無來車或行人並應禮讓行進中之人車優先通行，且依當時情形又無不能注意之情事，而竟未注意前方有無來車即駛入車道，致原告駕駛車號：〇〇〇〇-YY自小客車行經上開地點，因閃避不及而釀車禍，造成原告自小客車遭被告撞毀，案經〇〇市警察局〇〇分局〇〇派出所員警到場處理（證1）。

按不法毀損他人之物者，……減少之價額；負損害賠償責任者，……，應回復他方損害發生前之原狀。因回復原狀而應給付金者，……債權人得請求支付回復原狀所必要之費用，以代回復原狀，民法第196條、第213條定有明文。

綜上所結，原告汽車所受損害經修復後，共計支付修理費〇元（證2），故被告應賠償原告共計〇元。

懇請鈞院賜判決如訴之聲明，以維權益，至感德便。

此 致

臺灣○○地方法院　公鑒

證物名稱及件數

證1、道路交通事故登記聯單、道路交通事故初步分析研判表、現場圖、照片共○件

證2、汽車修理費收據○件

中 華 民 國 ○ 年 ○ 月 ○ 日

具狀人　王○○　　（簽名蓋章）

撰狀人　　（簽名蓋章）

## 第七節　可避免訟累的法律途徑：訴訟上和解

和解可分爲訴訟外和解與訴訟上和解兩種。

〔訴訟外和解〕俗稱**庭外和解**，也就是當事人自行成立的**民事和解契約**。〔訴訟上和解〕則是當事人已進入訴訟程序後，由法官當庭製作的和解文書，也就是所謂的**和解筆錄**。

民事訴訟法第379條（第1項）

試行和解而成立者，應作成和解筆錄。

打官司往往給人勞民傷財、曠日費時的印象，事實上也是如此。爲了避免訟累，不論訴訟進行到什麼程度，法院都可隨時爲兩造試行和解。

民事訴訟法第377條（第1項）

法院不問訴訟程度如何，得隨時試行和解。受命法官或受託法官亦得為之。

只要兩造有和解的意思，願相互讓步且和解條件也漸趨一致時，當事人就可提出書面聲請，由法官定出和解方案，以求

紛爭迅速解決。

民事訴訟法第377條之1（第1項、第2項）
當事人和解之意思已甚接近者，兩造得聲請法院、受命法官或受託法官於當事人表明之範圍內，定和解方案。（第1項）

前項聲請，應以書狀表明法院得定和解方案之範圍及願遵守所定之和解方案。（第2項）

〔訴訟上和解〕是法庭上成立的和解，具有與確定判決同一之效力，作成的和解筆錄得爲**執行名義**。一旦當事人未依和解內容履行義務時，〔和解筆錄〕便可做爲強制執行的依據，這也是〔訴訟上和解〕與〔民事和解契約〕間最大的不同。

**【車禍解疑雜惑店】**

**訴訟上和解與民事和解契約有何不同？**

| 不同處 | 訴訟上和解 | 民事和解契約 |
|---|---|---|
| 作成書面 | 要 | 口頭、書面皆可 |
| 書面名稱 | 和解筆錄 | 和解書、協議書 |
| 作成時機 | 訴訟繫屬中 | 任何時間 |
| 作成地點 | 法院 | 任何地點 |
| 法律依據 | 民事訴訟法 | 民法 |
| 法律性質 | 法院製作的公文書 | 私人間的契約關係 |
| 既判力 | 有 | 無 |
| 執行力 | 有 | 無 |
| 法律效力 | 強 | 弱 |

**既判力**

既判力，該名詞係源自於日本的法律用語，又稱爲判決實質上的確定力，也就是法院對個案的判決會產生實質拘束當事人與法院的效力。換句話說，當事人不能就同一案件再行起訴；法院也不得再就已裁判的個案法律關係，另爲不同於確定判決意旨的裁判。

**執行力**

執行力，是指法院將判決所命給付的內容予以強制實現的效力。當事人透過訴訟程序取得法院的〔確定判決〕或〔訴訟上和解〕，都有**既判力**與**執行力**。

# 第八節　乏人問津的法律途徑：自訴

## 一、什麼是自訴？

自訴，是指被害人自己（或其家屬）向法院提起刑事訴訟的程序。自訴程序中的當事人除了檢察官外，就是自訴人（刑事訴訟程序中不稱原告）與涉嫌犯罪行爲的被告（即肇事者）。

**刑事訴訟法第3條**

本法稱當事人者，謂檢察官、自訴人及被告。

**刑事訴訟法第319條（第1項）**

犯罪之被害人得提起自訴。但無行為能力或限制行為能力或死亡者，得由其法定代理人、直系血親或配偶為之。

## 二、爲什麼車禍被害人沒有意願利用自訴程序？

向法院提起〔自訴〕時，是由被害人自己來當自訴人，並以肇事者爲被告，重點是自訴程序採律師強制代理制度，被害人必須要委任律師來提起。但請律師不僅要花律師費（註），還要繳納裁判費，甚至要自負舉證責任……。

註：律師費不能轉嫁給被告，現在一個審級的律師費動輒新臺幣數萬元起跳，自訴官司對車禍被害人來說所費不貲，還真是打不下去。

打官司的目的終究是為了要填補因車禍所造成的損害。現行法制下，被害人採**刑事告訴**的手段，讓警方及檢察官為其主持公道已足，既不需要凡事親力親為，也不用花錢請律師代勞，何樂而不為？因此〔自訴〕當然不會是被害人列入考慮的法律途徑。

刑事訴訟法第319條（第2項）

前項自訴之提起，應委任律師行之。

# 第九節　效果有限的法律途徑：存證信函

## 一、概說

存證信函的全名應稱為郵局存證信函，就是經過郵局來證明**發信日**及**發信內容為何**的一種證明函件。

存證信函最大的用途就是在通知並催告對方：「如果你不……我就……」，由於內容大多帶有警告的意味，因此收到存證信函的人也意識到了後續可能面臨的法律程序及效果，於是不得不做出適當的反應，所以存證信函才會那麼有效。

## 二、運用在車禍糾紛處理的時機

存證信函運用在車禍糾紛的處理，實務上並不多見。可能是車禍損害賠償的請求，被害人還有其他更積極有效的法律途徑可資運用（例如調解或告訴），加上肇事者對於存證信函多採置之不理或拒收的態度，因此也相對降低了存證信函在處理車禍糾紛時的實際功效。

## 三、如何撰寫存證信函？

### （一）存證信函內容不得涉及恐嚇內容

存證信函的內容絕不可流於情緒性的攻訐、謾罵，甚或出現恐嚇的字眼，這是在寫存證信函前應有的認知。

至於存證信函如果寫到「依法究辦，絕不寬貸」之類的內容，雖然語氣倍感威脅，但寄發存證信函的**手段合法**，訴請法院求償的**目的合法**，因此並不會構成《刑法》上的**恐嚇**。

# 郵局存證信函用紙範例

## 郵 局 存 證 信 函 用 紙

正本
副本

郵局

存證信函第　　號

（寄件人如為機關、團體、學校、公司、商號請加蓋單位圖章及法定代理人簽名或蓋章）

一、寄件人　姓名：　印
詳細地址：

二、收件人　姓名：
詳細地址：

三、副本收件人　姓名：
詳細地址：

（本欄姓名、地址不敷填寫時，請另紙聯記）

| 行＼格 | 1 | 2 | 3 | 4 | 5 | 6 | 7 | 8 | 9 | 10 | 11 | 12 | 13 | 14 | 15 | 16 | 17 | 18 | 19 | 20 |
|---|---|---|---|---|---|---|---|---|---|---|---|---|---|---|---|---|---|---|---|---|
| 一 | | | | | | | | | | | | | | | | | | | | |
| 二 | | | | | | | | | | | | | | | | | | | | |
| 三 | | | | | | | | | | | | | | | | | | | | |
| 四 | | | | | | | | | | | | | | | | | | | | |
| 五 | | | | | | | | | | | | | | | | | | | | |
| 六 | | | | | | | | | | | | | | | | | | | | |
| 七 | | | | | | | | | | | | | | | | | | | | |
| 八 | | | | | | | | | | | | | | | | | | | | |
| 九 | | | | | | | | | | | | | | | | | | | | |
| 十 | | | | | | | | | | | | | | | | | | | | |

本存證信函共　　頁，正本　　份，存證費　　元，
副本　　份，存證費　　元，
附件　　張，存證費　　元，
加具正本　　份，存證費　　元，
加具副本　　份，存證費　　元，合計　　元。

經　　郵局
年　月　日證明正副本內容完全相同

郵戳

經辦員
主管　印

黏貼

郵票或郵資券

處

備註

一、存證信函需送交郵局辦理證明手續後始有效，自交寄之日起由郵局保存之副本，於三年期滿後銷燬之。

二、在　頁　行第　格下塗改增刪　字　印（如有修改應填註本欄並蓋用寄件人印章，但塗改增刪每頁至多不得逾二十字。）

三、每件一式三份，用不脫色筆或打字機複寫，或書寫後複印、影印，每格限書一字，色澤明顯、字跡端正。

騎縫郵戳　騎縫郵戳

**【範例解說】**

1.存證信函的格式

可到郵局購買郵局印好的存證信函用紙來寫，也可以上郵局網站下載存證信函的格式。

2.「寄件人」與「收件人」欄

分別寫上寄件人與收件人的姓名、地址，最好再寫上寄件人的聯絡電話，以便聯繫。

3.「副本收件人」欄

可寫上與案情相關的人或機構，如果沒有利害關係人需要通知，可以不寫。

4.「本文」欄，填寫的基本原則

(1) 載明原因關係→表明寄件人目的→期望收件人具體回應

(2) 存證信函限用本國文字書寫，每一格限寫一個字。每張可寫200字，寄件人可以完全不空格地從第一格開始寫。

(3) 通常是先將**原因關係**依寄件人所認知的事實來書寫，掌握人、事、時、地、物等幾個要項來寫，愈具體愈好

(4) 寫完原因關係後，接下來寄件人務必寫明**目的**，以車禍糾紛為例，存證信函就要寫明是希望肇事者給付修車費？還是賠償醫藥費？金額多少？都要一併寫清楚，不要含糊不清。

(5) 具**催告**性質的存證信函要記得寫上期限，例如「請於文到幾日內……如何如何」，也就是要求收件人

在某某日前回覆或直接請求對方如何解決。

(6)最後則是寫明收件人如不予理會，將採取的法律途徑，例如調解、訴訟、報警等（注意！手段必須合法）。最後再加上一句「為免訟累，請臺端自重，希勿自誤」或「請臺端衡量輕重，配合照辦是祈」等警語做為結尾。

5.案例說明

以車禍糾紛為例，如果機車騎士因計程車司機超車不慎被撞倒地，導致車毀人傷時，肇事司機雖然當場表示願意負擔修車費及醫療費用，事後卻遲未支付，此時機車騎士想以存證信函先行催討時，存證信函就可以書寫如下：

敬啟者：本人（被害人）於民國○年○月○日○時許（發生時間），騎乘本人所有車號：ABC－○○○之機車（標的物）行經○○市○○區○○路與○○路口（發生地）與臺端（肇事者）所駕駛車號：TDG-○○○○之計程車發生擦撞事故，造成本人車損人傷（損害）。臺端當場表明願意負擔本人機車修理費及醫療費（賠償），惟迄未支付且又刻意避接本人電話（事實經過），特函告知修車及醫療費用共計新臺幣六千元整。本人已先行墊付，收據如附件影本，請於文到三日內（期限）儘速匯款（表明訴求），否則本人將依法起訴求償（採取法律途徑），爲免訟累，希勿自誤（警語）。

存證信函存證費的首頁，郵局要收**新臺幣50元**，續頁起的每頁或附件，每張是以**新臺幣30元**計價。本案例的存證信函內容沒有超過200字，這份存證信函只要用到兩張，也就是一張存證信函用紙加上一張附件：收據影本。

### （二）寄發存證信函

存證信函寫好後，影印兩份（連正本一共3份，如果收件人有兩人以上，有幾位收件人就多印幾份）。如果存證信函有附件的話，附件限與存證信函有關的文件（例如催告清償機車修理費，可附上收據影本）。寄件人書寫完成後應詳加檢查，記得要在每一份存證信函上簽名或蓋章，再帶著本人身分證、印章及現金到郵局存證信函窗口以**雙掛號**寄發，記得要向郵局拿回**掛號收執聯**。

## 四、車禍請求損害賠償的存證信函寫法

### 車禍造成財損，被害人求償的存證信函寫法

敬啟者：臺端於民國○年○月○日在○○市○○區○○路○號前，駕駛自小客車從後方追撞本人自小客車，造成本人自小客車後方保險桿凹陷、右後車燈毀損。臺端原同意本人將自小客車逕送原廠維修，現經原廠修理完畢，費用總計新臺幣○元，請臺端於函到○日內將上開修車費用匯入○○郵局，帳號：********，戶名：○○○之帳戶，若逾期未匯款，本人將依法起訴求償，請臺端自行斟酌，希勿自誤！

### 車禍造成體傷，被害人求償的存證信寫法

敬啟者：本人於民國○年○月○日○時許，騎乘所有車號：XXX-○○○之機車行經○○縣○○鄉○○路與○○路口，遭臺端駕駛之自小客車高速從後方追撞，造成本人機車受損及身體受傷。臺端行爲已涉嫌觸犯刑法第284條過失傷害之刑責，限臺端函到○日內出面協商賠償事宜，逾期未獲回應，本人將依法提出過失傷害告訴，希勿自誤。

# 第十節　或許有用的法律途徑：支付命令

## 一、概說

支付命令，是指債權人對於債務人的請求，如果是基於一定數量的金錢（例如新臺幣10萬元）；或是屬於可以代替的物品（例如麵粉100公斤）；或者是有價證券（例如發票人簽發的支票、本票），都可以向法院聲請核發〔支付命令〕，督促債務人在收到支付命令後，向債權人清償其所積欠的債務並賠償債權人利用這個程序所支出的費用。

民事訴訟法第508條（第1項）

債權人之請求，以給付金錢或其他代替物或有價證券之一定數量為標的者，得聲請法院依督促程序發支付命令。

## 二、運用在車禍糾紛處理的時機

實務上，〔支付命令〕可運用在車禍造成車損人傷時，請求肇事者賠償修車費、醫藥費；也可運用在車禍造成被害人貨物或商品毀損滅失時，請求肇事者賠償可代替的物品。

然而〔支付命令〕實際應用在解決車禍糾紛的情形並不多見，當有其他更方便的法律途徑（例如聲請調解或是提起刑事告訴）可以運用時，被害人就未必會考慮以聲請支付命令的方式處理車禍糾紛了。

## 三、如何聲請支付命令？

### （一）支付命令的管轄法院

〔支付命令〕的聲請必須符合法律規定的要件。程序上，車禍事件中的被害人必須先向法院提出民事聲請支付命令狀。

這裡的**法院**，是指專屬於車禍事件中肇事者或其他應對車禍負損害賠償責任的人（下稱賠償義務人）爲被告時的住所地、事務所或營業所所在地的地方法院。

民事訴訟法第510條

支付命令之聲請，專屬債務人為被告時，依民事訴訟法第一條、第二條、第六條或第二十條規定有管轄權之法院管轄。

賠償義務人是**個人**（自然人）時，就到其**戶籍地**的法院聲請〔支付命令〕。實務上，法院認定的賠償義務人住所地，其實就是其戶籍所在地。

賠償義務人是**法人**或**其他得爲訴訟當事人**的團體時，例如賠償義務人是公司，就到公司**主事務所**或**主營業所**所在地的法院聲請支付命令。

〔支付命令〕的聲請必須符合**專屬管轄**的規定，各地方法院管轄區域的劃分，讀者可至〔司法院全球資訊網〕查詢。

## （二）民事聲請支付命令狀的寫法

〔支付命令〕的聲請必須以**書面**提出於法院，也就是民事聲請支付命令狀。讀者除可參考以下的範例填寫外，亦可透過【司法院全球資訊網】下載填寫。

## 民事聲請支付命令狀範例

民事聲請支付命令狀

案號：　年度　字第　號（免填）　承辦股別：（免填）

訴訟標的金額或價額：新臺幣〇元

聲請人　王〇〇　　　身分證字號　　性別　　生日

（即債權人）　　　　住址　　　　　電話

債務人　李〇〇　　　身分證字號（不知免填）

　　　　　　　　　　性別　　　生日（不知免填）

　　　　　　　　　　住址　　　電話

為聲請發支付命令事：

一、請求標的

（一）債務人應給付債權人新臺幣〇元，並自本件支付命令送達之翌日（或民國〇年〇月〇日）起至清償日止，按週年利率（或年息）百分之〇計算之利息。

（二）督促程序費用由債務人負擔。

二、請求原因及事實

（一）【請敘明具體事實及理由】……

（二）依民事訴訟法第508條規定，聲請貴院就前項債權，依督促程序對債務人發支付命令，促其清償。

證物名稱及件數

此致

臺灣〇〇地方法院　公鑒

中華民國〇年〇月〇日

具狀人　〇〇〇　　（簽名蓋章）

撰狀人　　　　　　（簽名蓋章）

※應注意事項

一、應繳裁判費新臺幣500元。

二、聲請狀應經當事人簽章、代理人應提出委任狀。

三、如對繼承人請求，則應提出繼承系統表、被繼承人除戶籍本、繼承人之戶籍謄本（記事欄勿省略）、繼承人有無拋棄或限定繼承之證明文件。

四、聲請狀利息起算日，應詳實記載（如支付命令送達翌日或某年某月某日）。

五、應依民事訴訟法第511條第2項規定釋明請求，並提出供釋明用之證據。

六、聲請狀債務人送達地址應完整無缺漏。

七、未經合法異議之支付命令得為執行名義，債務人主張支付命令上所載債權不存在者，得提起確認債權不存在之訴或債務人異議之訴。

民事訴訟法第511條（第2項）
債權人之請求，應釋明之。

【範例解說】

1.用紙格式

可至法院聯合服務中心購買空白的司法狀紙來撰寫或上〔司法院全球資訊網〕下載。

2.書狀類別：直接記明「民事聲請支付命令狀」即可。

3.案號及承辦股別：不用填寫。

4.「稱謂」欄

分為「聲請人」（指車禍被害人）及「債務人」（指車禍

賠償義務人）兩部分，請依序寫上自己及對方的基本資料。

5.事由：直接記明「為聲請發支付命令事」即可。

6.請求標的

請求標的，是指聲請人希望法院能依其主張的事實，核發〔支付命令〕給債務人，期能促請債務人給付一定的金額（或物品）並負擔因督促程序而支出的費用。

7.請求給付的金額與利息

聲請人可參考本範例先填寫債務人應給付聲請人確定的金額。有約定利息時，依約定之利息；未約定利息時，可依《民法》第203條的規定，以週年利率百分之5來計算。例如聲請人修車費花了新臺幣5萬元，那麼整段文字就可寫為：

債務人應給付債權人新臺幣5萬元，並自本件支付命令送達之翌日起至清償日止，按週年利率百分之５計算之利息。

民法第203條

應付利息之債務，其利率未經約定，亦無法律可據者，週年利率為百分之五。

如果〔支付命令〕的聲請是請求給付遭跳票的支票票款時，因為《票據法》規定支票的法定利率為週年利率百分之6，利息則是自支票上記載的發票日起算。假設票額也是新臺幣5萬元的話，那麼整段文字就可寫為：

債務人應給付債權人新臺幣5萬元，並自本件支付命令送達之翌日起至清償日止，按週年利率百分之6計算之利息。

票據法第28條（第1項、第2項、第3項）

發票人得記載對於票據金額支付利息及其利率。（第1項）

利率未經載明時，定為年利六釐。（第2項）

利息自發票日起算。但有特約者，不在此限。（第3項）

8.督促程序費用

〔支付命令〕的聲請，每件應繳納的費用是新臺幣500元。這筆費用是由聲請人先繳給法院，所以請求標的的最後一項，記得一定要寫上：

督促程序費用由債務人負擔。

9.請求原因及事實：必須釋明

最好能掌握人、事、時、地、物等幾個要項來撰寫，寫的愈具體愈好。

10.證物名稱及件數：

例如收據影本1份、存證信函影本1份、支票及退票理由單影本各1份等。正本資料**自己保留**，暫先提供**影本**資料給法院即可。

# 四、聲請核發支付命令的流程

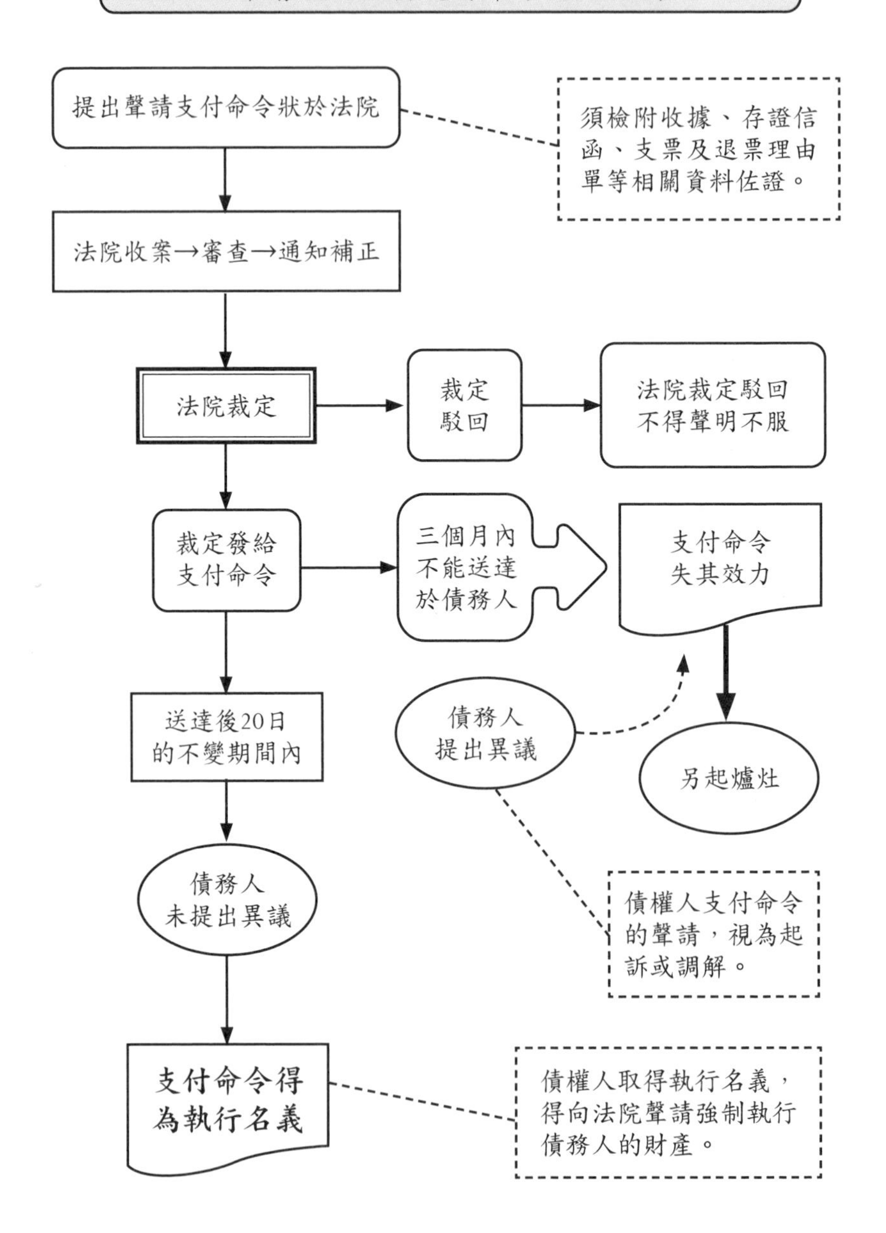

【解說】

**1.提出民事聲請支付命令狀於法院**

聲請人可親送或委託他人遞狀到管轄法院或以掛號郵寄的方式送件。每件除應繳納**新臺幣500元**的費用外，還要預繳掛號郵資。

**2.法院收案、審查、通知補正**

收件分案後，法院會就債權人〔聲請支付命令狀〕及相關債權證明文件進行審查，但不會另外傳喚債務人到庭說明。聲請人檢附的資料如有欠缺或不足而可補正的話，法院會發函通知聲請人限期補正。

**3.法院裁定**

（1）裁定駁回

〔支付命令〕的聲請如有不合法律程式；或違反相關法律的規定、未依法院通知限期補正；或聲請人的請求是無理由或部分無理由等情形之一時，法院會以**裁定駁回**。

（2）裁定核發支付命令

實務上，法院處理期程約需**一個月左右**。法院裁定准予核發〔支付命令〕後，承辦股書記官會將〔支付命令〕送達債務人並副知聲請人。

**4.支付命令的送達**

〔支付命令〕能否合法送達？債務人有無提出異議？都會影響〔支付命令〕的效力，茲分述如下：

（1）〔支付命令〕經合法送達，債務人在收到後20天內沒有向法院提出異議時，〔支付命令〕得為**執行名義**。

民事訴訟法第521條（第1項、第2項）
債務人對於支付命令未於法定期間合法提出異議者，支付命令得為執行名義。（第1項）
前項情形，為裁定之法院應付與裁定確定證明書。（第2項）

（2）〔支付命令〕合法送達，債務人在20日的不變期間內**提出異議**時，〔支付命令〕在債務人異議範圍內失效。債權人對於〔支付命令〕的聲請，將視為是對債務人〔提起訴訟〕或是〔聲請調解〕。

民事訴訟法第519條（第1項、第2項）
債務人對於支付命令於法定期間合法提出異議者，支付命令於異議範圍內失其效力，以債務人之聲請，視為起訴或聲請調解。（第1項）

前項情形，督促程序費用，應作為訴訟費用或調解程序費用之一部。（第2項）

（3）法院核發的〔支付命令〕，如果不能在3個月內合法送達債務人時，〔支付命令〕同樣也會失效。

民事訴訟法第515條（第1項）
發支付命令後，三個月內不能送達於債務人者，其命令失其效力。

5.聲請支付命令確定證明書

〔支付命令〕經合法送達，債務人也未曾向法院提出異議，〔支付命令〕得為**執行名義**。此時法院會**主動**核發確定證明書給債權人，在法院尚未核發前，債權人當然也可以具狀向法院聲請核發〔確定證明書〕。

提出〔民事聲請支付命令確定證明書狀〕時，聲請人要記得附上法院前所核發的〔支付命令〕影本，以資佐證。讀者除可參考以下的範例填寫外，亦可透過【司法院全球資訊網】下載填寫。

### 民事聲請支付命令確定證明書狀範例

民事聲請支付命令確定證明書狀

案號：○年度○字第○號　　　　承辦股別：○股

訴訟標的金額或價額：新臺幣○元

| 聲請人 | 王○○ | 身分證字號 | 性別 | 生日 |
|---|---|---|---|---|
| | | 住址 | 電話 | |

為聲請付與支付命令確定證明書事：

一、聲請人與李○○間因○年度促字第○號○○○事件，業經貴院於民國○年○月○日核發支付命令，並已確定在案。

二、依民事訴訟法第521條第2項規定，聲請貴院付與該支付命令確定證明書。

證物名稱及件數：支付命令影本乙份

此致

臺灣○○地方法院　公鑒

中華民國○年○月○日

具狀人　王○○　　　　（簽名蓋章）

撰狀人　　　　　　　　（簽名蓋章）

## 五、債務人的異議

**督促程序**是為了幫債權人迅速有效地合法送達「支付命令」，以利債權人儘早取得執行名義，行使權利。但如此一來，相對於債務人的保障恐有不周，所以法律便提供債務人有提出異議的權利來作為因應。

民事訴訟法第516條（第1項）
債務人對於支付命令之全部或一部，得於送達後二十日之不變期間內，不附理由向發命令之法院提出異議。

債務人只要在收到〔支付命令〕的**20天內**，向核發支付命令的法院提出異議狀，**不用附帶任何理由**，就可讓支付命令失效。

讀者除可參考以下的範例填寫外，亦可透過【司法院全球資訊網】下載填寫。

### 民事異議狀範例

民事異議狀

案號：〇年度〇字第〇號　　承辦股別：〇股

訴訟標的金額或價額：新臺幣〇元

| | | | |
|---|---|---|---|
| 聲請人　李〇〇 | 身分證字號 | 性別 | 生日 |
| （即債務人） | 住址 | 電話 | |
| 債權人　王〇〇 | 身分證字號（不知免填） | | |
| | 性別 | 生日（不知免填） | |
| | 住址 | 電話 | |

對於支付命令提出異議事：

異議人於民國〇年〇月〇日收受貴院〇年度促字第〇號支付命令，命異議人於20日內清償債款。但由於該項債務尚有爭議，為此依民事訴訟法第516條規定，對於該支付命令，向貴院提出異議。

證物名稱及件數

此致

臺灣○○地方法院　公鑒

中 華 民 國 ○ 年 ○ 月 ○ 日

具狀人　李○○　　（簽名蓋章）
撰狀人　　　　　　（簽名蓋章）

**【範例解說】**

1.〔民事異議狀〕必須在收到〔支付命令〕的20日內送交法院，逾期提出法院會以裁定駁回。

民事訴訟法第518條
債務人於支付命令送達後，逾二十日之不變期間，始提出異議者，法院應以裁定駁回之。

2.債務人收到法院的〔支付命令〕後，該支付命令上會有**案號**（例如○○年度促字第○○○號）及承辦股別（例如信股）的記載，債務人在異議狀請記得寫上「案號」及「承辦股別」，這樣法院收發單位才知道要交給哪個承辦股的書記官。

3.有關異議的個別原因，寫法可以像範例所舉的「債務尚有爭議」，也可以是「雙方並無任何債務」或「債務已清償完竣」，視具體個案事實或法律關係而定。

4.法院接獲債務人異議狀後大約**45天內**，會通知債權人繳納調解或訴訟費用，逾期未繳，法院將以裁定駁回結案。

當債務人合法提出異議後，〔支付命令〕會在債務人異議的範圍內失其效力。債權人〔支付命令〕的聲請，則視為對債務人提起訴訟或調解的聲請。《民事訴訟法》第519條參照。

## 六、債務人主張支付命令上所載債權不存在的訴訟救濟

《民事訴訟法》在民國104年7月修法後，〔支付命令〕的執行名義只有執行力，而**不再具有**與確定判決有同一效力的**既判力**。

民事訴訟法第521條（第3項）

債務人主張支付命令上所載債權不存在而提起確認之訴者，法院依債務人聲請，得許其提供相當並確實之擔保，停止強制執行。

當債權人以**支付命令**爲**執行名義**就債務人財產聲請強制執行時，如果債務人認爲兩造並無債務或債務業已清償，法律也賦予債務人在提供「相當並確實」的擔保後，可向法院提起「確認支付命令上所載債權不存在」的訴訟，以資救濟。

# 第十一節　防範脫產的法律途徑：假扣押

## 一、假扣押的基本概念與運用在車禍糾紛處理的時機

假扣押的「**假**」，是暫時的意思，也就是法律爲確保債權人的權益，透過暫時查封債務人財產並禁止其處分，以防止債務人脫產的保全程序。

民事訴訟法第522條（第1項）

債權人就金錢請求或得易為金錢請求之請求，欲保全強制執行者，得聲請假扣押。

車禍糾紛運用到假扣押的機會似不多見，畢竟不是所有的車禍糾紛都要利用到假扣押程序。實務上，只有在車禍造成重大傷亡或肇事者對傷者或死者家屬不聞不問等情形發生時，被害人或死者遺屬才要愼重考慮是否聲請假扣押，凍結肇事者的財產，以避免肇事者將來趁機脫產。

## 二、如何聲請假扣押？

### （一）撰寫聲請假扣押狀

讀者除可參考以下的範例填寫外，亦可透過【司法院全球資訊網】下載填寫。

**民事聲請假扣押狀範例**

民事聲請假扣押狀

案號：　年度　字第　號　（免填）　承辦股別：　（免填）

訴訟標的金額或價額：新臺幣○元

| | | | |
|---|---|---|---|
| 聲 請 人 王○○ | 身分證字號 | 性別 | 生日 |
| （即債權人） | 住址 | 電話 | |
| 債 務 人 李○○ | 身分證字號 | 性別 | 生日 |
| | 住址 | 電話 | |

為聲請假扣押事：

一、請求事項

（一）聲請人願提供擔保（若非提供現金而係提供有價證券，須具體表明），請求裁定就債務人所有財產於新臺幣（下同）○元之範圍內予以假扣押。

（二）聲請費用由債務人負擔。

二、假扣押之原因

債務人積欠聲請人○元，迄不給付，有……可憑（請自行說明請求之原因）。因債務人正將所有財產搬移隱匿，致日後有不能強制執行或甚難執行之虞。聲請人為保全強制執行，謹提出……以釋明上述事實（請自行說明用以釋明之證據，與被保全請求之事實具有關聯性），如釋明不足，願供擔保，依民事訴訟法第 522 條規定，聲請貴院裁定如請求事項所示。（若係向假扣押標的所在地法院聲請者，應記載假扣押之標的及其所在地。）

證物名稱及件數

此 致

臺灣○○地方法院民事庭 公鑒

中 華 民 國 ○ 年 ○ 月 ○ 日

具狀人 王○○ （簽名蓋章）

撰狀人 （簽名蓋章）

**【範例解說】**

1.訴狀用紙

可向法院聯合服務中心購買或透過【司法院全球資訊網】下載司法狀紙的電子檔。

2.書狀類別：直接記明「民事聲請假扣押狀」即可。

3.「稱謂」欄

可分為「聲請人」（指車禍被害人）及「債務人」（指車禍賠償義務人）兩部分，請依序寫上自己及對方的基本資料；如果是公司，則要填寫公司全名、公司統編、事務所或營業所地址。

4.事由：直接記明「為聲請假扣押事」即可。

5.假扣押之原因

實務上，債權人多以「債務人正將所有財產搬移隱匿」或

「債務人有脫產跡象」為由，加上「如釋明不足，債權人願供擔保以代釋明」的寫法，以期獲得法院為許可假扣押裁定。

民事訴訟法第523條（第1項）

假扣押，非有日後不能強制執行或甚難執行之虞者，不得為之。

民事訴訟法第526條（第1項、第2項、第3項）

請求及假扣押之原因，應釋明之。（第1項）

前項釋明如有不足，而債權人陳明願供擔保或法院認為適當者，法院得定相當之擔保，命供擔保後為假扣押。（第2項）

請求及假扣押之原因雖經釋明，法院亦得命債權人供擔保後為假扣押。（第3項）

6.被害人無財產可供擔保時

可向〔財團法人犯罪被害人保護協會〕或〔財團法人法律扶助基金會〕提出申請，只要符合資格與條件，就可由該協會或基金會出具保證書來替代假扣押的擔保。

## （二）聲請假扣押裁定

### ㈠提出民事聲請假扣押狀於管轄法院

民事訴訟法第524條（第1項）

假扣押之聲請，由本案管轄法院或假扣押標的所在地之地方法院管轄。

聲請人可親送或委託他人遞狀到管轄法院或以掛號郵寄的方式送件。遞狀前，必須先到法院繳費處或以郵政劃撥方式繳納新臺幣1,000元的聲請費用，再持**繳費收據**及**民事聲請假扣押狀**向法院提出聲請。

### ㈡法院收案、審查、通知補正

收件分案後，法院會進行審查。當聲請假扣押裁定的要件有欠缺而可補正時，法院會通知聲請人**限期補正**，逾期未補正

**則裁定駁回**。由於假扣押聲請具有**非訟事件**的屬性，因此法院不會傳喚當事人到庭說明。

### ㈢法院裁定

債權人向法院聲請假扣押並接到法院**許可假扣押裁定**後，這紙〔假扣押裁定〕就是《強制執行法》第4條第1項第2款規定的**執行名義**。

### 法院准予假扣押的民事裁定範例

臺灣○○地方法院民事裁定

○年度○字第○號

債 權 人 王○○　　住○○市○○區○○路○號○樓

債 務 人 李○○　　住○○市○○區○○街○號○樓

上列當事人間損害賠償事件，債權人聲請假扣押，本院裁定如下：

主 文

債權人以新臺幣壹拾伍萬元，為債務人供擔保後，得對於債務人之財產，在新臺幣肆拾伍萬元之範圍內，予以假扣押。

債務人以新臺幣參拾萬元，為債權人供擔保後，得免為或撤銷前項假扣押。

程序費用由債務人負擔。

理 由

一、本件債權人所主張之請求，依其提出之醫療證明書影本，可認為有相當之釋明。

二、債權人主張之假扣押原因，雖未能盡釋明之責；惟債權人既陳明願供擔保，應認足補釋明之欠缺。

三、依民事訴訟法第526條第2項、第527條、第95條、第78條裁定如主文。

中 華 民 國 ○ 年 ○ 月 ○ 日

民事庭 法 官 ○○○

以上正本，係照原本作成。

如對裁定抗告，須於裁定送達後10日內，向本院提出抗告狀（並繳納抗告費新臺幣1,000元）。　○ 股

中 華 民 國 ○ 年 ○ 月 ○ 日

書 記 官 ○○○

附註：

債權人收受假扣押或假處分裁定後已逾30日者，不得聲請執行。

本件於聲請執行時應繳納執行費用新臺幣○元。

請提出債務人戶籍謄本（記事欄勿省略）送法院。

臺灣○○地方法院 印

【車禍解疑雜惑店】

**債權人聲請假扣押後，多久可以收到法院裁定？**

債權人提出聲請後，從法院收案、分案、審查及通知補正到裁定送達債權人的整個過程，各地方法院作業所需時間略有出入，期程約在一星期到兩星期左右。債權人若急於了解進度，可持遞狀時有蓋收件章的聲請狀副本，向法院的分案人員查詢，取得案號後，再向承辦股的書記官洽詢。

## 三、法院准予假扣押裁定後的程序

### （一）債權人應先查報債務人財產

債權人可持〔假扣押裁定〕去戶政機關申請債務人（註）的戶籍謄本，再憑〔假扣押裁定〕及債務人戶籍謄本向財稅中心或稅捐機關繳納規費（依查報人數每件收取新臺幣500元）後，調閱債務人的財產及所得資料。如果發現債務人名下有財產可供假扣押的話，債權人再依假扣押裁定的內容到法院提供擔保，以便執行下一步聲請扣押債務人財產的程序。

註：債務人為公司時，則要申請該公司的公司登記事項卡及其法定代理人的戶籍謄本。

### （二）進行假扣押的提存

債權人應依許可假扣押裁定**主文**中，法院命供擔保的金額填寫**提存書**，以便辦理提存。除法院有提供〔提存書〕外，讀者也可透過【司法院全球資訊網】下載〔提存書〕填寫。

## 四、假扣押的執行：如何填寫聲請假扣押執行狀？

讀者除可參考以下的範例填寫外，亦可透過【司法院全球資訊網】下載填寫。

**民事聲請假扣押執行狀範例**

民事聲請假扣押執行狀

案號：　年度　字第　號（免填）　承辦股別：（免填）

訴訟標的金額或價額：新臺幣〇元

| | | | |
|---|---|---|---|
| 聲 請 人 王〇〇 | 身分證字號 | 性別 | 生日 |
| （即債權人） | 住址 | 電話 | |
| 債 務 人 李〇〇 | 身分證字號 | 性別 | 生日 |
| | 住址 | 電話 | |

為聲請假扣押強制執行事：

一、強制執行之內容：

就債務人所有財產於新臺幣〇元之範圍內予以假扣押。

二、執行名義：

貴院〇年度（司）裁全字第〇號假扣押裁定正本。並向〇〇法院辦理提供擔保完畢（提存案號：〇年存字第〇號）。

三、執行標的：（載明擬查封的項目，包括執行標的物及其所在地）

證物名稱及件數：

一、〇〇法院〇年度〇字第〇號民事裁定正本。

二、提存收款書影本。

此 致

臺灣〇〇地方法院民事執行處　公鑒

中 華 民 國 ○ 年 ○ 月 ○ 日

具狀人　王○○　（簽名蓋章）
撰狀人　（簽名蓋章）

**【範例解說】**

1.聲請人必須在收到**准予假扣押裁定後30日內**聲請執行

強制執行法第132條（第3項）

債權人收受假扣押或假處分裁定後已逾三十日者，不得聲請執行。

**假扣押**是為了保全將來的強制執行，防止債務人藉機脫產而設的制度。如果債權人收受假扣押裁定後已超過30天，就不得聲請執行。

2.向管轄法院提出聲請執行書狀

債權人取得假扣押裁定並提供擔保後，〔民事聲請假扣押執行狀〕應隨狀檢附准予假扣押的民事裁定正本、已辦理提存的證明以及查封債務人財產證明等資料，向擬查封的債務人財產所在地管轄法院的**民事執行處**提出聲請。《強制執行法》第7條參照。

3.繳納執行費

執行費是按標的金額或價額的千分之8計算。但執行標的金額或價額未滿新臺幣5,000元者，**免繳執行費**。

4.法院收狀後的處理

法院收到〔民事聲請假扣押執行狀〕後，會視書狀內容執行查封或發扣押命令、禁止處分命令或與債務人聯繫執行日期等事宜。為求速效，整個假扣押執行事件，大約在債權人提出聲請後的一到兩星期內處理完結。

## 五、債務人要如何請求法院撤銷假扣押裁定？

有下列情形之一者，債務人得向法院聲請撤銷假扣押裁定：

### （一）債務人可提供反擔保

債務人可依法院〔假扣押裁定〕主文內所定金額提供擔保，也可將相當於債權人請求的金額提存到法院提存所後，向法院聲請免爲假扣押或撤銷假扣押的裁定。

民事訴訟法第527條

假扣押裁定內，應記載債務人供所定金額之擔保或將請求之金額提存，得免為或撤銷假扣押。

### （二）請求假扣押的法院應命債權人限期起訴

當債務人知道自己的財產被假扣押後，爲了確保債務人的權益，兼以確認債權人的權利是否存在，法律也賦予債務人可向命假扣押的法院，聲請命債權人**限期起訴**的權利。

換言之，假如債權人不於法院所定期間內提起訴訟，債務人便可向法院聲請撤銷〔假扣押裁定〕。

民事訴訟法第529條（第1項）

本案尚未繫屬者，命假扣押之法院應依債務人之聲請，命債權人於一定期間內起訴。

讀者除可參考以下的範例填寫外，亦可透過【司法院全球資訊網】下載填寫。

**民事聲請限期起訴狀範例**

民事聲請限期起訴狀

案號：　年度　字第　號　（免填）　承辦股別：　（免填）

訴訟標的金額或價額：新臺幣○元

聲 請 人 李○○　身分證字號　性別　生日

（即債務人）　住址　電話

相 對 人 王○○　身分證字號　性別　生日

（即債權人）　住址　電話

為聲請命相對人於一定期間內起訴事：

相對人前向貴院聲請假扣押聲請人的財產，經貴院以○年度○字第○號裁定，將聲請人之財產在新臺幣○元之範圍內假扣押查封在案，但相對人尚未向法院提起本案訴訟。為此依民事訴訟法第 529條規定，聲請貴院裁定命其於一定期間內起訴。

證物名稱及件數：

此 致

臺灣○○地方法院　公鑒

中 華 民 國 ○ 年 ○ 月 ○ 日

具狀人　李○○　（簽名蓋章）
撰狀人　（簽名蓋章）

### （三）假扣押的原因消滅或其他命假扣押的情事有變更時

當假扣押的原因消滅時，債務人便可聲請法院撤銷假扣押裁定。**假扣押裁定**經法院**裁定撤銷確定**後，債務人亦可提出**裁定正本**聲請撤銷假扣押的執行，從而回復到未執行前的狀態。《民事訴訟法》第530條第1項、第3項參照。

## 五、撤銷假扣押與領回擔保金

### （一）車禍糾紛已解決，當事人要如何撤銷假扣押？

當事人可具狀向法院聲請撤銷假扣押。讀者除可參考以下的範例填寫外，亦可透過【司法院全球資訊網】下載填寫。

**民事聲請撤銷假扣押狀範例**

民事聲請撤銷假扣押狀

案號： 年度 字第 號 （免填） 承辦股別： （免填）

訴訟標的金額或價額：新臺幣○元

聲 請 人 ○○○　　身分證字號　　性別　　生日

（即債權人／債務人）住址　　電話

為聲請撤銷假扣押裁定事：

聲請人與○○○間假扣押事件，前經貴院以○年度○字第○號裁定准許在案。因債務業已清償（雙方已經和解．調解成立），假扣押的原因消滅。為此依民事訴訟法第530條第1項（債務人聲請）／第3項（債權人聲請）規定，聲請貴院撤銷該裁定。

此 致

臺灣○○地方法院　公鑒

證物名稱及件數：和（調）解書

中 華 民 國 ○ 年 ○ 月 ○ 日

具狀人 ○○○　　（簽名蓋章）

撰狀人　　（簽名蓋章）

### （二）車禍糾紛已解決，當事人要如何領回擔保金？

當車禍糾紛是透過和（調）解程序解決時，當初提供擔保聲請假扣押的原因已不存在，因此債權人（此指供擔保人）可請債務人開立**同意書**後，向法院提存所領回**擔保金**。如果是〔訴訟上和解〕，債權人應當庭請法官將債務人同意債權人領回擔保金的意旨記明**筆錄**，以作為領回擔保金的依據。《民事訴訟法》第104條第1項第1款、第2款參照。

讀者除可參考以下的範例填寫外，亦可透過【司法院全球資訊網】下載填寫。

**民事聲請返還擔保金狀範例**

民事聲請返還擔保金狀

案號： 年度 字第 號 （免填） 承辦股別： （免填）

訴訟標的金額或價額：新臺幣○元

| 聲 請 人 ○○○ | 身分證字號 | 性別 | 生日 |
| --- | --- | --- | --- |
| | 住址 | 電話 | |
| 相 對 人 ○○○ | 身分證字號 | 性別 | 生日 |
| | 住址 | 電話 | |

為聲請裁定返還擔保金事：

一、聲請人與相對人間損害賠償事件（貴院○年度○字第○號），業經判決確定。聲請人前曾依貴院○年度○字第○號假扣押／假處分裁定／免／假執行判決，提供擔保物新臺幣○元（○年度存字第○號）。

二、由於□應供擔保之原因業已消滅，□受擔保利益人同意返還，□聲請人已於訴訟終結後定 20 日以上之期間催告相對人行使權利而其未行使，為此檢附相關證明，依民事訴訟法第104條第1項規定，聲請貴院裁定准予返還該擔保金。

證物名稱及件數：

判決書影本、判決確定證明書、假扣押／假處分裁定影本、同意書、印鑑證明、提存書影本及郵局存證信函各乙件。

此 致

臺灣○○地方法院　公鑒

中 華 民 國 ○ 年 ○ 月 ○ 日

具狀人　○○○　　　（簽名蓋章）
撰狀人　　　　　　　（簽名蓋章）

聲請假扣押的債權人如果是因本案獲得**勝訴判決確定**的情形時，因債權人的請求業已得到法院確認，因此債權人可檢附判決書、確定證明書、假扣押聲請狀（以上均爲影本）連同取回提存物聲請書向提存所聲請領回擔保金。

接著憑法院的〔判決書〕和〔確定證明書〕正本，聲請法院調卷拍賣假扣押標的物，原先的「**假**」扣押就成了「**眞**」扣押，債權人便可就該標的物拍賣所得的價金取償，終局地實現債權人的權利。

# 第十二節　淺談車禍賠償的強制執行

## 一、什麼是執行名義？

執行名義，是指法律上有權利的人，可以用來向法院聲請強制執行的依據，也就是表彰權利人在法律上對義務人所具有的權利及其範圍的公文書。

## 二、執行名義的種類？

依《強制執行法》第4條的規定，執行名義計分6類。

強制執行法第4條（第1項）

強制執行，依左列執行名義為之：

一、確定之終局判決。

二、假扣押、假處分、假執行之裁判及其他依民事訴訟法得為強制執行之裁判。

三、依民事訴訟法成立之和解或調解。

四、依公證法規定得為強制執行之公證書。

五、抵押權人或質權人，為拍賣抵押物或質物之聲請，經法院為許可強制執行之裁定者。

六、其他依法律之規定，得為強制執行名義者。

以上6款〔執行名義〕在車禍糾紛處理上，較常出現的有**確定的終局判決**（例如**小額訴訟**或**簡易訴訟**的確定判決）、**假扣押的裁判**、依《民事訴訟法》成立的**和解**或**調解**以及其他依法律規定，得爲強制執行名義者，例如**支付命令的裁定**或調解委員會依《鄉鎮市調解條例》作成經**法院核定的調解書**。

## 三、如何聲請強制執行？

### （一）查報債務人財產

債權人可持〔執行名義〕去戶政機關申請債務人（此指車禍肇事者及其他應連帶負賠償責任之人）的戶籍謄本；債務人爲公司時，則要申請該公司的公司登記事項卡及其法定代理人的戶籍謄本。再向財稅中心或稅捐機關繳納規費（依查報人數每件收取新臺幣500元）後，調閱債務人的財產及所得資料。視債務人有無動產（例如郵局或銀行的存款、有價證券等）、不動產（例如房屋、土地）或其他所得（例如工作薪資、租金收入）來決定要聲請查封的標的。

強制執行法第19條（第1項）

執行法院對於強制執行事件，認有調查之必要時，得命債權人查報，或依職權調查之。

註：債務人有沒有財產可供強制執行？或是有什麼財產可供強制執行？法院可依職權逕行調查，也可命債務人據實報告。但實務上大多數都必須由債權人自行透過管道查報給法院。

### （二）到何處聲請強制執行？

債權人查報到債務人的財產後，要到**法院民事執行處**提出強制執行的聲請。《強制執行法》第1條第1項參照。

### （三）到何處的法院聲請強制執行？

債權人查報到債務人的財產後，要向**該財產**（即**執行標的物**）**所在地**的法院民事執行處提出強制執行的聲請。《強制執行法》第7條第1項、第2項參照。

### （四）提出聲請強制執行狀

〔民事聲請強制執行狀〕，讀者可透過【司法院全球資訊網】下載填寫。

### （五）提出證明文件（執行名義）

例如聲請人持有的〔執行名義〕是法院的**判決書**，那麼就要提出**判決正本**並**判決確定證明書**或**各審級之判決正本**。由於法院不會主動核發〔判決確定證明書〕給當事人，因此必須另向法院提出聲請。

讀者除可參考以下的範例填寫外，亦可透過【司法院全球資訊網】下載填寫。

**民事聲請判決確定證明書狀範例**

民事聲請判決確定證明書狀

案號： 年度 字第 號　　　承辦股別：

訴訟標的金額或價額：新臺幣○元

聲 請 人 ○○○　　身分證字號　　性別　　生日

住址　　電話

為聲請付與判決確定證明書事：

一、聲請人與○○○間損害賠償事件（○年度○字第○號），業經臺灣○○法院判決確定。

二、依民事訴訟法第399條第1項規定，聲請貴院付與該判決確定證明書。

證物名稱及件數：

臺灣○○法院○年度○字第○號民事判決書乙件。

此 致

臺灣○○地方法院　公鑒

中 華 民 國○年○月○日

具狀人 ○○○　　　(簽名蓋章)
撰狀人　　　　　　(簽名蓋章)

## 四、如何聲請強制執行債務人的薪水？

債務人如有正當工作，理應有固定收入（例如公司付給員工的薪資），那麼債務人的**薪資**也可以成爲強制執行的標的。只要查報到債務人有薪資所得，債權人不僅可向第三人（即債務人的收入來源）請求執行法院核發**扣押命令**，禁止債務人收取；也可請求執行法院核發**支付轉給命令**，命該第三人將債務人的薪水轉由債權人來收取。

債權人要如何透過執行法院具狀聲請向第三人扣押並收取債務人的薪資？讀者除可參考以下的範例塡寫外，亦可透過【司法院全球資訊網】下載塡寫。

### 民事聲請強制執行狀範例（執行債務人薪資）

民事聲請強制執行狀

案號：（免填）　　　　承辦股別：（免填）

訴訟標的金額或價額：新臺幣○元

聲 請 人 王○○　身分證字號　性別　生日
（即債權人）　住址　電話
債 務 人 李○○　身分證字號　性別　生日
　住址　電話

第 三 人 ○○有限公司 公司統編

事務所或營業所　電話

為聲請准許逕向第三人收取為強制執行事：

一、聲請強制執行之內容：

（一）債務人應給付債權人新臺幣○元及自民國○年○月○日起至清償日止，按週年利率百分之五計算利息。

（二）執行費用由債務人負擔。

二、執行名義：

臺灣○○地方法院○年度○字第****號確定判決（請依實際執行名義記載）。

三、執行標的及方法：

債務人現任職於第三人○○有限公司處，每月應領薪水約新臺幣○元，請在該薪水○分之○的範圍內予以扣押，並准由債權人自○年○月份起按月逕向第三人收取，以資清償。

此 致

臺灣○○地方法院民事執行處　公鑒

證物名稱及件數

1.臺灣○○地方法院○年度○字第○號民事判決及判決確定證明書乙件 2.○○有限公司基本資料乙件

中 華 民 國 ○ 年 ○ 月 ○ 日

具狀人　王○○　（簽名蓋章）

撰狀人　（簽名蓋章）

【範例說明】

1. **第三人**，有可能是公司企業或獨資商號，也可能是政府機關，視債務人任職或服務的場所而定。

2. 本範例是以債務人任職私人公司為例，**有關執行標的及方法**，債權人可依實際查報所得資料，具體描述債務人任職或服務的場所。至於債權人要向第三人扣押並收取債務人薪資（註）的具體寫法，則可參照本範例的內容來寫。

   註：實務上，一般是在債務人薪水的3分之1範圍內進行查扣。

3. 證物名稱及件數

   **第三人**是公司或獨資商號時，債權人可透過經濟部〔全國商工行政服務入口網〕網站，輸入統一編號或公司、商號的名稱來查詢其登記或公示的相關基本資料。

## 五、債權憑證

### （一）什麼是債權憑證？

債權憑證，是法院民事執行處所核發的公文書，也是表彰債權人對於債務人享有債權的證明文件。

當債權人債權未受清償或僅部分受到清償時，如果債務人再無財產可供強制執行或是債權人查報不到債務人財產，且債務人也沒有存款或其他收入來源，債權人就只能向法院聲請發給〔債權憑證〕。《強制執行法》第27條參照。

### （二）如何聲請債權憑證？

債權人應向債務人的住、居所、公務所、事務所、營業所所在地的法院提出聲請。讀者除可參考以下的範例填寫外，亦可透過【司法院全球資訊網】下載填寫。

**民事聲請核發債權憑證狀範例**

民事聲請核發債權憑證狀

案號：（免填）　　　　　承辦股別：（免填）

訴訟標的金額或價額：新臺幣○元

| 聲 請 人 王○○ | 身分證字號 | 性別 | 生日 |
|---|---|---|---|
| （即債權人） | 住址 | 電話 | |
| 債 務 人 李○○ | 身分證字號 | 性別 | 生日 |
| | 住址 | 電話 | |

為聲請核發債權憑證事：

○年度○字第○號，債務人李○○無財產可供執行（所有財產經強制執行後所得之數額仍不足清償債務），聲請人王○○依強制執行法第27條規定，聲請核發債權憑證。

證物名稱及件數

臺灣○○地方法院○年度○字第○號民事判決及判決確定證明書乙件

此 致

臺灣○○地方法院民事執行處　公鑒

中 華 民 國 ○ 年 ○ 月 ○ 日

具狀人　王○○　　（簽名蓋章）

撰狀人　　　　　　（簽名蓋章）

## （三）債權憑證與時效的關係

民法第125條

請求權，因十五年間不行使而消滅。但法律所定期間較短者，依其規定。

時效有長有短，這裡所說的**時效**，是指消滅時效。一般請求權的消滅時效是15年。但不是所有的請求權時效都這麼長，也有5年或2年的短期時效。一旦時效完成，債務人就有主張**拒絕給付**的權利。《民法》第144條第1項參照。

由於法院核發的〔債權憑證〕並非永久有效，債權人如果要確保自身的權益，應設法中斷時效的進行。因爲時效會因聲請強制執行而中斷，所以債權人每次在時效即將完成前，就必須再次向法院聲請強制執行債務人的財產；或是在查無債務人財產的情況下，向法院**聲請換發**〔債權憑證〕來中斷時效，以免〔債權憑證〕因罹於時效而消滅。

民法第137條（第1項、第2項、第3項）

時效中斷者，自中斷之事由終止時，重行起算。（第1項）

因起訴而中斷之時效，自受確定判決，或因其他方法訴訟終結時，重行起算。（第2項）

經確定判決或其他與確定判決有同一效力之執行名義所確定之請求權，其原有消滅時效期間不滿五年者，因中斷而重行起算之時效期間為五年。（第3項）

債權人經由確定判決或其他與確定判決有同一效力之〔執行名義〕（例如調解會做成經法院核定的調解書）所確定的請求權，如果原有消滅時效的期間**不滿五年**時，因中斷而重行起算的時效期間爲**五年**。

車禍衍生侵權行爲損害賠償請求權的時效，是自請求權人知有損害及賠償義務人時起，**二年間**不行使而消滅，也就是前面所說屬於原有消滅時效**不滿五年**的情形。所以債權人因車禍事件而取得的〔債權憑證〕，適用的也是**5年短期時效**，因此債權人每5年就要換發〔債權憑證〕一次，才能使債權憑證的時效一直延續下去。《民法》第197條第1項參照。

### （四）如何聲請換發債權憑證？

債權人可拿〔執行名義〕或是〔債權憑證〕向法院聲請執行，載明債務人現無財產可供執行，聲請**逕行換發**〔債權憑證〕即可。

〔民事聲請換發債權憑證狀〕，讀者除可參考以下的範例填寫外，亦可透過【司法院全球資訊網】下載填寫。

### 民事聲請換發債權憑證狀範例

民事聲請換發債權憑證狀

案號：（免填）　　承辦股別：（免填）

訴訟標的金額或價額：新臺幣○元

| 聲請人 王○○ | 身分證字號 | 性別 | 生日 |
|---|---|---|---|
| （即債權人） | 住址 | 電話 | |
| 債務人 李○○ | 身分證字號 | 性別 | 生日 |
| | 住址 | 電話 | |

為聲請換發債權憑證事：

○年度○字第○號，債務人李○○無財產可供執行，且時效即將到期，請准予換發債權憑證，以保債權。

證物名稱及件數：臺灣○○地方法院債權憑證正本乙件

此 致

臺灣○○地方法院 民事執行處　公鑒

中 華 民 國 ○ 年 ○ 月 ○ 日

具狀人　王○○　　　（簽名蓋章）

撰狀人　　　　　　　（簽名蓋章）

第四篇

# 車禍的保險理賠

**人生意外！無所不在。**

車禍會造成人員死傷與財產損害，爲了分散及管控車禍帶來的風險，於是有了車禍保險的概念與相關保險商品。不論是**強制險**或**任意險**，當事人經由保險以達分散車禍造成的損害，不僅可減輕肇事者賠償的負擔，被害人也可迅速獲得理賠。

實務上，有保險公司派員協助當事人進行和解或調解的場合，車禍糾紛大多能朝更有效率的方向解決。可見保險理賠在車禍糾紛的處理上，的確扮演著相當重要的角色。

因此，有關**車禍的保險理賠**，除以〔強制險的理賠〕及〔任意險的理賠〕兩個專章爲讀者說明外，對於〔財團法人汽車交通事故特別補償基金〕在車禍事件中扮演的角色，本文也特別以專章加以介紹。

# 第一章　強制險的理賠

## 第一節　強制險簡介

### 一、什麼是強制險？

強制險，是強制汽車責任保險的簡稱，是國家基於政策的考量制定了《強制汽車責任保險法》，規定**汽、機車所有人**必須投保的**責任保險**，未依規定投保時，國家可依法處罰。

強制汽車責任保險法第6條（第1項前段）

應訂立本保險契約之汽車所有人應依本法規定訂立本保險契約。

### 二、爲什麼要投保強制險？

#### （一）有投保時：分散風險

對於現今社會大衆而言，汽、機車早已是許多人出門必備的交通工具，說它是民生必需品也不爲過。當肇事車輛有投保〔強制險〕時，車禍被害人便可檢附醫療單據向保險公司申辦〔強制險〕給付，在車禍肇事責任尚未釐清前，〔強制險〕的給付提供了被害人必要且適時的援助，實屬必要而有益。

#### （二）未投保時：依法處罰

〔強制險〕既然具有分散風險、理賠迅速的功能，因此汽、機車車主必須依法投保，如果沒有投保或保險過期未再投保的話，國家就可依法處以罰鍰，因此車主們千萬不要心存僥倖而不投保。《強制汽車責任保險法》第49條第1項參照。

# 第二節　哪些人可以申請強制險給付？

## 一、車禍造成被害人體傷或失能時：被害人

**強制汽車責任保險法第7條**

因汽車交通事故致受害人傷害或死亡者，不論加害人有無過失，請求權人得依本法規定向保險人請求保險給付或向財團法人汽車交通事故特別補償基金（以下簡稱特別補償基金）請求補償。

**強制汽車責任保險法第11條（第1項）**

本法所稱請求權人，指下列得向保險人請求保險給付或向特別補償基金請求補償之人：

一、因汽車交通事故遭致傷害者，為受害人本人。（第1款）

二、因汽車交通事故死亡者，為受害人之遺屬；其順位如下：（第2款）

（一）父母、子女及配偶。

（二）祖父母。

（三）孫子女。

（四）兄弟姐妹。

〔強制險〕採無過失責任制，不論肇事者有無過失（註），被害人因車禍**受傷**或**失能**，都可以申請給付。《強制汽車責任保險法》第11條第1項第1款參照。

註：〔強制險〕採**無過失責任制**的立法，是考量被害人將來在法律上可能有舉證上的困難，加上肇事者若是脫產或無錢可賠時，將造成被害人求償無門的不合理情況。因此車禍造成被害人死傷時，不論肇事者有無過失，被害人或其他請求權人均可依法請求強制險的理賠。

## 二、車禍造成被害人死亡時：被害人遺屬

被害人因車禍而死亡，其遺屬可以申請理賠。第一順位是被害人的父母、子女及配偶；第二順位至第四順位依序分別爲祖父母、孫子女及兄弟姐妹。《強制汽車責任保險法》第11條第1項第2款參照。

申請〔強制險〕給付並不需要經過肇事者的同意。被害人或其遺屬可直接向肇事車輛投保的保險公司提出申請，就算被害人在車禍中與有過失，也不會影響其申請的權利。

### 【車禍解疑雜惑店】

**車輛駕駛人在車禍中受傷，可不可以申請強制險理賠？**

在**單一交通事故**（註1）中，汽、機車駕駛本身是傷者的情況下，因爲駕駛並非《強制汽車責任保險法》所規定的**第三人**。所謂的**第三人**，指的是汽、機車上的乘客（註2）或車外的第三人（例如路人或其他車輛的駕駛），所以駕駛**不能**向自己車輛投保的保險公司申請〔強制險〕給付。

註1：單一交通事故，是指只有單獨一輛汽車（機車）所造成的交通事故。例如因自摔、自撞而造成駕駛（騎士）自己受傷的交通事故。

註2：除了駕駛本人車上的乘客外，也包括其他車輛的乘客。

強制汽車責任保險法第13條

本法所稱汽車交通事故，指使用或管理汽車致乘客或車外第三人傷害或死亡之事故。

如果車禍是發生在兩輛以上汽（機）車的交通事故中，且雙方車輛都有投保〔強制險〕時，那麼車禍中受傷的駕駛雖然不能向自己投保的保險公司提出〔強制險〕的申請，但仍可各自向對

方投保的保險公司申請。

例如甲開車載乘客A，乙騎車載乘客B，雙方在路上發生車禍，造成甲、A、乙、B均受有體傷。若甲、乙駕駛的車輛都有投保〔強制險〕，那麼乘客A、B要向甲或乙車輛投保的保險公司申辦皆可，但甲只能向乙機車投保的保險公司申請〔強制險〕，乙也只能向甲汽車投保的保險公司申請〔強制險〕。此外，當事人雙方車輛投保的〔強制險〕如果剛好都是同一家保險公司時，不僅不會有不能申請〔強制險〕的問題，反而保險公司在理賠給付上，應該會更方便、更有效率才是。

## 【車禍解疑雜惑店】

### 申請強制險給付要在多久期限內提出？

車禍事故發生後，請求權人（指被害人或死亡被害人的遺屬）**自車禍發生之日起，兩年內**都可向保險公司申請〔強制險〕給付。如果被害人須接受長期治療，只要將醫療單據累積至一定數量後，在期限內提出申請即可，不需要每拿到一張醫療單據就申請一次，這樣也比較省事。

強制汽車責任保險法第14條（第1項）

請求權人對於保險人之保險給付請求權，自知有損害發生及保險人時起，二年間不行使而消滅。自汽車交通事故發生時起，逾十年者，亦同。

# 第三節　何種行爲造成的車禍，強制險不予給付？

## 一、故意行爲所造成的車禍，強制險不予理賠

例如車禍被害人故意衝向馬路給車撞；或是爲了詐領保險金而刻意製造假車禍的情形，〔強制險〕都不予理賠。

## 二、從事犯罪行爲所造成的車禍，強制險不予理賠

例如被害人因**搶劫**（此爲犯罪行爲）路人的皮包，在逃離現場過程中被其他車輛撞傷；或因**吸毒**（此爲犯罪行爲）導致神志不清而跑到馬路上被車撞傷，〔強制險〕都不予理賠。

強制汽車責任保險法第28條（第1項）

受害人或其他請求權人有下列情事之一，致被保險汽車發生汽車交通事故者，保險人不負保險給付責任：

一、故意行為所致。

二、從事犯罪行為所致。

# 第四節　保險公司因何種行爲造成的車禍，可向被保險人行使代位權求償？

- 酒駕、毒駕
- 故意行為、犯罪行為或逃避合法拘補
- 違反《道路交通管理處罰條例》第21條或第21條之1規定而駕車

有上述行爲之一所造成的車禍，保險公司將保險金給付被害人或其他請求權人後，自保險給付之日起兩年內，保險公

司都可依法向被保險人行使**代位權**求償。換言之，保險公司可「代」被害人或其他請求權人的「位」，將已給付的保險金轉向被保險人（註）討回來。《強制汽車責任保險法》第29條參照。

註：被保險人，就是指經保險公司承保的要保人及經該要保人同意使用或管理被保險汽車之人。《強制汽車責任保險法》第9條第1項參照。

保險公司依法行使代位權求償，實務上最常見的就是**酒駕肇事**造成其他無辜用路人死傷的情形。

實務上，酒駕肇事者與被害人達成車禍和（調）解時，通常會在和（調）解內容要求記明「被害人同意不另向保險公司申辦強制險理賠」或加註「賠償金額已包含強制責任險」。

肇事者的目的就是不希望被害人在和（調）解後，又去向保險公司申辦〔強制險〕給付，免得日後保險公司又回頭向肇事者行使代位權求償。

## 第五節　強制險理賠的項目與給付的金額

〔強制險〕的理賠項目依《強制汽車責任保險法》第27條第1項的規定，主要有下列三種，而且都是採定額給付制。

- 傷害醫療費用給付 ／頁301
- 失能給付 ／頁303
- 死亡給付 ／頁304

## 一、傷害醫療費用給付

傷害醫療費用給付以必須且合理的實際支出爲原則，每一被害人每一事故的傷害醫療費用給付金額上限爲新臺幣20萬元／人。

給付的項目包括：1.急救費用 2.診療費用 3.接送費用 4.看護費用。每個給付的項目還有細項，且都有理賠金額的上限。請參閱〔強制汽車責任保險傷害醫療費用給付標準參考表〕。

## 強制汽車責任保險傷害醫療費用給付標準參考表

<table>
<tr><th>理賠項目</th><th colspan="2">傷害醫療費用給付</th></tr>
<tr><td>理賠金額</td><td colspan="2">最高新臺幣（下同）20萬／每人</td></tr>
<tr><td>理賠細目</td><td colspan="2">1.急救費用：<br>指救助搜索費、救護車及隨車醫護人員費用。<br>2.診療費用：<br>（1）被害人以全民健康保險（下稱健保）的被保險人診療者，包括下列：<br>①健保法所規定給付範圍的項目及被害人依法應自行負擔的費用（自付額）。<br>②非健保法所規定給付範圍的項目，以病房費差額、掛號費、診斷證明書費、膳食費、自行負擔的義肢器材及裝置費、義齒或義眼器材及裝置費用、其他經醫師認為治療上必要的醫療材料（含輔助器材費用）及非具積極治療性的裝具所需費用為限。<br>（2）被害人非以健保的被保險人診療者，其診療費用不得高於衛生福利部所訂健保自墊醫療費用核退辦法規定急診、門診治療日或出院日前一季的平均費用標準。但請求權人就其全部診療費用，提供該健保給付項目及費用的證明文件時，得按被害人以健保的被保險人診療者的規定核付。<br>3.接送費用：<br>指被害人於合格醫療院所，因往返門診、轉診或出院的合理交通費用（2萬元為限）。<br>4.看護費用：<br>指被害人於住院期間因傷情嚴重所需的特別護理費及看護費等。但居家看護以經合格醫師證明確有必要者為限（每日以1,200元為限，但不得逾30日）。</td></tr>
<tr><th>理賠單位</th><th>保險公司</th><th>特別補償基金</th></tr>
<tr><td>理賠條件</td><td>1.肇事車輛確定<br>2.已投保本保險</td><td>1.肇事車輛逃逸<br>2.肇事車輛未投保本保險<br>3.肇事車輛之保險公司倒閉</td></tr>
<tr><td>必備文件</td><td>1.理賠申請書。（表格由保險公司提供）<br>2.請求權人身分證明。<br>3.警察機關處理證明文件。<br>4.合格醫師開立的診斷書及相關病歷資料。<br>5.合格醫療院所開立的醫療費用收據正本或蓋有與正本相符之收據影本。</td><td>1.汽車交通事故特別補償基金申請書（表格由特別補償基金提供）。<br>2.請求權人身分證明文件。<br>3.警察機關處理證明文件。<br>4.合格醫師開立的診斷書及相關病歷資料。<br>5.合格醫療院所開立的醫療費用收據正本或蓋有與正本相符之收據影本。</td></tr>
</table>

| 必備文件 | 6.同意查閱病歷聲明書。 | 6.同意查閱病歷聲明書。<br>7.未獲有損害賠償義務人賠償之聲明書（表格由特別補償基金提供）<br>8.汽車交通事故特別補償基金收據暨代位權告知書（表格由特別補償基金提供）。<br>9.如經法院民、刑事判決或和（調）解者或經鄉鎮市調解委員會調解者，應檢附判決書、和（調）解筆錄或和（調）解書影本。<br>10.其他有利於代位求償的證據及文件。 |
|---|---|---|

## 二、失能給付

失能給付依失能等級區分爲15級，給付金額最少爲4萬元／人；給付金額最多爲200萬元／人，須視鑑定後的失能等級而定。失能給付與傷害醫療給付可一併申請。換言之，〔傷害醫療給付〕加〔失能給付〕的最高給付金額爲220萬元。

### 強制汽車責任保險各等級失能程度之給付標準參考表

| 理賠項目 | 失能給付 | |
|---|---|---|
| 理賠金額 | 新臺幣（下同）5萬～200萬元／每人 | |
| 理賠細目 | 1.第一等級：200萬元<br>2.第二等級：167萬元<br>3.第三等級：140萬元<br>4.第四等級：123萬元<br>5.第五等級：107萬元<br>6.第六等級：90萬元<br>7.第七等級：73萬元<br>8.第八等級：60萬元 | 9.第九等級：47萬元<br>10.第十等級：37萬元<br>11.第十一等級：27萬元<br>12.第十二等級：17萬元<br>13.第十三等級：10萬元<br>14.第十四等級：7萬元<br>15.第十五等級：5萬元<br>※失能程度分為十五等級 |
| 理賠單位 | 保險公司 | 特別補償基金 |
| 理賠條件 | 1.肇事車輛確定<br>2.已投保本保險 | 1.肇事車輛逃逸<br>2.肇事車輛未投保本保險<br>3.肇事車輛之保險公司倒閉 |

<table>
<tr><td>必備文件</td><td>1.理賠申請書。<br>（表格由保險公司提供）<br>2.請求權人身分證明。<br>3.警察機關處理證明文件。<br>4.得開具失能等級層級之醫院或醫師所開立的診斷書及相關病歷資料。<br>5.同意複檢聲明書。</td><td>1.汽車交通事故特別補償基金申請書（表格由特別補償基金提供）。<br>2.請求權人身分證明文件。<br>3.警察機關處理證明文件。<br>4.得開具失能等級層級之醫院或醫師所開立的診斷書及相關病歷資料。<br>5.同意複檢聲明書（表格由特別補償基金提供）。<br>6.未獲有損害賠償義務人賠償之聲明書（表格由特別補償基金提供）<br>7.汽車交通事故特別補償基金收據暨代位權告知書（表格由特別補償基金提供）。<br>8.如經法院民、刑事判決或和（調）解者或經鄉鎮市調解委員會調解者，應檢附判決書、和（調）解筆錄或和（調）解書影本。<br>9.其他有利於代位求償的證據及文件。</td></tr>
</table>

## 三、死亡給付

死亡給付的上限是200萬元／人，也可與﹝傷害醫療費用給付﹞合併申請，也就是﹝傷害醫療費用給付﹞加﹝死亡給付﹞的最高給付金額是220萬元。可是被害人如果是**先殘後死**的話，﹝死亡給付﹞仍然是200萬元，只是必須扣除先前已理賠的﹝失能給付﹞金額。

由以上說明可知，﹝強制險﹞在給付的人數上並沒有上限的規定，理賠金額是以每一位被害人爲單位，**不是**以每件車禍爲單位。所以一件車禍如果造成兩人以上死亡的結果，那麼每位死者都可獲得200萬元的﹝死亡給付﹞，而不是每人給付100萬元，﹝傷害醫療費用給付﹞與﹝失能給付﹞亦同。

目前〔強制險〕的理賠金額雖然歷經數次調升，但與其他同樣有實施〔強制險〕的國家相比，我國目前〔強制險〕給付金額的上限是200萬元／人，這和國外〔強制險〕的給付金額動輒上千萬相比，其實還是有段相當大的差距。

## 強制汽車責任保險死亡給付申請參考表

| 理賠項目 | 死亡給付 | |
|---|---|---|
| 理賠金額 | 新臺幣200萬元／每人 | |
| 理賠單位 | 保險公司 | 特別補償基金 |
| 理賠條件 | 1.肇事車輛確定<br>2.已投保本保險 | 1.肇事車輛逃逸<br>2.肇事車輛未投保本保險<br>3.肇事車輛之保險公司倒閉 |
| 必備文件 | 1.理賠申請書。（表格由保險公司提供）<br>2.請求權人身分證明。<br>3.警察機關處理證明文件。<br>4.相驗屍體證明書或合格醫師開立之死亡證明書及相關病歷資料。<br>5.請求權人於被害人死亡後所申領的全戶戶籍謄本。 | 1.汽車交通事故特別補償基金申請書（表格由特別補償基金提供）。<br>2.請求權人身分證明文件。<br>3.警察機關處理證明文件。<br>4.死亡證明書、地方檢察署相驗屍體證明書及相關病歷資料或證明文件。<br>5.請求權人於被害人死亡後所申領的全戶戶籍謄本。<br>6.未獲有損害賠償義務人賠償之聲明書（表格由特別補償基金提供）<br>7.汽車交通事故特別補償基金收據暨代位權告知書（表格由特別補償基金提供）。<br>8.如經法院民、刑事判決或和（調）解者或經鄉鎮市調解委員會調解者，應檢附判決書、和（調）解筆錄或和（調）解書影本。<br>9.其他有利於代位求償的證據及文件。 |

## 第六節 車禍和（調）解內容記載含不含強制險的重要性

當車禍造成被害人受傷而肇事者願負起賠償責任時，賠償金額「**含不含強制險**」？對於車禍糾紛的解決相當重要！尤其是車禍造成被害人重傷失能，甚至死亡時，肇事者賠償的金額包不包含**強制險**的〔失能給付〕？包不包含〔死亡給付〕？以及「強制險是不是由失能的被害人或被害人死亡時，其他有請求權的人向保險公司申請理賠」？以上的內容有沒有白紙黑字明確地記載下來？對於糾紛能否眞正徹底解決至關重要。茲舉例說明如下：

假設乙開車不愼撞到路人甲，造成甲輕微受傷，醫療費用支出3萬元，外加精神賠償1萬元，合計金額4萬元。若乙開的車有投保**強制險**，雙方經過協商後，願各退一步，達成和解的內容如下：

乙願賠償甲新臺幣2萬元，並於和解書作成之日當場以現金一次交付甲收執，不另製據。

試問，和解內容沒有寫到賠償金額「**含不含強制險**」，這樣的和解內容算不算週延？如果被害人甲拿車禍醫療單據再去向乙車投保的保險公司申請**強制險**〔傷害醫療費用給付〕時，保險公司會怎麼回應？

實務上，保險公司認爲**強制險**的〔傷害醫療費用給付〕依法應先扣除肇事者給付被害人的賠償金後，如有剩餘，才會再就餘額給付被害人。《強制汽車責任保險法》第31條參照。

本案例的路人甲因車禍支出醫療費用3萬元，參考上開實務見解，保險公司在扣除甲乙雙方和解的賠償金額2萬元後，只會同意再給付甲1萬元。這樣的結果，顯然無法完全塡補甲因車禍所受的損害，對甲的保障確有不足。以下的和解內容，則是較爲週延的寫法：

乙願賠償甲新臺幣2萬元（不含強制險），並於和解書作成之日當場以現金一次交付乙方收執，不另製據。強制險由乙方自行向○○保險公司申辦理賠事宜。

此外，車禍和（調）解實務上，偶爾還會碰到內容較爲特殊的寫法，在此提供給讀者參考：

乙願賠償甲新臺幣2萬元（含113年2月10日前之強制險），並於113年2月10日和解書作成之日當場以現金一次交付甲收執，不另製據。113年2月10日後之強制險，由甲自行向○○保險公司申辦理賠事宜。」

上開和（調）解內容會這樣記載的原因，通常是車禍發生後到和（調）解成立前，被害人甲就已經向保險公司申請過強制險的給付。由於日後被害人還有回診或復健的醫療支出（例如車禍骨折一年後，還要回醫院手術拆除鋼釘），若賠償金額沒有以**預估**方式把這些將來才會產生的費用計算進去，雙方協商賠償金額時，就可參考這種寫法。（註）

註：會以日期區隔記載含不含〔強制險〕的給付，通常是車主有向保險公司加保**任意險**。當兩造進行和（調）解而保險公司有派員到場協助處理時，就可能會用到這樣的寫法，只不過實務上較不多見。

綜合以上說明，可知車禍造成人員傷亡時，和（調）解內容有沒有記載「**含不含強制險**」，確實相當重要！

## 【車禍解疑雜惑店】

**只有1份醫療單據，如果拿來申請強制險後，還有其他商業保險要申請理賠時，該怎麼辦？**

〔強制險〕的理賠可使用醫療單據副本，只要將醫療單據正本影印後，再拿影本請原來就診的醫療院所在醫療單據影本上加蓋醫院（診所）章即可。

# 第二章　任意險的理賠

## 第一節　任意險簡介

### 一、什麼是任意險？

任意險，是指車輛所有人視其實際需求而向保險公司購買的保險，也就是保險公司與要保人（通常是指汽、機車所有人）間，依雙方簽訂的契約而成立的保險。要不要簽？合約要怎麼訂？基於契約自由原則，保險公司與要保人可自行決定，所以稱之爲〔任意險〕。

### 二、任意險與強制險有何不同？

任意險採**過失責任制**，也就是有加保〔任意險〕的車主必須有肇事責任且依法須負賠償責任時，保險公司才會依約理賠。強制險則是採**無過失責任制**，亦即不論肇事者有無過失，只要車禍造成被害人體傷、失能或死亡，被害人或其遺屬都可向肇事車輛投保的保險公司申請給付。

此外，〔任意險〕是保險公司爲提供車主能享有更多保障，從而設計出各式的保險商品或服務，以因應市場上的需求。反觀〔強制險〕是社會保險的一環，不投保就依法處罰。保險公司只是配合國家的政策，提供理賠的服務而已。因此被害人申請〔強制險〕給付時，保險公司不能向被害人收取額外的費用。

再者，〔強制險〕只賠「**人**」，不賠車，當然也不給付車禍造成的其他財物損失。〔強制險〕不理賠財損的部分，便可透過加保〔任意險〕的方式來補足。例如車主爲愛車加保〔車體損失險〕，便能享有一定額度的保障。一旦發生車禍且很幸運地僅只造成車損而無人傷亡時，肇事車主經由保險公司理賠的服務，便可省下一筆爲數可觀的修車費用。

## 三、加保任意險的重要性

### （一）爲了分散風險與控管風險

〔強制險〕僅能提供被害人最基本的保障，加保〔任意險〕，除了可以填補〔強制險〕的不足外，肇事者有了〔任意險〕的支撐，在面對**高額賠償**的壓力下，經濟上與心理上的負擔也會相對減輕許多。

不僅從事交通運輸的業者（例如客、貨運業者）或個人（例如計程車司機）有加保〔任意險〕的需要，就連一般汽、機車所有人或多或少也都需要加保〔任意險〕，只要你有騎車或開車上路的需要，強烈建議最好透過加保〔任意險〕來分散與控管發生車禍的風險，讓車禍造成的損害降至最低。

### （二）加保任意險的實益

汽、機車的〔任意險〕是產物保險市場上的一塊大餅，各家保險公司競爭相當激烈！客戶花錢買保險，就是看誰能提供最優質貼心的服務及最迅速的理賠。誰能做到最好，誰就能贏得客戶的信賴。當保險公司來年通知客戶續保或加保任意險時，自然就更可留住客戶的心。

實務上，當客戶發生車禍而需要保險公司提供協助時，保險公司通常會視客戶的需求，提供必要適切的服務。例如道路救援、派員至車禍現場協助處理、24小時免費專線諮詢等服務。許多保險公司甚至還能做到派員陪同客戶參與和解、調解或訴訟等程序，藉由保險公司專業人員的協助，以期儘速促成車禍糾紛的解決。

# 第二節　任意險的理賠原則

- 任意險是為了填補強制險的不足
- 任意險採過失責任制理賠
- 任意險是按過失比例理賠
- 任意險僅就民事部分理賠

## 一、任意險是爲了塡補強制險的不足

當〔強制險〕的給付不足以塡補車禍造成的損害時，就必須動用到〔任意險〕的理賠機制（註）。

註：某些損害輕微的車禍事件，如果肇事者覺得動用〔任意險〕來理賠，實在不划算的話，他也可以選擇從自己的口袋拿錢出來賠償被害人，免得出險後，來年保險公司將〔任意險〕的保費調高。

實務上，被害人因車禍造成死傷的結果，單憑〔強制險〕就能解決車禍糾紛的情形並不多見，因爲被害人還有其他不屬於〔強制險〕給付的項目（例如超過強制險給付上限的看護費、薪資損失、精神賠償等），因此賠償不足的部分，就有賴加保的〔任意險〕（例如**第三人責任險**）來塡補。

## 二、任意險採過失責任制理賠

〔任意險〕理賠採**過失責任制**，也就是有加保〔任意險〕的肇事者（保戶），必須有肇責且依法須負賠償責任時，保險公司才會依約理賠。如果這樣還不能塡補被害人車禍所受的損害，那麼剩下的或不屬於保險公司理賠的部分，就要由肇事者自己對被害人負賠償之責了。

## 三、任意險是按過失比例理賠

### （一）當保戶是肇事者，且應負全部肇責時

在肇事者應付全部肇事責任時，〔任意險〕的理賠較無爭議，保險公司在承保額度範圍內理當依約理賠。

### （二）當保戶是肇事者，且應負部分肇責時

如果車禍被害人**與有過失**，那麼保險公司會依據肇事者（保戶）與被害人間的肇責比例來理賠被害人。

#### ㊀肇事者與被害人同爲肇事主因時

肇事者與被害人同爲肇事主因，肇責比爲5：5，那麼保險公司在承保額度範圍內，只會就被害人所受損害負50%的理賠責任。

#### ㊁一方爲肇事主因，他方爲肇事次因時

當肇事者是肇事主因，被害人是肇事次因時，肇責比爲7：3，保險公司在承保額度範圍內，就要對被害人負70%的理賠責任。

當肇事者是肇事次因，被害人是肇事主因時，肇責比爲3：7，被害人要自行吸收7成的損害，因此保險公司在承保額度範圍內，只須對被害人負30%的理賠責任。

肇責比例與理賠金額息息相關，在肇事者應付全部肇責時，〔任意險〕的理賠較無爭議。但在被害人與有過失的情形下，肇責比例的認定可能會有爭議，當事人在協調過程中，恐怕會因認知上的落差而讓彼此的爭執更爲激烈！（註）

註：如果當事人或保險公司對於肇責比例的認定有疑義；又或者是對於賠償的項目或金額發生爭執時，通常保險公司的立場就是交由**法院公斷**。問題是這樣一來，被害人勢必會對肇事者（保戶）提出〔過失傷害〕的**刑事告訴**。隨著時間的經過，被害人、肇事者（保戶）

與保險公司三方人馬，也只能在後續的法律程序中繼續角力了。

## 四、任意險僅就民事部分理賠

〔任意險〕只理賠**民事**的部分，如果肇事者在車禍中另因行政義務的違反（例如闖紅燈而被警察開單告發）；或是被害人提告刑事過失傷害，肇事者被法院判處得易科罰金的拘役或有期徒刑時，保險公司並不理賠肇事者的**罰鍰**或**罰金**。

### 【車禍解疑雜惑店】

**車禍被害人從他處獲得保險理賠後，可否再向肇事者請求賠償？**

由於國人大多了解保險具有分散風險的功能，也知道保險是絕佳的避險工具，因此多會自費購買諸如意外險、醫療險等保險商品以求自保。所以被害人從**他處**獲得保險理賠這個問題，要看這個「他處」是指來自何處的保險給付而定：

**1. 保險是由被害人自費購買時**

被害人從他處獲得的保險理賠，如果是**自費購買**的保險，例如商業保險中的意外險、醫療險等，那麼保險公司就〔強制險〕有關傷害醫療、失能或死亡給付的金額就與被害人自費購買的保險商品理賠**無關**，也不影響被害人對肇事者請求損害賠償的權利。

**2. 保險是由肇事者自費購買時**

被害人從他處獲得的保險理賠，如果是來自肇事者自費加保的任意險，例如〔第三人責任險〕或〔乘客險〕等，保險公司理賠給付給被害人後，要一併計入到肇事者賠付給被害人的總賠償金額之中。換言之，被害人便不能重複再向肇事者請求。

# 第三節　任意險的種類

任意險的商品種類繁多，在此例舉與車禍較為相關的任意險商品，擇要說明如下：

## 一、第三人責任險

第三人責任險在所有〔任意險〕的商品中，是汽、機車駕駛最需要加保的險種。因為我們永遠無法預見車禍會在何時、何地發生？會撞到什麼人？更不能保證車禍造成他人傷亡時，自己一定沒有任何過失或肇責。要保人宜審慎評估自身需求及經濟能力，以決定加保〔第三人責任險〕的保額。

此外，加保〔第三人責任險〕時，最好是搭配〔傷害責任險〕與〔財損責任險〕一起。當投保的肇事車輛發生交通事故，造成第三人死傷或財損時，〔第三人責任險〕便可填補〔強制險〕的不足，針對賠償金額超過〔強制險〕給付上限或不屬於〔強制險〕給付的項目來理賠。

## 二、駕駛人傷害險

由於〔強制險〕不理賠汽、機車駕駛人，所以駕駛只能透過加保〔駕駛人傷害險〕來保障自己。包括**單一交通事故**（例如自撞、自摔）的車禍在內，一旦投保的車輛發生車禍而造成駕駛人（通常不會限定駕駛人必須是車主本人）受傷、失能，甚至死亡時，〔駕駛人傷害險〕都可理賠。

## 三、乘客險

乘客是〔強制險〕中所稱的**第三人**，在車禍事故中本就可以透過〔強制險〕給付來塡補損害，但〔強制險〕的保障如有不足時，還是需要加保乘客險來因應實際的需要。特別是以載客爲主的計程車司機或客運業者，最需要爲乘客的安全把關，加保〔乘客險〕是一項非常明智的抉擇。

## 四、車體損失險

車體損失險是用來保障車輛遭逢意外事故造成毀損時，車主能獲得理賠給付的保險。由於〔強制險〕只賠人，不賠車，因此〔車體損失險〕自有加保的必要。尤其是新車上路，你不去撞別人，別人也可能來撞你。如果撞壞的是別人的新車，甚至是高檔進口車，有時修理費用也是貴得嚇人！

因此保險公司便針對車主不同的需求，以車主有無自負額來區分，將〔車體損失險〕設計了包括**甲式**、**乙式**及**丙式**等各種不同的保險商品組合。一旦投保的車輛因車禍發生毀損滅失的情形時，車主應儘速通知保險公司派員勘估，不宜擅自送廠維修，以免日後又與保險公司發生理賠上的糾紛。

當車禍僅造成**單純車損**而車主有加保〔車體損失險〕處理方式也有所不同：

### （一）車主是被害人時

有加保〔車體損失險〕的被害車主可考慮向保險公司辦理出險，退出車禍後續的求償程序，讓保險公司把受損的車子先修好，由保險公司取得**代位求償權**，再讓保險公司自行去向肇事者求償。

### （二）車主是肇事者時

有加保〔車體損失險〕的肇事車主，可考慮向保險公司辦理出險，授權保險公司與被害車主協商修車及賠償相關事宜。

不論是透過和解或調解，肇事車主此時還是車禍的當事人，保險公司扮演的是協助解決車禍糾紛的角色，並不能取代肇事車主的地位。

## 第四節　有事去找我的保險公司談！合理嗎？

車禍發生後，有一種情況是被害人既期待又怕受傷害的互動模式，就是肇事者跟被害人說：「我買了保險，有事去找我的保險公司談……」。

言下之意，肇事者除了有投保〔強制險〕外，似乎還有加保〔第三人責任險〕的樣子。果真如此～對被害人來說自然是件好事，畢竟車禍發生後，〔強制險〕能給付的項目只限於醫療傷害、失能及死亡給付，且金額有限（醫療給付最高20萬元，失能、死亡最高給付200萬元）。如果有〔第三人責任險〕做後盾，當然有助於肇事者分散風險，也確保了被害人在車禍發生後，能透過保險公司獲得速效的理賠。

舉例來說，某甲為其自小客車投保了1000萬元的〔第三人責任險〕，某日因天雨視線不佳，開車途中不慎撞到了正在過馬路的長者，老先生送醫急救後不治身亡，肇事者某甲透過保險公司的協助，最終與被害人家屬以600萬元達成和解。這600萬元的保險金悉數由保險公司買單，肇事者某甲沒有再從口袋裡拿出一毛錢，這是真實發生過的案例。

如果沒有保險公司的協助，一般車禍當事人恐怕很難有資力能輕鬆應付自如。可見加保〔第三人責任險〕不僅有其必要性，而且保額自然是愈高愈好。當然保額愈高，相對地～保費也不便宜，車主決定加保前，自然要審慎評估、量力而為。

「我買了保險，有事去找我的保險公司談……」。這句話如果是發生在肇事者只有投保〔強制險〕的情況時，有說等於沒說。因爲〔強制險〕給付的項目、金額都有限制，不屬於〔強制險〕給付的項目或超過〔強制險〕給付金額的部分，肇事者一樣要負責到底。

再者，即便肇事者加保了〔第三人責任險〕，保險公司也未必在辦理出險時就照單全收喔！換言之，保費繳得不多，保額也只是一般般的話，一旦發生較嚴重的傷亡車禍，單憑〔強制險〕及額度不足的〔第三人責任險〕，仍可能不足以塡補被害人的損害，不足的部分，肇事者一樣要負責到底。

車禍涉及保險理賠的問題，可分從兩個面相觀察，一方面是**肇事者**與**被害人**間存在本質上對立的問題，也就是被害人希望獲賠的金額愈多愈好；肇事者則是希望賠付的金額愈少愈好。另一方面是**保險公司**與**保戶**（潛在肇事者）間存在的矛盾現象，也就是保戶希望保險公司的理賠愈多愈好；重信譽的保險公司雖未必認爲理賠能愈少愈好，但起碼是依其客觀的認知，依約（保險契約）負起理賠的責任。

此外，保險理賠實務中，要成爲一名精明幹練的理賠人員也不是件容易的事。理賠人員除了保險專業要充實，抗壓性要夠強外，在協助保戶理賠時，還要顧及公司立場（或利益），周旋在肇事者（保戶）與被害人之間，而且每每動輒得咎，說眞的～這薪水賺得很是辛苦呢！

車禍糾紛的處理，固然要依**法**，也要兼**情**顧**理**。畢竟這裡不是國外，肇事者：「我買了保險，有事去找我的保險公司談……」，只會讓重視人情味的社會大衆深感不是滋味！

無論如何～車禍發生後，能有保險公司從旁協助處理，絕對是好事一件。但千萬別把保險公司看成是萬能的上帝或是有

# 第三章 財團法人汽車交通事故特別補償基金簡介

## 一、設立宗旨

財團法人汽車交通事故特別補償基金（以下簡稱特別補償基金）是依《強制汽車責任保險法》所成立的機構，目的是爲了塡補﹝強制險﹞遺留下來的缺口。試想，車禍被害人如果因肇事車輛沒有投保﹝強制險﹞、﹝強制險﹞過期失效或是肇事者駕車逃逸，導致無從申請﹝強制險﹞給付時，被害人豈不是求償無門？

﹝特別補償基金﹞就是一個爲了解決這類情況而設立的機構，讓無法申請﹝強制險﹞給付的被害人，也能透過這個機構申請到補償，獲得基本的保障。

## 二、﹝特別補償基金﹞提供補償的項目及要件

﹝特別補償基金﹞提供補償的項目同樣是傷害醫療費用給付、失能給付與死亡給付三種。此外，在被害人遇有以下情形之一而未能申請到﹝強制險﹞給付時，﹝特別補償基金﹞會以提供**補償**的方式加以救濟。《強制汽車責任保險法》第40條第1項參照。

（一）事故車輛無法查究。例如肇事逃逸的車禍，無從得知肇事者與肇事車輛。

（二）事故車輛應投保﹝強制險﹞而未投保；或是曾經投保﹝強制險﹞，但車禍發生時﹝強制險﹞已逾期失效的車輛。

（三）事故車輛係未經被保險人同意使用或管理的被保險車輛。例如車輛雖有投保﹝強制險﹞，但已被竊賊

偷走的失竊車屬之。

（四）事故車輛屬全部或部分爲無須投保〔強制險〕的車輛，例如農用車。

## 三、〔特別補償基金〕不提供補償的情形

（一）被害人或請求權人故意行爲所致者。

（二）被害人或請求權人從事犯罪行爲所致者。

（三）單一交通事故的駕駛人。

（四）只有財產上的損害：無人受傷，僅單純財損者。

## 四、特別補償基金行使代位權求償的範圍

肇事者車禍肇逃而在日後被查獲或是肇事車輛未投保〔強制險〕時，〔特別補償基金〕在給付被害人後，可對肇事者行使**代位權**求償。實務上，〔特別補償基金〕須依肇事者在車禍中的肇事責任比例來計算求償金額，這是較爲特殊之處。

**【車禍解疑雜惑店】**

**被害人因車禍重傷截肢，如果肇事車輛未投保強制險，但肇事者與被害人有和（調）解的意願，被害人要怎麼做，才能確保自身權益？**

**1.被害人宜先向特別補償基金申請傷害醫療給付及失能給付**

當事人在進行和（調）解時，如果得知肇事車輛有《強制汽車責任保險法》第40條第1項的情形，亦即被害人無從申請〔強制險〕給付時，建議雙方宜暫停和（調）解的進行，先由被害人向〔特別補償基金〕提出補償的申請。俟被害人獲得補償後，雙方再回頭進行和（調）解，以免〔特別補償基金〕依《強制汽車責任保險法》第43條的規定主張**扣除權**。

強制汽車責任保險法第43條（第1項、第2項）
請求權人對損害賠償義務人之和解、拋棄或其他約定，有妨礙特別補償基金代位行使請求權人對損害賠償義務人請求權，而未經特別補償基金同意者，特別補償基金不受其拘束。（第1項）
請求權人自損害賠償義務人獲有賠償者，特別補償基金於補償時，應扣除之。如有應扣除而未扣除者，特別補償基金得於該應扣除之範圍內請求返還之。（第2項）

案例中的被害人因傷重而截肢，假設被害人可向〔特別補償基金〕申請傷害醫療及失能給付的補償合計可請求新臺幣（下同）100萬元；肇事者則願意再加計30萬元賠償給被害人，那麼理論上被害人因車禍可獲得的賠付金額應該是130萬元。

為了避免〔特別補償基金〕可能依《強制汽車責任保險法》第43條的規定主張**扣除權**，從而影響被害人的權益。建議被害人最好先向〔特別補償基金〕申請到傷害醫療給付及失能給付的100萬元補償後，再透過和（調）解的程序去取得肇事者同意賠付的30萬元。

**2.取得傷害醫療給付及失能給付後，再進行和解或調解**

實務上，雙方當事人如果是先成立和（調）解，由肇事者先賠付30萬元給被害人，然後再由被害人去向〔特別補償基金〕申請傷害醫療及失能給付的補償，〔特別補償基金〕極有可能援引《強制汽車責任保險法》第43條的規定，先扣除肇事者賠付給被害人的30萬元後，才會再就**差額**提供補償給被害人。如此一來，〔特別補償基金〕給付被害人的補償可能只剩下70萬元，而不是原來的100萬元了。換言之，被害人只能拿到肇事者30萬元的賠償及來自〔特別補償基金〕70萬元的補償，合計100萬元。

綜上所述，被害人宜先向〔特別補償基金〕申請傷害醫療及失能給付，俟取得傷害醫療及失能給付補償後，再與肇事者進行和解或調解，才是確保被害人權益的最佳做法。

第五篇

# 肇事者成為被告後，要面對哪些法律程序？

肇事者，是指對於車禍直接或間接造成他人死、傷或財物損害而應負賠償責任的人，也就是所謂的**加害人**。

肇事者在法律上要負的民事責任，就是被害人在法律上可向肇事者主張的權利。除了要面對被害人請求損害賠償的民事責任外，肇事者可能還要面對車禍衍生的刑事責任。不論是基於被害人提出的刑事告訴或是檢察官依法提起的公訴（例如涉犯酒駕或肇事逃逸等公共危險罪的刑責），肇事者成爲被告後，究竟會面臨哪些程序？是本文要加以闡述的重點。

# 第一章　肇事者成為民事被告後，可能面臨的法律程序

## 第一節　肇事者成爲民事被告的原因及種類

### 一、肇事者成爲民事被告的原因

車禍事件之所以會進入民事訴訟程序，大多是源於肇事者與被害人對於肇責未能釐清及賠償金額談不攏這兩大主因。雙方早先可能進行過**和解**或**調解**，但因未能達成共識而破局，實在沒有其他更好的方法了，只好訴請法院公斷。少數情況則是肇事者避不見面、置之不理，被害人在車禍中又只有單純財損；或是雖有體傷，但已逾6個月的告訴期間，錯失提告刑事過失傷害的機會，因此只能循民事訴訟途徑解決。

### 二、民事被告的訴訟種類

肇事者被告的情形，可大別爲民事被告與刑事被告兩種。〔民事被告〕若再從程序加以區分，還可分爲〔一般民事訴訟程序〕中的被告及〔刑事附帶民訴訟程序〕中的被告兩種。

一般民事訴訟程序中的**被告**，指的就是被害人自任原告，具狀向法院提起民事訴訟，請求法院命判肇事者賠償被害人因車禍所受的損害，此時的肇事者就是**民事被告**。依原告請求賠償金額的多寡，〔一般民事訴訟程序〕又可區分爲小額訴訟、簡易訴訟及普通訴訟等程序。請參閱【純民事求償的法律途徑：訴訟】，頁239起。

刑事附帶民訴訟程序中的**被告**，則是指檢察官對肇事者提起公訴後，肇事者以**刑事被告**的身分在法院審理期間，面對

被害人另外提起的民事求償程序，俗稱刑附民的程序。請參閱【起訴被告後的法律途徑：刑事附帶民事訴訟】，頁231起。

## 第二節　民事被告會面臨哪些法律程序？

### 一、調解程序

指《民事訴訟法》針對某些特定事件，規定當事人在起訴前，必須在法院設置的調解庭先進行調解的程序。如果特定事件未經調解而提起訴訟，法院也會將起訴**視同**調解的聲請，這就是所謂的強制調解事件。

民事訴訟法第403條（第1項第7款）

下列事件，除有第四百零六條第一項各款所定情形之一者外，於起訴前，應經法院調解：

七、因道路交通事故或醫療糾紛發生爭執者。

由以上規定可知，**道路交通事故**屬於強制調解事件。因此車禍糾紛進了法院會先通知兩造召開**調解庭**，並由法院遴聘的調解委員進行調解。

兩造若調解成立，車禍糾紛即告解決；若調解不成立，法院則會視原告求償金額來決定應適用（小額、簡易或普通訴訟）的程序，就車禍事件繼續審理。

### 二、準備程序與言詞辯論程序

車禍事件進入訴訟繫屬階段，法院依法官開庭人數的多寡，可分爲僅由一名法官審理的獨任庭與由三名法官審理的合議庭兩種。

民事訴訟法第270條（第1項、第2項）
行合議審判之訴訟事件，法院於必要時以庭員一人為受命法官，使行準備程序。（第1項）
準備程序，以闡明訴訟關係為止。但另經法院命於準備程序調查證據者，不在此限。（第2項）

準備程序是就訴訟繫屬中的案件，爲了〔整理爭點〕及〔調查證據〕而開的庭，通常是在〔合議庭〕時才會有。然而車禍事件進入一審地方法院後，都是由一名法官負責開庭審理，因此〔獨任庭〕的車禍事件沒有所謂的**準備程序**。獨任法官在整理爭點、調查證據同時，也可進行言詞辯論的程序。

言詞辯論程序，是指當事人在法庭上，針對個案的訴訟聲明或主張，聲請調查證據及互爲攻擊防禦、陳述意見或依法答辯等進行的程序。

舉例來說，假設李大輝開車不慎撞傷王小明，王小明起訴請求李大輝負賠償之責，雙方當事人就要按照「李大輝開車不慎撞傷王小明」這個侵權行爲的**事實**及「王小明起訴請求李大輝負賠償之責」的**理由**，在〔言辯庭〕上進行言詞辯論、互爲攻防。

## 第三節　民事被告要如何撰寫答辯狀？

民事訴訟程序中，被告應儘量蒐集有利於己的事證資料，具狀依法提出答辯。〔民事答辯狀〕的寫法，讀者除可參考以下的範例填寫外，亦可透過【司法院全球資訊網】下載填寫。

## 民事答辯狀範例

民事答辯狀

案號：○ 年度○字第 ○ 號　　　股別：○股

原　告 王○○　身分證字號（不知免填）

性別　　　　　　　生日（不知免填）

住址　　　　　　　電話

被　告 李○○　身分證字號　　　　性別　　生日

住址　　　　　　　電話

為損害賠償事件，提出答辯事：

答辯聲明

一、駁回原告之訴及其假執行之聲請。

二、訴訟費用由原告負擔。

三、如受不利之判決，願供擔保請准宣告免為假執行。

答辯事實及理由

一、（請敘明車禍相關事實及理由）……。

二、……。

三、綜上所述，原告之主張為無理由（或雖有理由，但……），請判決如被告答辯之聲明。

證物名稱及件數

此致

臺灣○○地方法院　公鑒

中華民國 ○ 年 ○ 月 ○ 日

具狀人 李○○　　　（簽名蓋章）

撰狀人　　　　　　（簽名蓋章）

被告答辯內容宜具體寫明原告的主張或求償的事實理由，是否有於法無據或其他如何不合理之處？必要時，被告也可以提出事證加以反駁；或是聲請法院調查證據……。車禍實務上，被告可能答辯的理由，茲例舉其要臚列如下：

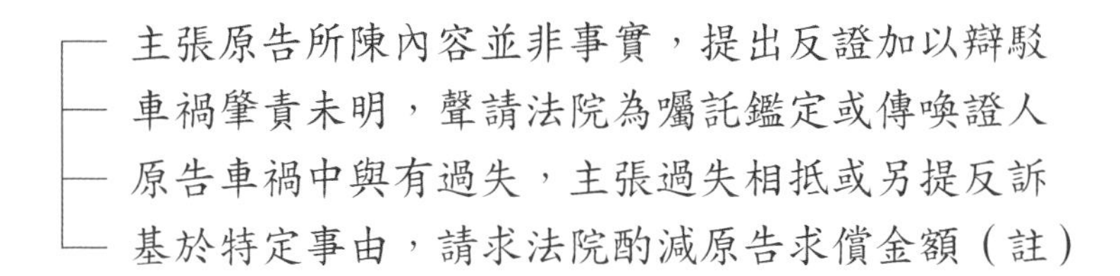


註：例如主張原告求償項目中的精神慰撫金額與實際所受損害顯不相當，請求法院酌減原告求償金額；或是請法院念在被告係中低收入戶、無業或其他其情可憫的事由，請求法院酌減原告求償的金額等。

肇事者身爲民事訴訟程序的被告，通常心理上的壓力較小，因爲打的是民事賠償官司，爭的是個「理」字，如果事情還有轉圜餘地，雙方在**一審言詞辯論終結前**，仍可請求法院當庭試行和解，或是回頭再去鄉鎮市（區）公所的調解委員會進行調解。

否則兩造就是靜待法院公斷，只要判決結果合理，身爲被告的肇事者願依法院判賠的金額給付被害人，車禍糾紛一樣可以得到解決。

反之，肇事者或身爲原告的被害人對於一審法院的判決結果不服，也可依法上訴第二審，留待下一回合，兩造再重新過招。

# 第二章 肇事者成為刑事被告後，可能面臨的法律程序

## 第一節 肇事者成爲刑事被告的十大原因

告人，是被害人不得已的做法，俗稱以刑逼民。肇事者爲什麼會被告？肇事者會不會成爲潛在的刑事被告？從以下各種被告的原因，或許可以一窺端倪：

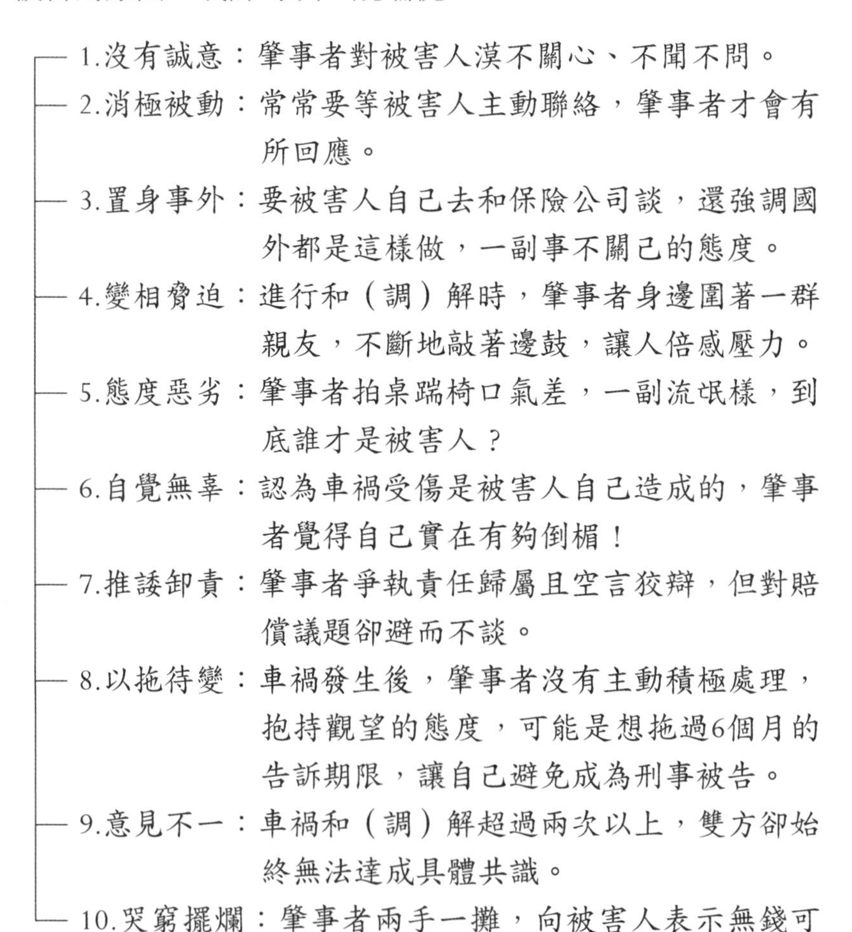

以上所列各點，就是車禍處理實務中，總結肇事者會被告的原因，如果肇事者符合這十大原因中的三個以上，那麼**被告**的機率就相對地高出不少喔！

## 第二節　肇事者會因觸犯哪些罪名而成爲刑事被告？

車禍糾紛如果不能在短期內獲得解決的話，隨著時間的經過，延宕得愈久，解決的難度也就愈高。

實務上，車禍造成他人受傷的結果，被害人不見得馬上就會對肇事者提出刑事告訴。肇事者之所以被告？通常意味著被害人對於懸而未決的車禍糾紛，事實上已經到了忍無可忍的地步了！

車禍實務上，肇事者會因觸犯《刑法》哪些罪名而成爲刑事被告？茲舉其要說明如下：

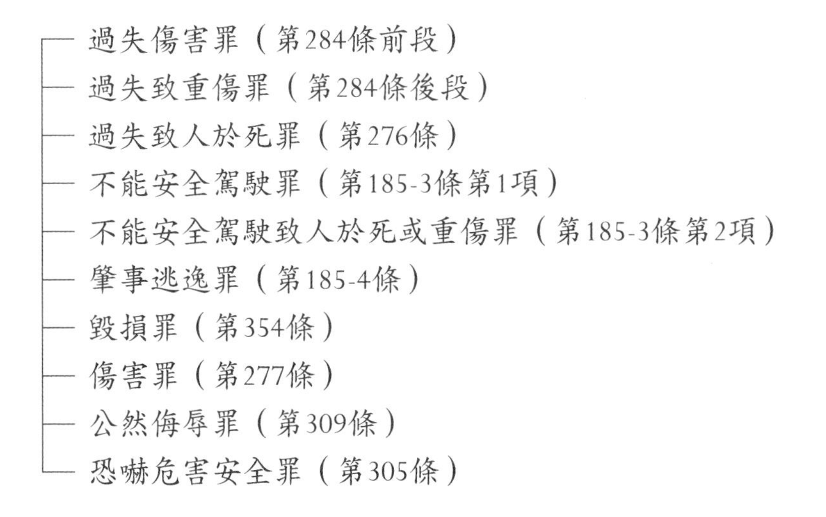

## 一、過失傷害罪及過失致重傷罪

刑法第284條

因過失傷害人者，處一年以下有期徒刑、拘役或十萬元以下罰金；致重傷者，處三年以下有期徒刑、拘役或三十萬元以下罰金。

肇事者因車禍造成他人受傷時，如果被害人只是受了點擦、挫傷，肇事者就可能成立《刑法》第284條第1項前段的〔過失傷害罪〕，這也是肇事者最常被告的罪名。

如果車禍不慎將人撞成重傷成殘的結果，那麼肇事者就可能成立《刑法》第284條後段的〔過失重傷罪〕，本罪的法定刑度自然又要比一般過失傷害罪來的更重。至於什麼情況才會構成**重傷**？《刑法》的定義如下：

刑法第10條（第4項）

稱重傷者，謂下列傷害：

一、毀敗或嚴重減損一目或二目之視能。

二、毀敗或嚴重減損一耳或二耳之聽能。

三、毀敗或嚴重減損語能、味能或嗅能。

四、毀敗或嚴重減損一肢以上之機能。

五、毀敗或嚴重減損生殖之機能。

六、其他於身體或健康，有重大不治或難治之傷害。

## 二、過失致人於死罪

刑法第276條

因過失致人於死者，處五年以下有期徒刑、拘役或五十萬元以下罰金。

實務上，肇事者涉犯〔過失致人於死罪〕，經檢察官提起公訴後，如果係屬初犯（沒有前科紀錄）且能與被害人遺屬達成民事賠償的話，就有獲得法院判處**緩刑**的機會。

## 三、不能安全駕駛罪及不能安全駕駛致人於死或重傷罪

**刑法第185-3條（第1項、第2項）**

駕駛動力交通工具而有下列情形之一者，處三年以下有期徒刑，得併科三十萬元以下罰金：（第1項）

一、吐氣所含酒精濃度達每公升零點二五毫克或血液中酒精濃度達百分之零點零五以上。

二、有前款以外之其他情事足認服用酒類或其他相類之物，致不能安全駕駛。

三、服用毒品、麻醉藥品或其他相類之物，致不能安全駕駛。

因而致人於死者，處三年以上十年以下有期徒刑，得併科二百萬元以下罰金；致重傷者，處一年以上七年以下有期徒刑，得併科一百萬元以下罰金。（第2項）

《刑法》第185-3條的〔不能安全駕駛罪〕規定在《刑法》**公共危險罪章**中，這也是肇事者在車禍發生時，相當容易觸犯的罪名。觸犯本罪不以發生車禍死傷的結果為必要，一旦**酒測值**超標的酒駕者或是服用毒品、麻藥的毒駕者有不能安全駕駛的情形，就可能成立本罪。

至於同條第2項〔不能安全駕駛致人於死或重傷罪〕，則是針對肇事者酒駕或毒駕造成他人死亡或重傷，這種罪加一等的行為所作的規定。法定刑度必然要更為加重，才能發揮刑罰嚇阻犯罪的作用。

如果酒駕或毒駕撞傷人，而被害人只有受到輕傷，沒有造成死亡或重傷的結果時，肇事者就不能論以前述的〔不能安全駕駛致人於死或重傷罪〕。此時肇事者觸犯的是另外兩個罪名，亦即**酒駕**的部分觸犯了《刑法》第185之3條第1項的〔不能安全駕駛罪〕；撞傷人的部分則觸犯了《刑法》第284條第1項前段的〔過失傷害罪〕。

**【車禍解疑雜惑店】**

**肇事者酒駕撞傷人，如果能與被害人達成和解，肇事者接下來該如何因應？**

酒駕撞傷人，如果被害人只是受到輕傷的話，此時肇事者酒駕部分會觸犯《刑法》第185-3條第1項的**不能安全駕駛罪**，撞傷人部分則會觸犯《刑法》第284條第1項前段的**過失傷害罪**。

假如肇事者與被害人已就賠償金額達成和解或調解，因為涉犯**過失傷害**的部分是**告訴乃論之罪**，在偵查中或檢察官起訴後的一審法院言詞辯論終結前，肇事者都可以請求被害人**撤回告訴**。

在偵查中撤回告訴時，檢察官會予以肇事者**不起訴處分**；審判中撤回告訴時，法院則諭知**不受理判決**。

肇事者既然和被害人達成和解或調解了，酒駕（**非告訴乃論**）的部分，如果案件還在偵查中，肇事者會有獲得檢察官予以**緩起訴**的機會；如果是在審判中，肇事者也有獲得法院判處**緩刑**的機會。至於機率有多高？因為法律上還要考量肇事者有沒有**前科**？是不是**累犯**？及**犯後態度**（例如是否深感悔悟？）等因素，這就要視具體個案情形而定了。

## 四、肇事逃逸罪

刑法第185-4條（第1項）

駕駛動力交通工具發生交通事故，致人傷害而逃逸者，處六月以上五年以下有期徒刑；致人於死或重傷而逃逸者，處一年以上七年以下有期徒刑。

《刑法》第185-4條的﹝肇事逃逸罪﹞與《刑法》第185之3條第1項的﹝不能安全駕駛罪﹞都是規定在《刑法》**公共危險罪章**中。車禍實務上，偶有酒駕撞傷他人又隨即逃逸的情形。

至於車禍常見的肇事逃逸，則有以下幾種情形：

（一）肇事者駕車撞傷人後，未下車查看，隨即開車離去。

（二）肇事者駕車撞傷人後，雖有下車查看，但未報警處理，隨即開車離去；或是未等警方抵達現場，便開車離去。

（三）肇事者駕車撞傷人後，將肇事車輛棄置現場，未報警處理或是未等警方到達現場，便先行離去。

上述情形有幾個共同點，就是肇事者都沒有留在現場協助傷者就醫，也沒有報案或是等候警方到場便先行離去，因此會觸犯本罪。

## 五、其他刑事罪名：毀損、傷害、公然侮辱、恐嚇危害安全等罪

車禍發生當下，如果雙方當事人不能理性面對、好好處理的話，一言不合而爆粗口或是大打出手的情況都有可能。有的當事人甚至還會從車上拿出棍棒找對方**理論**……。

因車禍或行車糾紛而衍生飆罵髒話或比出不雅手勢的行爲，會觸犯《刑法》第309條第1項的〔公然侮辱罪〕；如果發生鬥毆造成他人體傷的結果，則會觸犯《刑法》第277條第1項的〔傷害罪〕；再者，若是手持棍棒作勢想要砸車傷人的話，就又可能觸犯《刑法》第305條的〔恐嚇危害安全罪〕；一旦眞有傷人砸車的舉動，那自然又會觸犯前述的〔傷害罪〕與《刑法》第354條的〔普通毀損罪〕。

以上提及的罪名，都是車禍發生後，當事人間較易節外生枝的犯罪行爲。在此呼籲大家～發生車禍已屬不幸，應理性面對並儘量克制自己的行爲，避免觸法，才不至於留下一生難以

抹滅的前科紀錄。

**刑法第309條（第1項）**

公然侮辱人者，處拘役或九千元以下罰金。

**刑法第277條（第1項）**

傷害人之身體或健康者，處五年以下有期徒刑、拘役或五十萬元以下罰金。

**刑法第305條**

以加害生命、身體、自由、名譽、財產之事恐嚇他人，致生危害於安全者，處二年以下有期徒刑、拘役或九千元以下罰金。

**刑法第354條**

毀棄、損壞前二條以外之他人之物或致令不堪用，足以生損害於公眾或他人者，處二年以下有期徒刑、拘役或一萬五千元以下罰金。

# 第三節　偵查中，刑事被告會面臨哪些法律程序？

刑事程序的發動，最常見的是被害人或其家屬向警察機關對肇事者提起〔過失傷害〕的刑事告訴。少數被害人則會選擇到地檢署具狀或按鈴申告，再由檢方下交管區員警偵辦。

## 一、偵查中的警（訊）詢程序

警方受理被害人報案或接到檢察官交辦案件後，除進行車禍相關資料的蒐調外，也會通知肇事者到案說明。肇事者被告後，在警（訊）詢階段應特別留意以下各點，以便即早因應。

### （一）確認約談電話或通知書的出處

接獲警方的來電或通知書時，肇事者應先確認是哪個警局或派出所的員警打來的？或是看清楚通知書是從哪個警察機關寄來的？如果車禍發生地與肇事者住居所在地分屬不同的轄區時，肇事者應先確認請楚，以免屆時跑錯地方。

### （二）確認通知書是否與車禍事件有關

車禍衍生的刑事案件，警方寄發的通知書「事由」欄，通常會記載〔過失傷害〕，如果肇事者涉嫌**肇事逃逸**或**酒駕**等情節，通知書的「事由」也可能會記載〔公共危險〕字樣。

### （三）確認應到日期、時間及處所

肇事者收到警方通知書後，應卽確認到案日、時及處所。若有正當理由（例如生病、出國）而不能如期報到時，應先與承辦員警聯絡，切勿置之不理，以免日後遭到**拘提**。

刑事訴訟法第71-1條（第1項）

司法警察官或司法警察，因調查犯罪嫌疑人犯罪情形及蒐集證據之必要，得使用通知書，通知犯罪嫌疑人到場詢問。經合法通知，無正當理由不到場者，得報請檢察官核發拘票。

### （四）考慮是否委請律師陪同偵訊

刑事訴訟法第245條（第2項本文）

被告或犯罪嫌疑人之辯護人，得於檢察官、檢察事務官、司法警察官或司法警察訊問該被告或犯罪嫌疑人時在場，並得陳述意見。

律師陪同偵訊，是指被告或犯罪嫌疑人在接受檢警機關偵查訊問時，全程都有律師陪同在場的意思，簡稱律師陪偵。

**律師陪偵**是爲了維護肇事者的基本權利，確保肇事者在接受警方偵訊的過程中，不會遭到違法或不當的對待。例如刑求逼供、誘導訊問（註）。因此律師陪偵並不是請律師到場來替肇事者發言，也不是來幫肇事者回答警方的提問。有關車禍事發的經過，仍然要由肇事者自己來陳述或答覆。

註：誘導訊問是指警方訊問的態度或方式具有暗示性，造成被訊問者無意間為不實陳述或不自覺地迎合警方的問題來回答，造成供述的內容與事實有落差。

**律師陪偵**是以時計費且收取的費用並不便宜，當事人宜審慎評估是否有此需要？（註）

註：當事人如符合一定資格或條件而有律師陪偵需求時，可聯絡〔財團法人法律扶助基金會〕指派律師前往陪偵，且無庸支付律師費用。

## 【車禍解疑雜惑店】

### 肇事者應如何面對警方的詢問？

#### 1. 肇事者報到前

先想想警方可能會詢問哪些問題？要怎麼陳述或回答？能否再找出對自己有利的事證資料提供給警方作爲辦案的參考？甚至需不需要請辯護人（律師）陪同偵訊？這些都是肇事者報到前應先審慎考量的事。

#### 2. 肇事者報到後

警方會先確認肇事者的身分，也就是**人別詢問**，因此肇事者應攜帶身分證件及通知書辦理報到，以利查驗。警方會詢問肇事者的姓名、年齡、職業、住址、身分證字號等個人基本資料後記明於筆錄。製作筆錄時，警方原則上會先告知肇事者涉犯的罪名及相關權利。

刑事訴訟法第95條（第1項、第2項）

訊問被告應先告知下列事項：（第1項）

一、犯罪嫌疑及所犯所有罪名。罪名經告知後，認為應變更者，應再告知。

二、得保持緘默，無須違背自己之意思而為陳述。

三、得選任辯護人。如為低收入戶、中低收入戶、原住民或其他依法令得請求法律扶助者，得請求之。

四、得請求調查有利之證據。

無辯護人之被告表示已選任辯護人時，應即停止訊問。但被告同意續行訊問者，不在此限。（第2項）

詢問方式通常是由員警先提問，肇事者回答後，員警再透過電腦登打於筆錄，肇事者可透過現場螢幕檢視筆錄問答的內容是否是正確。如果內容有誤載或不盡完整詳實，可請員警立即修正。

俟筆錄製作完成後，員警會將筆錄列印成紙本，再請肇事者確認。如果對於內容還有疑慮，只要還沒簽名於筆錄上，都可以再請員警修改。

所謂**案（證）重初供**，指的是第一次製作的筆錄可信度最高的意思。因此肇事者除應據實回答警方的詢問外，當筆錄作完後，務必確認內容無誤，再在筆錄上簽名。否則日後再要翻供（即推翻原筆錄上的供述），那可就不是件簡單的事了。

當員警完成案件調查後，會將調查結果彙整成刑事案件報告書或移送書，連同相關書證資料或光碟等證物及卷宗，併送該管地方檢察署續行偵辦，這就是所謂的**移送法辦**。

## 刑事案件報告書範例

○○市政府警察局○○分局刑事案件報告書

發文日期：中華民國○年○月○日　　　發文字號：○市警○分刑字第○號

<table>
<tr><td>單位代碼<br>流水編號</td><td colspan="5">1234<br>*********</td><td>移送<br>屬性</td><td>新成立案件</td></tr>
<tr><td>犯　罪<br>嫌疑人</td><td>性別</td><td>年齡</td><td>出生日期</td><td>職業</td><td>出生地</td><td>國民身分證<br>統一編號</td><td>照片</td></tr>
<tr><td rowspan="2">李○○</td><td>男</td><td>33</td><td>○/○/○</td><td>無業</td><td>○○市</td><td>A1********</td><td>□有<br>■無</td></tr>
<tr><td colspan="7">戶籍地：○○縣○○鎮○○路○號○樓<br>住居所：○○市○○區○○路○號○樓<br>電　話：（略）</td></tr>
</table>

<table>
<tr><td>關係人</td><td>性別</td><td>年齡</td><td>出生日期</td><td>職業</td><td>出生地</td><td>何種關係</td></tr>
<tr><td rowspan="2">王○○</td><td>女</td><td>21</td><td>○/○/○</td><td>學生</td><td>○○市</td><td>告訴人</td></tr>
<tr><td colspan="6">戶籍地：○○市○○區○○街○號○樓<br>住居所：同上<br>電　話：（略）</td></tr>
<tr><td>選　任<br>辯護人</td><td>辯護<br>對象</td><td colspan="5">事務所名稱、住居所、聯絡處所或聯絡電話</td></tr>
<tr><td></td><td></td><td colspan="5">電話：<br>聯絡處所：</td></tr>
<tr><td colspan="7">上列嫌犯因涉交通過失傷害嫌疑案件，依法應予移送偵查，茲詳開各項於下：</td></tr>
<tr><td>犯罪時間<br>犯罪地點</td><td colspan="6">○年○月○日○時○分<br>○○市○○區○○路與○○路口</td></tr>
<tr><td>到場時間<br>到場地點</td><td colspan="6">○年○月○日○時○分<br>○○市○○區○○路○號○樓（本分局偵查隊）</td></tr>
<tr><td colspan="7">犯　　罪　　事　　實</td></tr>
<tr><td colspan="7">一、犯嫌李○○涉嫌刑法第284條過失傷害罪嫌，犯罪事實及證據如下：<br>（一）犯罪事實：<br>犯嫌李○○（無業，查無刑案資料）本應注意並能注意而未注意，於○年○月○日○時○分許，騎乘ABC-○○○○之普通重型機車（下稱A車），沿○○市○○區○○路○段西往東方向行駛，行經上記犯罪時、地，因A車向左變換行向未注意其他車輛，致與後方同向之○○○-XYZ之普通重型機車（下稱B車）駕駛人王○○發生擦撞，造成B車駕駛人王○○右足後踝骨折、右手中指遠位指骨骨折等傷害。事後雙方和解未果，案經告訴人王○○檢具○○大學附設醫院診斷證明書及○○市政府警察局交通隊道路交通事故初步分析研判表等相關證據，至本分局○○派出所提出過失傷害告訴，乃據以偵辦。<br>（二）證據：<br>1.告訴人王○○筆錄、診斷證明書等。<br>詢據告訴人王○○於警詢中指證綦詳，並對犯罪嫌疑人李○○提出告訴，詳情錄供在卷。<br>2.○○市政府警察局道路交通事故初步分析研判表、道路交通事故調查報告表、現場圖、當事人登記聯單等。<br>3.犯嫌李○○筆錄<br>詢據犯嫌李○○坦承上情不諱，惟辯稱：肇事責任不一定是渠，雙方和解未果，詳情錄供在卷。<br>二、揆諸上揭事證以觀，核犯嫌李○○之所為顯涉過失傷害罪嫌，爰依法移請貴署偵辦。</td></tr>
<tr><td>偵辦經過</td><td colspan="6">詳如犯罪事實欄</td></tr>
</table>

| 犯罪證據 | 筆錄、○○市政府警察局道路交通事故初步分析研判表、道路交通事故調查報告表、現場圖、當事人登記聯單、○○大學附設醫院乙種診斷證明書 |
|---|---|
| 涉案法條 | 刑法第284條 |
| 發查(交)核退案件 | 機關股別：<br>日期文號： |
| 偵辦意見 | 請貴署依法偵辦 |
| 附　送 | 偵查卷1宗、警詢光碟1片 |
| 承辦單位人員電話 | 偵辦單位：○○市政府警察局○○分局<br>職稱姓名：偵查佐 ○○○　聯絡電話：略 |

此致

臺灣○○地方檢察署

副本送：○○市政府警察局○○分局

## 【範例說明】

不論公文書標題為〔刑事案件報告書〕或〔刑事案件移送書〕，都是警方根據犯罪嫌疑人、關係人的筆錄、其他相關事證資料及調查結果製作而成。基於**偵查不公開**，肇事者在偵查階段是無從看到警方製作的〔刑事案件報告書〕及本案卷證的相關資料。

刑事訴訟法第245條（第1項）

偵查，不公開之。

犯罪嫌疑人，通常指的就是車禍肇事者。關係人，除了指被害人外，通常也包括有去警局製作筆錄而與車禍事件相關的人（例如目擊者、當事人配偶或其他親友），這些人也會以關係人的名義稱之。

此外，一般車禍事故在偵查階段，當事人大多不會特別花錢請律師協助，因此〔刑事案件移送書〕的「選任辯護人」欄位會是空白的。

〔刑事案件移送書〕有關**犯罪事實**的記載，具體而明確地交代了車禍發生的始末及當事人的說法，這是警方彙整了車禍相關事證資料及當事人供述的筆錄作成的。卷證資料愈充實詳盡，就愈能還原車禍發生的原貌與肇事責任的歸屬，當然也更有利於檢察官後續的偵辦與調查。

## 二、偵查中檢察官的偵訊程序

當地方檢察署（下稱地檢署）分案給承辦檢察官後，檢察官會擇訂庭期寄發**刑事傳票**，通知犯嫌（肇事者）、告訴人（被害人或其他有告訴權之人）出庭，必要時，也會通知證人或其他關係人出庭。

刑事傳票，是案件偵查中，檢察官用來傳喚被告或證人到庭的公文書。當肇事者或其他關係人接到〔刑事傳票〕時，就表示案件已從警察機關送往地檢署並已分案給承辦檢察官續行偵辦了。

〔刑事傳票〕上除了會看到檢察官及書記官的姓名、承辦股別、案號及案由外。有會看到自己在本案中是以什麼身分被傳喚出庭？這可從傳票上「附註」欄記載的「被傳人」是被告？告訴人？證人？或是其他身分（例如關係人、告訴代理人）得知。接著要看的重點，則是出庭的日期、時間及地點。

被告接到傳票時，務必依傳票上記載的日時、地點出庭應訊。如果無法配合出庭，可依傳票上的電話先通知**本案聯絡人**辦理請假事宜。被告無正當理由而不到庭，檢察官依法可將被告拘提到案，這就是抗傳則拘。如果拘提不到或被告逃匿而下落不明時，就可能發布通緝，被告成了所謂的通緝犯。

## 刑事傳票範例

<table>
<tr><td colspan="4">臺灣○○地方檢察署刑事傳票</td></tr>
<tr><td>被傳人<br>地　址</td><td>***（郵遞區號）<br>○○市○○區○○路○號○樓</td><td>籍　貫<br>（出生地）</td><td></td></tr>
<tr><td rowspan="2">姓　名</td><td rowspan="2">李○○　先生<br>女士</td><td>性　別</td><td></td></tr>
<tr><td>出　生<br>年月日</td><td></td></tr>
<tr><td>案號案由</td><td colspan="3">○股 ○年度○字第○號　過失傷害　案件</td></tr>
<tr><td>應到日期</td><td colspan="3">○年○月○日○午○時○分　（開庭進度查詢序號：○○○）</td></tr>
<tr><td>應到處所</td><td colspan="3">○○市○○區○○路○號<br>請至法警室刑事報到處報到</td></tr>
<tr><td>下次應<br>到日期</td><td colspan="3">年　月　日　午　時　分<br>年　月　日　午　時　分</td></tr>
<tr><td>備<br>註</td><td colspan="3">被傳人於開庭時如不欲其他受傳喚人知悉其年籍資料時，可於報到時向法警室索取「當事人年籍資料單」填寫後於開庭時提交檢察官。</td></tr>
<tr><td>注<br>意<br>事<br>項</td><td>一、被告無正當理由不到場者，得命拘提。<br>二、此傳票不收取任何費用。<br>三、被傳人應攜帶此傳票及身分證向法警室報到。<br>四、遞送書狀應記明案號及股別。<br>五、當事人如有證物提供調查，請攜帶到庭；如為書證，併請備妥影本一份到庭，如有證人請求調查，請偕同到庭或查明姓名、住址，以利傳訊。<br>六、訴訟案件應靜候檢察署公平處理，不要聽信不法份子招搖撞騙。<br>七、訴訟程序有不明瞭之處，可向本署「為民服務中心」詢問。電話：（略）<br>八、如遭行騙可向本署政風室檢舉。<br>九、停車不便，請搭乘大眾運輸工具。</td><td>附<br>註</td><td>本件被傳人係被告<br><br>本案聯絡電話聯絡人電話：(略)</td></tr>
<tr><td colspan="4">書記官 印　　　檢察官 印<br>臺灣○○地方檢察署 印<br>中　華　民　國○年○月○日</td></tr>
</table>

（本傳票非經檢察官及書記官簽名或蓋章者無效）

## 三、偵查中檢察官就交通過失傷害案件可能採取的做法

### （一）曉諭被告與被害人庭外和解

若車禍造成被害人的傷勢輕微，且被告亦有協商賠償的誠意，檢察官得視個案具體情況訂定相當期限，勸諭雙方相互讓步，試行庭外和解，再視有無達成和解以定後續之處理。

### （二）將案件轉介到鄉鎮市區公所的調解委員會調解

參照《檢察官偵查中加強運用鄉鎮市調解功能方案》的規定，檢察官於徵得兩造同意後，得將偵查中的交通過失傷害案件轉介到適當的公所調解會調解，再視有無調解成立來決定後續的處理。

### （三）通知被告與被害人到地檢署調解

爲了疏解法院訟源，有的地檢署已與地方法院建立合作機制，即由檢察官就偵查中的交通過失傷害案件，通知兩造當事人於指定的時日，到地檢署設置的調解室報到，並由法院指派調解委員到署進行調解。

一旦調解成立，兩造就民事賠償達成共識，被害人也同意撤回刑事告訴時，地檢署便會請專人當庭製作調解書並送請法院核定，承辦檢察官就撤回告訴部分亦可開庭接續處理。

如此一來，地檢署不需要再將案件轉介到調解會調解，除可爲當事人減省時間、金錢上的勞費，同時也避免司法資源的浪費，實乃一舉兩得的便民措施。

# 第三章　案件經偵查終結後，檢察官會如何處理？

車禍衍生的刑事案件經檢察官偵查終結後，可能會對被告作出不起訴處分、緩起訴處分或是提起公訴等結果中的一種。

## 第一節　不起訴處分

不起訴處分，是檢察官對於偵查終結的案件，認爲被告涉犯罪行欠缺提起公訴的法定要件（例如罪證不足）或檢察官認爲被告以不起訴爲適當時（例如微罪不舉）（註）所作的處分。

註：微罪不舉是指檢察官依偵查所得的證據，雖足以認定被告涉有犯罪嫌疑並具備起訴的條件，惟念其所犯情節輕微且顯可憫恕，認以不起訴為適當者，得為不起訴處分。《刑事訴訟法》第253條參照。

車禍刑案的被告獲檢察官〔不起訴處分〕的情況，實務上以**被害人撤回告訴**及**罪證不足**而予以不起訴處分較爲常見。《刑事訴訟法》第252條第5款、第10款參照。

刑事訴訟法第252條

案件有左列情形之一者，應為不起訴之處分：

一、曾經判決確定者。

二、時效已完成者。

三、曾經大赦者。

四、犯罪後之法律已廢止其刑罰者。

五、告訴或請求乃論之罪，其告訴或請求已經撤回或已逾告訴期間者。

六、被告死亡者。

七、法院對於被告無審判權者。

八、行為不罰者。

九、法律應免除其刑者。

一〇、犯罪嫌疑不足者。

## 檢察官不起訴處分書範例

臺灣〇〇地方檢察署檢察官不起訴處分書

〇年度〇字第〇號　　〇股

告訴人 王〇〇　　住〇〇市〇〇區〇〇街〇號〇樓

被　告 李〇〇　　男 〇歲（民國〇年〇月〇日生）

居〇〇市〇〇區〇〇路〇號〇樓

身分證字號：（略）

上列被告因過失傷害案件，業經偵查終結，認應為不起訴之處分，茲敘述理由如下：

一、告訴意旨略以：（略）

二、按犯罪事實應依證據認定之，無證據不得認定犯罪事實，刑事訴訟法第154條第2項定有明文。而認定不利於被告之事實，須依積極證據，苟積極證據不足為不利於被告事實之認定時，即應為有利於被告之認定，更不必有何有利之證據。最高法院30年上字第816號判例可資參照。

三、訊據被告李〇〇堅決否認有何過失傷害犯行，辯稱：……等語，顯見被告……恐難認其有何應注意、能注意而未注意之過失情狀，自難以刑法第284條第1項過失傷害罪責相繩。此外，復查無其他積極證據，足資認定被告確有過失傷害犯行，揆諸前開法條及判例要旨，應認其罪嫌尚屬不足。

四、依刑事訴訟法第252條第10款為不起訴之處分。

中　華　民　國 ○ 年 ○ 月 ○ 日

檢察官 ○○○

本件正本證明與原本無異

告訴人接受本件不起訴處分書後得於七日內以書狀敘明不服之理由，經原檢察官向臺灣高等法院檢察署檢察長聲請再議。

中　華　民　國 ○ 年 ○ 月 ○ 日

書記官 ○○○

臺灣○○地方檢察署 印

## 【車禍解疑雜惑店】

### 被告收到檢察官不起訴處分書，是不是就表示沒事了？

不一定喔！

車禍衍生的刑事案件，如果被告獲檢察官〔不起訴處分〕，必須告訴人在法定期限內沒有聲請再議或是聲請再議後被駁回，這個〔不起訴處分〕才算確定。請參閱【檢察官爲被告不起訴處分時，告訴人有無救濟途徑？】相關說明，頁229起。

刑事訴訟法第260條

不起訴處分已確定或緩起訴處分期滿未經撤銷者，非有左列情形之一，不得對於同一案件再行起訴：

一、發現新事實或新證據者。

二、有第四百二十條第一項第一款、第二款、第四款或第五款所定得為再審原因之情形者。

已確定的〔不起訴處分〕如有《刑事訴訟法》第260條的情形時，〔不起訴處分〕還是可予以**撤銷**。例如發現新事實或新證據，只要這個新事實或新證據是〔不起訴處分〕以前沒有被發現，且足以認定被告有犯罪嫌疑時，就可以撤銷〔不起訴處分〕，且不需要證明到被告確實有犯罪事實的程度（最高法院23

年上字第1754號判例參照）。例如〔不起訴處分〕是依據證人的證詞所爲，事後發現證人作的是僞證；或是〔不起訴處分〕確定後，有人提供車禍發生時的影像紀錄，足以認定被告有犯罪嫌疑，皆爲適例。

檢察官對車禍被告爲〔不起訴處分〕，實務上以**罪嫌不足**的原因較爲常見。這是因爲刑事訴訟程序有一個非常重要的原則，稱爲**無罪推定**。如果被告犯罪嫌疑不足，檢察官自應依法對被告爲不起訴之處分。

刑事訴訟法第154條

被告未經審判證明有罪確定前，推定其為無罪。

犯罪事實應依證據認定之，無證據不得認定犯罪事實。

## 第二節　緩起訴處分

緩起訴，顧名思義就是**暫緩起訴**的意思。當檢察官依偵查所得足認被告有犯罪嫌疑時，原可依法提起公訴，但爲了給被告悔過自新的機會，因此法律授予檢察官有權對於符合一定要件的被告，作出緩起訴處分。

刑事訴訟法第253-1條

被告所犯為死刑、無期徒刑或最輕本刑三年以上有期徒刑以外之罪，檢察官參酌刑法第五十七條所列事項及公共利益之維護，認以緩起訴為適當者，得定一年以上三年以下之緩起訴期間為緩起訴處分，其期間自緩起訴處分確定之日起算。

檢察官會於〔緩起訴處分書〕記明被告觸犯的法條及罪名，也會說明爲什麼要給被告緩起訴的理由。〔緩起訴處分書〕會記載緩起訴的期間，只要被告遵守並履行〔緩起訴處分書〕所要求的事項，且在緩起訴期間內安分守己，沒有違反相關規定，法律便不再對被告提起公訴、論罪科刑。

通常檢察官會視個案具體情況，自緩起訴確定（註1）之日起算，酌定一年以上，三年以下的緩起訴期間，並要求被告遵守一定的事項或履行一定的條件（註2）。

註1：**緩起訴處分確定**，是指檢察官對被告作成緩起訴處分後，由該管檢察署依職權送請臺灣高等檢察署再議，經駁回再議後而告確定。

註2：例如命被告向被害人道歉、立悔過書、向公庫或該管檢察署指定的公益團體、地方自治團體支付一定金額、提供40小時以上240小時以下的義務勞務等等。

被告酒駕致人受傷，在偵查終結前若能與被害人成立和（調）解並撤回告訴時，檢察官通常會予以〔緩起訴處分〕以利自新。但被告若是酒駕累犯或是車禍肇逃的情況，鑑於被告的惡性與對社會法益造成的危害，檢察官就未必會予以緩起訴了。

## 檢察官緩起訴處分書範例

臺灣○○地方檢察署檢察官緩起訴處分書

○年度○字第○號　　○股

被　告　李○○　男　　○歲　（民國○年○月○日生）

住○○市○○區○○路○號○樓

身分證字號：略

上列被告因犯刑法公共危險案件，業經偵查終結，認以緩起訴為適當，茲敘述理由如下：

一、本案事實：（略）

二、……本件事證明確，被告所犯係刑法第185條之3之服用酒類不能安全駕駛動力交通工具罪，該罪屬法定本刑為死刑、無期徒刑或最輕本刑為3年以上有期徒刑以外之罪，被告無前科，素行尚佳，且犯後坦承犯行，頗表悔意，業已與被害人○○○達成和解，經此教訓應知所警惕，信無再犯之虞，爰審酌刑法第57條所列各款事項及公共利益之維護，認以緩起訴為適當，俾利自新。

三、緩起訴期間為○年，被告並應於緩起訴處分確定後○月內，分別向○○基金會（公益團體）支付新臺幣○元及分別完成本署指定之「預防再犯暨保護被害人法治教育系列」課程○小時。

四、依刑事訴訟法第253條之1第1項、第253條之2第1項第4款、第8款為緩起訴之處分。

中 華 民 國 ○ 年 ○ 月 ○ 日

檢察官 ○○○

本件正本證明與原本無異

本件依職權送請再議。

中 華 民 國 ○ 年 ○ 月 ○ 日

書記官 ○○○

臺灣○○地方檢察署 印

附錄本案所犯法條全文（略）

## 第三節　提起公訴

檢察官依偵查所得的證據，足認被告有犯罪嫌疑者，應提起公訴。被告之所在不明者，亦應提起公訴。《刑事訴訟法》第251條定有明文。

檢察官起訴被告的方式有兩種，一種是依**通常程序**起訴；另一種則是以**聲請簡易判決處刑書**來起訴被告。本文就以檢察官〔聲請簡易判決處刑〕來作進一步的說明。

刑事訴訟法第451條（第1項、第3項）

檢察官審酌案件情節，認為宜以簡易判決處刑者，應即以書面為聲請。（第1項）

第一項聲請，與起訴有同一之效力。（第3項）

**簡易判決處刑**經常被運用在車禍衍生的刑事案件上。例如被告涉犯《刑法》第284條的〔過失傷害罪〕，本罪在《刑法》上是所謂的輕罪（註），如果偵查中被告已坦承犯行，而檢察官依現存的證據（指車禍相關資料及被害人的診斷證明書等）亦足以認定被告犯罪行爲時，通常就會以〔聲請簡易判決處刑書〕來起訴被告。

註：**輕罪**是以犯罪的法定刑輕重為標準所作的分類。例如《刑法》第41條第1項本文規定「犯最重本刑為五年以下有期徒刑以下之刑之罪，而受六月以下有期徒刑或拘役之宣告者，得以新臺幣一千元、二千元或三千元折算一日，易科罰金。」換言之，被告只要符合上述規定的要件，依法完納罰金後，就可免去牢獄之災。

法院適用〔簡易判決處刑〕時，原則上不會再開庭進行言詞辯論或訊問被告，且依法只能對被告宣告緩刑或判處被告得易科罰金或得易服社會勞動的有期徒刑、拘役或罰金，不僅省卻當事人往返法院的時間、勞費，亦可避免司法資源的浪費。《刑事訴訟法》第449條參照。

## 聲請簡易判決處刑書範例

臺灣〇〇地方檢察署檢察官聲請簡易判決處刑書

〇年度〇字第〇號　〇股

被 告 李〇〇　男　〇歲　（民國〇年〇月〇日生）

住〇〇市〇〇區〇〇路〇號〇樓

身分證字號：略

上列被告因犯過失傷害案件，業經偵查終結，認為宜聲請以簡易判決處刑，茲將犯罪事實及證據並所犯法條分敘如下：

犯罪事實

一、本案事實：（略）

二、案經王〇〇（指告訴人）訴由本署偵辦。

證據並所犯法條

一、上揭犯罪事實，業據被告李〇〇坦承不諱，並有〇〇市政府警察局交通警察大隊大隊道路交通事故初步分析研判表、〇〇市政府警察局道路交通事故調查報告表、現場圖、當事人登記聯單、〇〇醫學大學附設醫院乙種診斷證明書各1紙在卷可資佐證，被告犯嫌已堪認定。

二、核被告所為，係涉犯刑法第284條過失傷害罪嫌。

三、依刑事訴訟法第451條第1項聲請逕以簡易判決處刑。

此致

臺灣〇〇地方法院

中 華 民 國 〇 年 〇 月 〇 日

檢 察 官 〇〇〇

本件正本證明與原本無異

中　華　民　國○年○月○日

書記官○○○

臺灣○○地方檢察署 印

附錄本案所犯法條全文（略）

【車禍解疑雜惑店】

**被告在收到〔聲請簡易判決處刑書〕後，才與被害人成立和解或調解，如果被害人願意撤回告訴時，接下來要怎麼做？**

檢察官聲請簡易判決處刑後，會將全案卷證送交法院審理。法院適用簡易判決處刑時，簡易庭得不傳喚被害人或其他有告訴權的人出庭，自然也不會開庭辯論或通知被告到庭訊問，即逕以簡易判決處刑。

此時被告（指肇事者）、被害人或其他有告訴權的人如果已成立和解或調解而同意撤回告訴時，應即另以書狀向簡易法庭陳述或請求傳訊，如此被告才不會被不知情的法院逕以簡易判決處刑。

刑事訴訟法第453條

以簡易判決處刑案件，法院應立即處分。

實務上的具體做法，是雙方當事人在成立和（調）解同時，就請被害人一併寫好〔刑事撤回告訴狀〕，至於是由被害人自行遞狀給法院或是委由被告（即肇事者）自行送交法院撤告都沒關係，只要雙方協商好即可。

事實上，被告此時通常會比被害人更加緊張，因為他一方面擔心被害人可能遲遲不到法院遞狀撤告；另一方面又擔心法院如果早先一步作出判決的話，本案就無從撤回告訴了。

　　爲爭取時效，建議被告最好是在徵得被害人同意後，由被告速將〔刑事撤回告訴狀〕親送法院較好（註），以免法院在不知情的狀況下對被告作出有罪的判決，造成無法撤告的窘境。

註：案件移送法院後，若能查明分案股別，直接與承辦股書記官聯絡，表明被害人已撤回告訴的意旨，再將〔刑事撤回告訴狀〕送交該股書記官是最好不過了。

# 第四章　刑事案件的訴訟與裁判

## 第一節　刑事案件的訴訟

車禍事件進入法院訴訟程序後，除了少數個案有機會在第一審辯論終結前，以**庭外和解**或**調解**的方式解決外，其他個案的當事人通常就只能照著法律的程序繼續走下去。

刑事訴訟法第238條（第1項）

告訴乃論之罪，告訴人於第一審辯論終結前，得撤回其告訴。

肇事者從車禍發生後，歷經和解、調解，再到被告，如果到了偵查終結前，仍然無法與被害人達成解決糾紛的共識，那麼檢察官起訴後到法院第一審辯論終結前的這段時間，將是肇事者爭取與被害人成立和（調）解並換取撤回告訴的最後的機會。

實務上，少數車禍個案會進入刑事訴訟的原因，倒不是肇事者沒有解決車禍賠償的誠意，反而是被害人要求賠償的金額與其車禍所受的損害顯不相當所致。因此肇事者要如何在「要求顯不合理的賠償」與「判決有罪而留下前科」的兩難中，做出對自己較爲有利的選擇？這個問題，請參閱【如何面對求償獅子大開口的被害人？】相關說明，頁386起。

在法院適用〔簡易判決處刑〕程序時，通常會依〔檢察官聲請簡易判決處刑書〕及相關卷證資料逕爲審判。不像一般訴訟程序那樣，法院會通知被告來開庭。

然而法院決定適用哪種審理程序也不是檢察官說了算，當被告收到〔檢察官聲請簡易判決處刑書〕時，也不代表法院就一定會以〔簡易判決處刑〕的程序來審判。反之，收到檢察官的〔起訴書〕，也不表示法院將來就會依一般訴訟程序來審理。

有些車禍個案雖然是以〔聲請簡易判決處刑〕方式移送法院，但檢察官會在〔聲請簡易判決處刑書〕中附加待證事項，以促請承審法官留意本案還有部分事實亟待調查或釐清。

**待證事項**可能只有一項，也可能有好幾項。當法院進行審理而認有必要時，有可能會通知被告到庭說明，未必就會逕爲審判。當然，被告如果認爲檢察官〔聲請簡易判決處刑書〕中有與事實不符的部分，也可具狀陳報法院，請求法院給予開庭陳述意見的機會。

案件經檢察官提起公訴後，刑事訴訟的當事人除了被告，就是公訴檢察官。公訴檢察官都是法律專業人士，如果被告自認無罪或有冤屈希望經由訴訟程序獲得平反，此時不請律師閱卷及辯護，光靠法官明察秋毫，主持公道，恐怕也有風險。換言之，類此個案的被告就有必要考慮是否請律師協助處理了。

該請律師的時候就要請律師，這筆錢是花在刀口上，不能省也省不了。請參閱【如何找到心目中理想的律師？】相關說明，頁390起。

如果沒錢請律師，就看被告是否符合〔財團法人法律扶助基金會〕所認可的扶助對象，如果被告的資格與條件都符合，該基金會則會指派義務律師提供訴訟救助的服務。

## 第二節　刑事案件的裁判

裁判，指的是法院的裁定與判決，都是法院對外所作的意思表示。案件進了法院的訴訟程序後，當承審法官要對這個案子作出結論時，就會下一個裁判，也就是**裁定**或**判決**。裁定，通常是法院針對訴訟程序上或某些實體法律關係所作的決定；判決，則是法院對於本案審理後所作的結論。

車禍衍生的刑事案件經檢察官起訴後，最終都會走上判決一途。法院會怎麼判？攸關著被告將來的命運。

刑事判決的種類大致可分爲管轄錯誤判決、不受理判決、免訴判決、無罪判決及有罪判決等幾種。

管轄錯誤判決，是指法院對於案件沒有管轄權所作的判決。**管轄錯誤**較少出現在車禍衍生的刑事案件中，且這種判決並不是法院針對本案實體關係所作的判決，對於被告權益的影響不大，就不再多作說明。

**刑事訴訟法第304條**

無管轄權之案件，應諭知管轄錯誤之判決，並同時諭知移送於管轄法院。

不受理判決，是指案件有《刑事訴訟法》第303條規定的情形時，法院所作的判決。在車禍衍生的刑事案件中，大多是基於被告與被害人或其他有告訴權的人達成和（調）解並撤回告訴（第3款）的情形，法院因此判決不受理。少數情形是被告在判決前已死亡（第5款），作爲主體的被告既不存在，法院就只能依法作成不受理判決。

**刑事訴訟法第303條**

案件有下列情形之一者，應諭知不受理之判決：

一、起訴之程序違背規定者。

二、已經提起公訴或自訴之案件，在同一法院重行起訴者。

三、告訴或請求乃論之罪，未經告訴、請求或其告訴、請求經撤回或已逾告訴期間者。

四、曾為不起訴處分、撤回起訴或緩起訴期滿未經撤銷，而違背第二百六十條之規定再行起訴者。

五、被告死亡或為被告之法人已不存續者。

六、對於被告無審判權者。

七、依第八條之規定不得為審判者。

免訴判決，是指案件有《刑事訴訟法》第302條規定的情形時，法院所作的判決。這種情況在車禍衍生的刑事案件中不太容易發生，就不再多作說明。

**刑事訴訟法第302條**

案件有左列情形之一者，應諭知免訴之判決：

一、曾經判決確定者。

二、時效已完成者。

三、曾經大赦者。

四、犯罪後之法律已廢止其刑罰者。

無罪判決，是指不能證明被告犯罪或被告的行爲依法不應處罰時，法院所作的判決。車禍衍生的刑事案件，被告經檢察官起訴後，如果還能獲得法院諭知無罪的判決，終究是少數。

即便第一審法院諭知無罪的判決，被告也不要高興得太早，因爲判決尚未定讞，如果公訴檢察官不服法院判決，還是可以上訴第二審。〔無罪判決〕通常涉及個案具體事實的認定，因篇幅所限，故不再多作說明。

**刑事訴訟法第301條（第1項）**

不能證明被告犯罪或其行為不罰者，應諭知無罪之判決。

有罪判決，是指對於有具體犯罪事實且經證明係被告所爲者，法院依《刑事訴訟法》第299條第1項本文規定所作的判決。車禍衍生的刑事案件，被告經法院審理判決有罪，如果被告不服，一樣可以依《刑事訴訟法》第349條的規定提起上訴，自不殆言。

**刑事訴訟法第299條（第1項）**

被告犯罪已經證明者，應諭知科刑之判決。但免除其刑者，應諭知免刑之判決。

# 第五章　法院判決被告有罪確定後，被告會面臨什麼樣的刑罰？

車禍衍生的刑事案件進入法院審理程序後，如果被告最終經法院**判決有罪確定**，那麼被告接下來會面臨什麼樣的刑罰？這是被告最爲關心的問題！

## 第一節　刑罰的種類與科刑的輕重

### 一、刑罰的種類

《刑法》第32條將刑分爲主刑及從刑。種類如下：

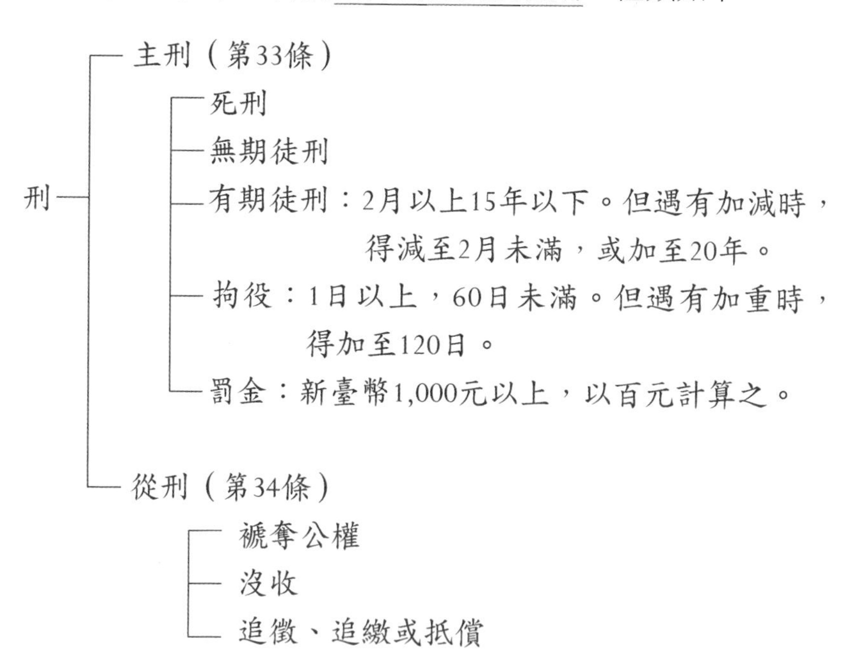


主刑，是可以獨立宣判的刑罰，又稱爲單獨刑。分爲死刑、無期徒刑、有期徒刑、拘役及罰金等5種。

死刑，是剝奪被告生命的刑罰，又稱為生命刑；無期徒刑、有期徒刑及拘役，是剝奪被告自由的刑罰，又稱為自由刑；罰金，則是剝奪被告財產的刑罰，又稱為財產刑。

從刑，是依附於主刑宣判的刑罰，由於是附隨於主刑而宣告，不能單獨科處，因此又稱為附加刑。計有褫奪公權、沒收及追徵、追繳或抵償等幾種。

車禍衍生的刑事案件，從被告可能觸犯的罪名來看，法定刑大概是落在有期徒刑、拘役或罰金這幾類。

## 二、科刑的輕重

法院對被告科刑的輕重，除了要看觸犯的是什麼罪名外，也要看被告有沒有前科？犯後態度，例如是否坦承犯行？是否深表悔意？有沒有和被害人達成和（調）解？以及參酌被告的生活狀況、品性、智識程度等因素。

刑法第57條

科刑時應以行為人之責任為基礎，並審酌一切情狀，尤應注意下列事項，為科刑輕重之標準：

一、犯罪之動機、目的。

二、犯罪時所受之刺激。

三、犯罪之手段。

四、犯罪行為人之生活狀況。

五、犯罪行為人之品行。

六、犯罪行為人之智識程度。

七、犯罪行為人與被害人之關係。

八、犯罪行為人違反義務之程度。

九、犯罪所生之危險或損害。

十、犯罪後之態度。

實務上，一般車禍刑案的被告多屬**初犯**（即沒有前科），如果僅是單純觸犯〔過失傷害〕的罪名，即便被告與被害人沒有達成和（調）解或撤回告訴，只要被告犯後態度良好且有悔悟之心，法院大多科處被告得易科罰金的有期徒刑或拘役，未必非要坐牢不可。

如果被告觸犯的是〔酒駕致人於死或重傷〕及〔肇事致人死傷逃逸〕等公共危險的罪責時，這一類的犯罪行為屬於〔非告訴乃論〕的罪名（俗稱**公訴罪**），被告有沒有與被害人達成和解或調解？被害人有沒有表明不再追究被告刑事責任？法院的判決結果就有可能大大不同。

換言之，如果被告與被害人已達成和（調）解且被害人也表達不再追究之意，被告是有機會獲得法院輕判的機會，例如判決被告「有期徒刑陸個月，緩刑貳年」。反之，被告如果未與被害人達成和（調）解，法院自然也不太可能給予被告緩刑的優遇了。

**刑法第74條（第1項）**

受二年以下有期徒刑、拘役或罰金之宣告，而有下列情形之一，認以暫不執行為適當者，得宣告二年以上五年以下之緩刑，其期間自裁判確定之日起算：

一、未曾因故意犯罪受有期徒刑以上刑之宣告者。

二、前因故意犯罪受有期徒刑以上刑之宣告，執行完畢或赦免後，五年以內未曾因故意犯罪受有期徒刑以上刑之宣告者。

## 第二節　解讀法院的判決主文

裁判，就是法院對外所爲的意思表示。判決主文，簡言之就是法院對外以**裁判**所爲意思表示的具體內容。

刑事訴訟的〔判決主文〕可能是針對被告有罪、無罪所作的認定。無罪，主文就會記載「被告○○○無罪」；若是認定被告有罪，那麼主文的內容便會寫被告所犯何罪、應處以何種刑罰、刑度等具體內容。涉嫌**告訴乃論**的刑事罪名，如果告訴人在訴訟中撤回告訴時，則〔判決主文〕就會記載「本件公訴不受理」。茲舉一例說明：

沒有前科的李○○某日開車不慎撞傷被害人後，一時心虛隨即駕車逃逸。經警方循線查獲李嫌到案後，檢察官以涉犯《刑法》第185條之4**肇事致人傷害逃逸罪**，將被告李○○提起公訴。假設被告李○○此時才向法官坦承犯行不諱，且在判決前積極努力地與被害人達成和解，經法院審酌全案犯罪情節後，法院可能作成如下的〔**判決主文**〕：

被告李○○犯肇事致人傷害逃逸罪，處有期徒刑貳月，如易科罰金，以新臺幣壹千元折算一日。緩刑貳年。

這個〔判決主文〕到底是什麼意思？被告李○○會不會坐牢？要不要繳納罰金呢？茲說明如下：

## 一、主文有關「處有期徒刑貳月，如易科罰金，以新臺幣壹千元折算一日」的部分

這是法院對被告李○○所作的**刑之宣告**（即**宣告刑**），如果被告李○○收到檢察官的執行通知，就必須在期限前去地方檢察署（不是法院）繳納**新臺幣6萬元**（1,000元折算1日，1個月以30日計算，1個月便是3萬元，兩個月便是6萬元）的罰金，這樣才能免受牢獄之災。

## 二、主文有關「緩刑貳年」的部分

是指被告李○○如果自判決確定之日起，只要**兩年內**沒有違反《刑法》第75條、第75條之1規定的情形而被撤銷緩刑

的宣告，那麼被告李○○被法院「處有期徒刑貳月，如易科罰金，以新臺幣壹千元折算一日」的宣告刑，依《刑法》第76條本文的規定，就會失其效力。換言之，被告李○○就不會留下所謂的前科了。

由於本案的〔判決主文〕是處被告李○○有期徒刑**得易科罰金**又有**緩刑**的宣告，因此被告李○○並不會收到檢察官的執行通知，**罰金可暫免繳納**。

**刑法第75條（第1項）**

受緩刑之宣告，而有下列情形之一者，撤銷其宣告：

一、緩刑期內因故意犯他罪，而在緩刑期內受逾六月有期徒刑之宣告確定者。

二、緩刑前因故意犯他罪，而在緩刑期內受逾六月有期徒刑之宣告確定者。

**刑法第75-1條（第1項）**

受緩刑之宣告而有下列情形之一，足認原宣告之緩刑難收其預期效果，而有執行刑罰之必要者，得撤銷其宣告：

一、緩刑前因故意犯他罪，而在緩刑期內受六月以下有期徒刑、拘役或罰金之宣告確定者。

二、緩刑期內因故意犯他罪，而在緩刑期內受六月以下有期徒刑、拘役或罰金之宣告確定者。

三、緩刑期內因過失更犯罪，而在緩刑期內受有期徒刑之宣告確定者。

四、違反第七十四條第二項第一款至第八款所定負擔情節重大者。

**刑法第76條（本文）**

緩刑期滿，而緩刑之宣告未經撤銷者，其刑之宣告失其效力。但依第七十五條第二項、第七十五條之一第二項撤銷緩刑宣告者，不在此限。

# 第六篇

# 車禍糾紛的解決之道

# 第一章 運用談判技巧解決車禍糾紛

## 一、談判的技巧：情 → 理 → 法

從實務上觀察，談判是當事人最常用來解決車禍糾紛的方式，而和（調）解的程序，則是當事人最能充分運用談判技巧的場合。

當事人願相互讓步而選擇**雖不滿意，但勉強接受**的這種妥協結果，並不是出於對原則的犧牲，而是在自由意志下，透過自我利益衡量做出的最佳判斷，也就是所謂的「兩害相權取其輕，兩利相權取其重」的思維。可見和（調）解的過程本就帶有濃厚的談判色彩，條件要怎麼開？賠償金額要怎麼談？雙方討價還價之際，有時也要看彼此手上握有什麼籌碼和自設的底限而定。

是的～談判要有籌碼，有籌碼的一方相較於沒有的一方握有優勢；有較多籌碼的一方則握有較多的優勢，也較能主導談判的方向與結果，但這不意味著沒有籌碼或籌碼較少的一方只能居於劣勢而處處挨打或任憑宰割。

**談判**類似法庭上的言詞辯論，如果把打官司看成是法律訴訟的攻防，那麼和（調）解階段的談判，無疑是在以和爲貴的前提下，雙方在法庭外所進行的前哨戰，只是氣氛和諧多了。

在雙方展現善意與誠意的同時，糾紛的解決還是要回歸到問題本身，所以談判策略的最高原則，不在創造一種得「理」不饒人的表象，而是理「直」的人要「**氣和**」（態度決定高度）；理「屈」的人要「**求全**」（兩害相權取其輕）。

談判過程中，當事人彼此間你來我往、各執一詞而互不相讓，或許煙硝味十足，但少有引經據典、在法言法的情況。畢

竟絕大多數的當事人都不是法律專家，遇有車禍糾紛，也只能從情、理面的思維出發，雙方儘可能地溝通協調，共同努力把車禍問題處理好，以期早日回到正常的生活。

因此～如何經由談判的過程動之以情、說之以理、異中求同，以期試探出彼此願意解決車禍糾紛的底限？這才是談判的最終目的。因此車禍糾紛的談判應從情、理面出發，不必言必稱「法」而傷了彼此的和氣。

## 二、上談判桌前，請先做好功課

當事人沒備妥資料就上談判桌，這情形就像是阿兵哥沒帶武器上戰場一樣，因此事前的準備功夫絕不能免。

### （一）了解車禍發生的原因，釐清爭點並確認肇責歸屬

就像醫生看診一樣，必須先確認病因，才能對症下藥。車禍糾紛的處理亦然，須先釐清責任歸屬及肇責比例，肇責釐清後，再來討論賠償議題，也就是誰賠誰？賠多少？怎麼賠？

### （二）收集相關事證資料

車禍當事人手邊或多或少都會有些書面資料。例如車禍登記聯單、現場圖或初步分析研判表及醫療單據、診斷證明書或修車單據等。備妥與車禍有關的資料到場調解，除可用以佐證陳述的事實並非空口說白話外，也可避免因記憶出錯及口誤而衍生其他不必要爭議的發生。

### （三）認識自己在法律上有何權利或義務

所謂知己知彼，百戰不殆。進行談判前，務必先了解自己在法律關係中，究竟是加害人（肇事者）？還是被害人？還是兩者兼而有之？（當車禍發生原因雙方與有過失時，自己就可能兼具加害人與被害人的地位）

此外，考量個人社會歷鍊與解決車禍糾紛所需具備的專業知識與能力，談判時要不要請律師或親友陪同在場？或是聯絡保險公司派員協助？都應事前加以評估，以免談判還沒開始，就已埋下「破局」的伏筆。

## 三、談判第一步：從建立百分之一的互信基礎開始

信任是人性的基本元素，也是人生最珍貴的資產，一旦產生裂痕，我們就得為此付出極高的代價。

### （一）隨時保持聯繫

為了建立彼此互信以維持良好的互動關係，當事人首應保持正常的聯繫管道。實務上有不少案例顯示，在法律上應負肇事責任的一方，在事發後留給被害人的手機號碼不是空號、停用，就是打了以後無人接聽，甚至留給警方或被害人的聯絡地址，不是查無此址，就是查無此人，毫無互信可言。

互信基礎是雙方進行車禍談判過程不可或缺的要件。當事人互動良好，那麼在面對面談判時，氣氛是輕鬆愉快的。反之，雙方沒有聯繫或是互動關係不佳的話，談判的氛圍必然是嚴肅而緊張的，那麼協商過程中爆發衝突，也就不足為奇了。

### （二）善意與誠意要有具體行動

進行談判時，肇事者光說自己有誠意解決，但口惠而實不至，那是沒什麼效用的。為了給被害人一個交代，事前準備個紅包或是帶著提款卡再上談判桌，以實際行動來證明自己確實有負起賠償責任的誠意，總比兩手空空的去要好的多。

俗話說「救急不救窮」。負有賠償責任的一方如果本身經濟情況欠佳，不妨考慮尋求親友的資助，先解燃眉之急再說。只要對外能與被害人達成賠償共識，糾紛解決了，親友的金錢

債與人情債，日後再想辦法盡力償還便是。

### （三）要懂得察言觀色而不是看人臉色

談判時，當事人應避免以言語嘲諷羞辱對方，也不要有拍桌叫罵的情緒反應。協商過程中難免會有抱怨、批評或無法克制情緒的時候，當事人應發揮同理心，適切而具體地回應對方的提問，以誠懇的態度獲取對方的諒解。這是建立彼此互信的基石，也是糾紛能否解決的重要關鍵。

## 四、有第三者在場的談判，較易事半功倍

爲了補強雙方互信基礎的不足，談判過程中如果能有客觀中立的第三者在場，是最好不過的事了。當雙方你來我往、互不相讓而形成僵局時，有經驗的和事佬會適時出面緩頰，減少緊張對立的氣氛，雙方也可藉此轉移爭論的焦點，請第三者說句公道話，或是提供可行的解決方案。

不論警察或是調解委員，甚至是民意代表、地方上的里、鄰長，他們或多或少都有幫人排難解紛的經驗，有這些具公信力的第三者居中協商，當事人較不易流於意氣用事或出現人身攻擊及情緒性的對話。誠意與善意的具體展現，便是藉此模式，在談判過程中，一點一滴累積起來的。

## 五、陪同談判的親友，請「幫正忙」，不要「幫倒忙」

有些個案的當事人年紀較輕、思慮欠週又缺乏經驗；有的當事人不善言詞且表達能力不佳，最好能有親友陪同到場。

出席調解的親友們，務必記得請你們來是要**幫正忙**而不是來**幫倒忙**。因此談判過程中請勿隨興發言、插話或搶話，更不要有挑釁對方的言行或過激的肢體動作才好。

## 六、您可以不了解法律，但您不能不懂人性

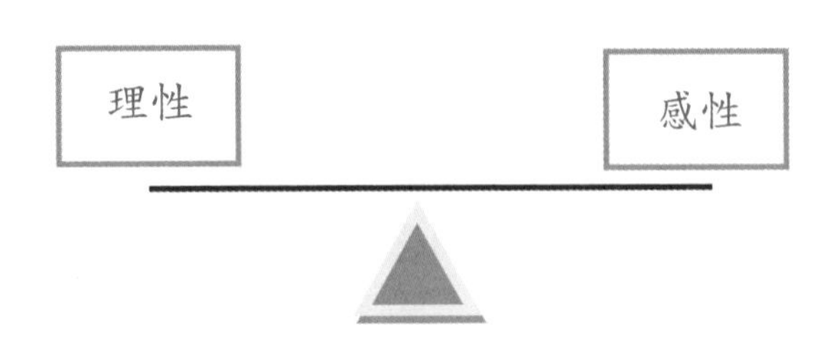


人是理性與感性兼具的動物。感情用事而容易衝動的人，應該學習控制自己的脾氣；理性過了頭的人，也不應該理直氣壯而得理不饒人，須知理直氣「和」且得理「要」饒人才能成事。

理性與感性猶如天平的兩端，在談判過程中，會隨著內心情緒的起伏與外在環境的變化而上下擺盪。因此車禍糾紛能否經由談判得以解決，大抵看的是「人性」，而未必是看「**法律**」怎麼規定。

畢竟每個人的成長環境與學習背景都不盡相同，遇到事情的反應與處理方式也各異其趣，我們很難要求別人想的或做的必須和我們自己一樣，這就是**人性**，無關**法律**。

# 第二章　解決車禍糾紛的方程式

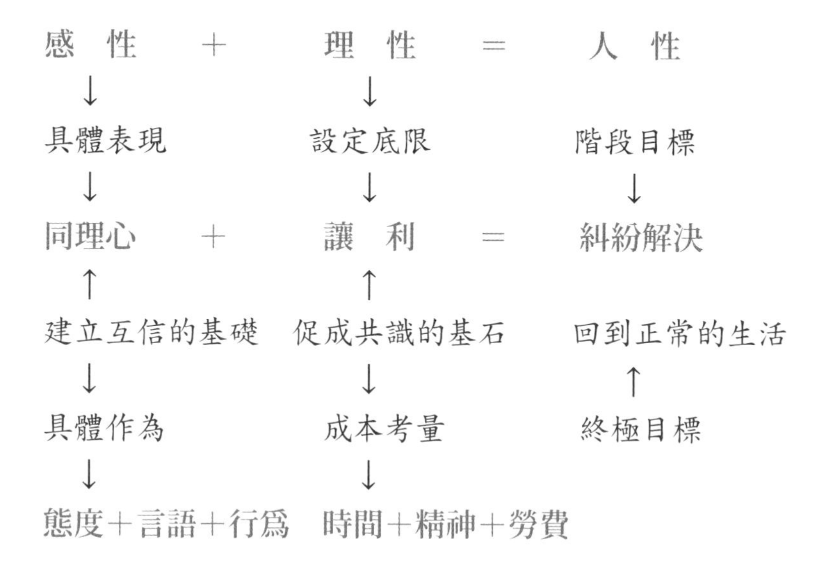


## 一、同理心：己所不欲，勿施於人

同理心，簡言之就是己所不欲，勿施於人。有了「同理心」，不僅可以避免衝突的發生，舒緩雙方談判過程劍拔弩張的氣氛，也有助於建立彼此的互信。例如車禍造成人員傷亡時，主動對傷者或被害人家屬表示關心與慰問之意，而不是急於計較誰對誰錯，如此才有助於建立雙方的互信。

同理心＝態度＋言語＋行爲

態度決定您的高度。謙和有禮的態度是必備的要素。當事人自身的**態度**很重要，對立當事人的**感受**也很重要。對方陳述意見時，凝神傾聽並正眼看著對方，傳遞的是尊重的訊息，切勿出現鄙視對方的神情或有煩燥不耐的反應。

言語要不疾不徐，就是有話好好說、有事慢慢講，詞懇意切而言之有物。未必要說的口沫橫飛，但也不要言不及意、答非所問，當然～高分貝地叫囂怒罵更是大忌！

行爲要中規中矩，指的是進退有據、應對得體。談判過程中抓耳弄腮或手足無措都是失禮的行爲，至於捶胸頓足或拍桌踹椅更不可取。

## 二、讓利：讓您無往不利！

**讓利＝時間＋精神＋勞費**

俗話說「時間就是金錢」，但看不見、摸不著，因此時間可看成是一種無形成本。

一件糾紛從發生到解決，您打算花多少時間來解決？如果時間拖的愈長，糾紛卻還是沒有解決，那麼原本可以用來增加自己收益或創造更多價值的時間就會受到排擠，因此您必須正視時間也是解決車禍糾紛的成本。

當解決糾紛的時間**大於**您原可用來增加收益或創造更多價值的時間時，那您就該考慮讓利的可能性。

俗話說：「平安卽是福」。吃的下、睡得著，就是一種福氣。處理糾紛是件傷神的事，畢竟每個人應付外在危機及解決危機的能力不盡相同。這裡講的精神，指的就是您面對糾紛時的抗壓性而言。糾紛未決，會使人產生焦慮、煩躁與不安，自然就吃不好、睡不好，長期下來定會對身心造成一定程度的影響。如果您的抗壓性不高，無法忍受長時間糾紛未決所帶來的煎熬，那您就必須認眞考慮**讓利**。

勞費，指的是您爲了要解決糾紛所付出的代價。除了前面所說的時間是無形的成本外，也包含您爲了解決車禍糾紛所要付出的**有形成本**。包括金錢的支出（例如律師費、訴訟費、交通、食宿費等）及勞力的付出（例如彙整車禍相關資料、塡寫書表或撰狀、請假跑法院開庭等）。所謂兩害相權取其輕，車禍當事人都應愼重考慮談判不成的後果。

## 三、運用同理心與利他思維來解決車禍糾紛

車禍糾紛的解決，首應先釐清責任歸屬，責任歸屬釐清後，才有可能協商賠償的議題。茲再細分兩點說明：

### （一）車禍責任歸屬的部分

#### ㊀對傷者表示關心慰問之意，有利談判的進行

車禍事件中有可能雙方都受了傷，也可能只有一方受傷，受傷的一方在車禍中可能也有過失。但在論及責任歸屬前，如果他方能對傷者的傷勢先表示關心慰問之意，其實是有助於創造較爲和諧的談判氛圍。

俗話說：「良言一句三冬暖」。車禍中的傷者，撐著拐杖、坐著輪椅前來談判，身體的傷痛已經令他很不舒服了，此時出自對方一句：「傷勢好一點了沒有？」很能讓傷者及他的家人感到窩心，通常也會得到相對善意的回應。

#### ㊁承認自己與有過失，是負責任的表現

許多車禍案例顯示，當事人在釐清責任歸屬的階段，會避重就輕地不談自己與有過失的部分，反而指責對方哪裡也有錯，因此觸怒了對方而不自知。如果談判前，對於自己有錯的地方能先坦承己過，向對方表示歉意的話，就算對方本想藉題發作，這時通常也會暫時忍住，看後續賠償階段雙方如何協商

再說，這就是利他思維的好處。

### ㊂責任歸屬不明時，不妨擱置爭議，直接討論賠償的可能性

當雙方就車禍肇責各執己見而相持不下時，不妨試著轉換另一種談判方式，把爭議暫時擱置，轉而切入賠償的問題，看看有沒有可能直接從賠償金額上，達成雙方的共識。

雖然這種做法有違前述車禍的處理原則，但爭執點如果不是當下雙方最關切的問題，而且雙方也不覺得有必要爲此去申請車禍鑑定的話，是可以考慮跳過責任歸屬的爭論，直接討論賠償議題的。

實務上，有些個案當事人急於把車禍問題解決，好儘快回到正常的生活，不管動機爲何？只要雙方就賠償金額能夠達成具體共識，那麼關於責任歸屬的爭執似乎就顯得無關緊要了。

## （二）車禍協商賠償的部分

責任歸屬釐清後，要讓賠償部分的協商順利進行，涉及的問題點也不少，例如賠償的金額、項目、付款的方式等等，都是在此階段進行討論。此時當事人若能**善用利他思維**，通常達成賠償共識的機率就相當高。

有權利請求賠償的人，應適時通融，給予賠償義務人一點方便。如果雙方達成賠償金額的共識，但肇事者的經濟情況確實不好時，連法律也不能強人所難，此時被害人不妨考慮讓肇事者分期清償。畢竟把人逼急了，會不會最後打贏了官司，卻拿不到一毛錢？這一點，被害人也應該考慮一下。

一個簡單的轉念，讓雙方兼顧面子及裡子，又可避免訟累，稱得上是利他又利己，何樂而不爲？這也是實務上最常運用的談判技巧，也是最符合人性的車禍處理模式。

### 心裡放不下別人是沒慈悲；心裡放不下自己是沒智慧

不僅車禍糾紛的處理可以運用上述的觀念與方法，其實在其他糾紛的解決上，這些道理也沒有什麼不同。如果當事人都能充分掌握本文強調的幾個人性基本元素，並進而善用這些「人本元素」的話，咸信許多私權糾紛都能因此大事化小，小事化無囉！

# 第三章 如何協商賠償或付款的方式？

車禍糾紛的處理，當事人好不容易走到最後的一哩路，也就是雙方就車禍賠償達成共識時，接下來便是要討論如何賠償或付款的問題，這也是車禍糾紛能否解決的重要環節。是要回復原狀？還是賠錢？如果是賠錢，是要付現？還是匯款？還有～錢什麼時候付？分幾次付？這些有關賠償或付款的方式與時間，凡此都在考驗雙方的互信基礎是否穩固。

## 一、賠償的方法

實務上，車禍賠償的方法以回復原狀與金錢賠償占絕大多數。少數個案會要求肇事者另以口頭或書面向被害人道歉，要肇事者立下**切結書**或寫**悔過書**，以資警惕！

以〔回復原狀〕爲賠償方法時，要留意的是被害人受損車輛要由誰來修？實務上較常發生爭議的是肇事者會希望交由自己熟識的廠商維修，因爲費用較便宜。但被害人則會希望送到原廠處理，可是修車費用可能較高。

此外，涉及受損車輛的維修費用要由誰來付？是肇事者付？還是保險公司？修車廠要找誰收錢？這些當事人都要事先說清楚、講明白。否則修車廠沒收到錢是會扣車的，到時候又會衍生其他的費用（例如車輛保管費）。

至於車輛維修費用中，如果有車材料件的更換或是車輛毀損造成車價可能低於市場行情等狀況，都會涉及折舊的問題，這也是當事人要注意的地方。

以金錢爲賠償方法時，還要留意涉及**保險**的部分。由於保險有〔強制險〕與〔任意險〕之分，肇事者的賠償金額含不含強制險？保險公司同意給付的金額是多少？在協商過程中務必要確認清楚並紀錄於書面，才不會衍生其他爭議。

## 二、付款的方式

### （一）現金

一般而言，現金支付是最直接又明確的方式，只要數目對了，當場點收無誤，受款人再開張收據給付款人即可。有的被害人會擔心當場點收的現金裡，可能有夾帶僞鈔或假鈔？如果有此疑慮，也只能看看附近有沒有超商，大家一起到店家商借點鈔機一用了。

### （二）轉帳或匯款

當事人約定以轉帳或匯款（註）的方式給付，就要把轉帳或匯款的金融機構帳號、帳戶名稱寫清楚。付款人於轉帳、匯款後，也要妥善保存轉帳或匯款的單據明細。如果能再打通電話確認受款人是否已經收到款項，當然會更好。

註：近年來拜科技發達之賜，許多年輕人會透過手機的操作，以網路匯款的方式將款項轉入對方指定的銀行帳戶，手續上更為安全便利。

### （三）支票或本票

支票或本票具有代替現金支付的功能，特別是在給付被害人的賠償金額較大時，爲了避免攜帶大量現金造成的不便及風險，以支票或本票代替現金的支付，不失爲可行的方式。

實務上，付款人交給受款人的支票可能有以下三種，一種是由付款人（即發票人）親簽的支票；另一種是所謂的**客票**，也就是付款人（非發票人）以外的第三人簽發的支票；還有一種是由銀行簽發並保證付款的支票。

除了銀行所簽發及付款的支票較無風險外，其他兩種都涉及承兌風險的問題。**本票**也有類似的問題，這是被害人收受支票或本票時要慎重考慮的。

### （四）人保

有些車禍個案的被害人考量到肇事者的資力不足，爲了降低日後求償無門的風險，會要求肇事者再找個第三人來作保或共同負連帶給付的責任，以確保自己的權益。實務上，這個願意被拉進來的**保人**或**連帶債務人**通常以付款人的家人居多，少數則是付款人的朋友。

## 三、付款的時間與次數

### （一）一次給付

#### ㈠當場一次給付

這是最佳的付款方式，雙方確認應付金額後，當場便把款項全部付清。在和（調）解場合時，相關內容的寫法如下：

甲方（聲請人）願給付乙方（對造人）新臺幣（註1）1萬元，並於民國○年○月○日（註2）當場以現金一次交付乙方（對造人）收執，不另製據（註3）。

註1：金額前要寫上「幣別」，例如給付的金額是「新臺幣」或「美金」。

註2：和（調）解內容如果沒有載明付款日期，法律上則表示對造人（下稱債權人）隨時可以向聲請人（下稱債務人）請求付款的意思。

註3：不另製據，就是說債權人不需要另外再寫一張收據給債務人的意思。

車禍實務上，「給付」一詞相較於**賠償**或**補償**而言，是較爲中性的用語。以「給付」一詞來代替「賠償」，既可避免類似爭執傷了雙方和氣，也可兼顧當事人的顏面。

### ㈢特定期日前一次給付

次佳的付款方式，則是雙方確認應付金額後，債務人承諾在某年某月某日（前），將應付款項一次付清（註）。在和（調）解場合時，相關內容的寫法如下：

甲方（聲請人）願給付乙方（對造人）新臺幣1萬元，並於民國○年○月○日（前）給付完竣。

註：至於付款的方式，實務上大多是由債權人提供匯款帳號給債務人，由債務人在期限內將金額匯至債權人指定的帳戶。

## （二）分期給付

分期給付，可說是雖不滿意，但勉強能接受的付款方式。畢竟債權人最後能不能獲得全部給付並不確定。債權人願承擔此一風險，也是勢不得已而勉予接受的結果。

因此，採分期給付方式付款時，債權人要特別注意的是分期的次數（分幾期？）與期間的長短（多久1期？以及各期加總後的期間有多長？）。茲分別說明如下：

### ㈠二次給付：分兩次付款的方式

1.當場給付＋特定期日給付

雙方確認給付金額的同時，債務人當場先付第一筆錢，另於某年某月某日（前）再付第二筆錢。在和（調）解場合時，相關內容的寫法如下：

甲方（聲請人）願給付乙方（對造人）金額總計新臺幣（下同）（註）1萬元，即當場以現金先行交付5千元予乙方（對造人）收執，不另製據；餘款5千元由甲方（聲請人）於民國○年○月○日（前）給付完竣。

註：如果內容提到兩次以上的金額時，可在第一次提及金額時，在幣別之後加註（下同），就不需要每每提及金額時反複記載。

2.分先後兩次特定期日給付

雙方確認給付金額後，債務人於某年某月某日先付第一筆錢，另於某年某月某日再付第二筆錢。在和（調）解場合時，相關內容的寫法如下：

甲方（聲請人）願給付乙方（對造人）金額總計新臺幣（下同）1萬元，即於民國（下同）（註）○年○月○日（前）先行給付5千元；餘款5千元由甲方（聲請人）於○年○月○日（前）給付完竣。

註：如果內容提到兩次以上的日期時，不論是「民國」或「西元」，可在第一次提及時，在「民國」或「西元」之後加註（下同），就不需要每每提及日期時反複記載。

### ㈡三次以上的給付方式

1.一期未付，未到期部分，視為全部到期

民法第318條（第2項）

法院許為分期給付者，債務人一期遲延給付時，債權人得請求全部清償。

超過（含）3次以上的分期付款方式，此時爲了避免債權人每於債務人遲延給付時，必須逐期聲請強制執行的不便，和（調）解內容必須記明「一期未付，未到期部分，視爲全部到期」的字樣，以確保債權人的權益。在和（調）解場合時，相關內容的寫法如下：

甲方（聲請人）願給付乙方（對造人）金額總計新臺幣（下同）1萬元，即自民國（下同）113年6月15日起至114年3月15日止，計分10期，按每月15日（前）每期給付1千元予乙方（對造人），至全部清償完畢為止。

前項分期給付金額，甲方（聲請人）如有一期未付，未到期部分，視為全部到期。

假設甲方（聲請人）連續支付了前4期的錢，也就是付了4千元後，第5期就沒有再依約付款的話，那麼未到期的部分，也就是第5期到第10期，這6期加起來還沒付款的金額總計是6千元的部分，乙方（對造人）便可請求甲方（聲請人）一次給付，甲方（聲請人）就再也不能享有原可分期給付（清償）的利益，這就是「**一期未付，未到期部分，視為全部到期**」的意思。（註）

註：如果當事人約定「**兩期未付，未到期部分，視為全部到期**」也是可以的，只是對於債權人或是比較沒有保障而已。

2.其他分期給付記載時應注意的事項

分期付款的付款日期儘量避免寫「月初」、「月中」或「月底」付款的字樣，因為還要透過解釋，可能衍生爭議。

分期付款如果是約定在每月的29日或30日付款，而付款期間會遇到2月份時，內容應括弧註明（2月為28日）。

超過（含）3次以上的分期付款方式，不論是定期給付或不定期給付，也不論每期付款的金額是否相同，「**一期未付，未到期部分，視為全部到期**」的規定，都有適用。

分期給付的期數過多，不易確認最後一期應付款的年月日時，可以不寫。但末尾還是要加記「至全部清償完畢爲止」。在和（調）解場合時，相關內容的寫法如下：

甲方（聲請人）願給付乙方（對造人）金額總計新臺幣（下同）50萬元，卽自民國（下同）113年2月10日起，計分50期，按每月10日（前）每期給付1萬元予乙方（對造人），至全部清償完畢爲止。

前項分期給付金額，甲方（聲請人）如有一期未付，未到期部分，視爲全部到期。

# 第四章　兩害相權取其輕的思維

## 一、賠償不是當事人唯一的選項

臺灣是一個富有人情味的地方，碰到車禍這類意外，有的被害人認為是自己運氣不好，因此願意選擇息事寧人，肇事者包個紅包（金額多寡是另一回事），驅驅晦氣霉運，也就算了。

此外，在和解與調解車禍糾紛的場合上，都特別強調當事人應相互讓步的重要。如果雙方討價還價，最後只因幾百塊錢或幾千塊錢的落差而導致破局，這實在不是明智之舉。不論是肇事者或被害人，都應慎重考慮協商不成的後果，也就是面對將來打官司所要花的時間、精神及勞費。這些程序上的不利益（隱形的成本或代價），都不是區區幾百塊錢或幾千塊錢所能彌補過來的。

賠償確實不是當事人唯一的選項，有時候我們不得不從〔兩害相權取其輕〕的角度來思考解決問題的方法。肇事者多付幾百塊錢或幾千塊錢的賠償，或是被害人少拿了幾百塊錢或幾千塊錢的賠償，如果能讓車禍糾紛因此獲得解決，彼此重新回到正常的生活，似乎也就不太需要錙銖必較了。

## 二、雙方互告過失傷害絕非上策

當事人在車禍中都有受傷的情形，實務上相當常見。只要有人受傷，理論上傷者就可依法提起過失傷害的刑事告訴。如果雙方當事人對於車禍發生的原因都有肇責時，那麼**以刑逼民**就不會是解決車禍糾紛的最好方式。

你告對方〔過失傷害〕，對方同樣可以告你〔過失傷害」，雙方互告的結果，就有可能通通被檢察官起訴，也通通被法院判刑，並爲此留下了前科，這是相當不智的做法。畢竟易科罰金的錢，也是從自己的口袋拿出來，用以換取不必坐牢的對價，並不是說繳了罰金就可以免除車禍賠償的責任。

由於現行法律制度是如此設計，當事人在「兩害相權取其輕」的思維下，如果要避免傷及荷包（指易科罰金）又不想留下前科，就應該理性溝通，儘可能透過和解、調解或是民事訴訟等途徑來解決。千萬不要輕易地發動刑事告訴程序，否則不僅無助於車禍糾紛的解決，也可能造成損人不利己的結果。

## 三、關於肇事者的自首

自首，是指某人犯罪後，在沒有被發覺前，向偵查犯罪的機關（例如警察局、派出所）主動申告自己犯罪的事實經過並表示願接受法律制裁的行爲。

**自首**得減輕其刑。肇事者倘因車禍致人死傷而能立即報警並向到場員警表明自首之意，將來就有獲得**減刑**的機會。不論是故意犯或過失犯，只要符合自首要件，都有適用。

刑法第62條

對於未發覺之罪自首而受裁判者，得減輕其刑。但有特別規定者，依其規定。

車禍致人死傷時，肇事者可能涉嫌《刑法》第284條「**過失傷害罪**」或《刑法》第276條「**過失致人於死罪**」等刑責。因此肇事者在車禍發生後，務必向到場處理的員警表明自首之意，切莫等到法律程序走了一半或調查確認肇責後，再來認罪或請求原諒，這時肇事者的行爲已不符合自首的要件，自然也就沒有適用自首減刑的機會了。

尤其是車禍涉及酒駕或肇事逃逸致人死傷的個案時，肇事者的行爲可說是罪加一等，因此有沒有自首的行爲，對於將來法院論罪科刑自然也有一定程度的影響。肇事者在〔兩害相權取其輕〕的思維下，要選擇逃避？還是勇於面對？答案是再清楚不過了。

# 第五章　如何面對求償獅子大開口的被害人？

車禍個案中不乏被害人求償金額高得離譜，也就是肇事者口中所謂〔獅子大開口〕的情形。

被害人求償爲什麼會獅子大開口？原因或動機不一……實務上觀察，有時是肇事者對被害人漠不關心或不聞不問的態度所致；有時則是被害人親友亂出主意，要被害人把賠償金額拉高，好讓肇事者討價還價；也有被害人說是爲了要給肇事者一個教訓，叫他以後騎（開）車要小心一點。總而言之，理由百百種，但要求賠償的金額就是明顯不合常理。

當車禍肇責已釐清或不再爭執，雙方當事人準備協商賠償議題時，肇事者最不希望碰上**獅子大開口**的被害人。因爲這類被害人要求的賠償金額往往高的離譜，遠遠超出肇事者所預期的**行情**。雖說人身無價，本不應該有所謂的「行情」，但這裡所稱的「行情」，意思是指超過了一般人在類似車禍個案達成和（調）解的金額或是法院判決被告應賠付的合理金額。

這類被害人大多拿不出具體求償的單據佐證或供檢視，就算有提示損賠清單，但清單上求償的慰撫金（即精神賠償），往往也是所有項目中金額最高的一項。慰撫金這一項要賠多少才算合理？由於沒有絕對客觀的標準，因此不禁讓人有了許多想像空間。

實務上，常見被害人在車禍中只有輕微的擦、挫傷，卻要求5到10萬元的賠償，似乎不太合理。假如車禍不能順利解決，被害人又對肇事者提出過失傷害的刑事告訴，那麼肇事者日後就可能會被起訴判刑，並因此留下所謂的前科。

法院對於車禍衍生的刑事過失傷害案件，通常會判處被告得易科金的有期徒刑或拘役，這個法院判處得易科罰金的錢，如果以一天折抵新臺幣1千元計算的話，判處拘役30日或有期徒刑2個月，罰金大概就落在3到6萬元之間，對照到前述被害人要求的不合理賠償金額來看，讀者大概也就知道是怎麼一回事了。

當然～被害人通常不會直接說要**拗**肇事者這筆易科罰金的錢，而是把這筆相當於得易科罰金的數額變相加到**慰撫金**或是看不見薪資所得證明的**高額薪資損失**等項目來主張。

此外，還有一種類似〔獅子大開口〕的情形，也是肇事者不太能接受的。例如車禍造成被害人受傷，肇事者沒受傷，但車禍發生的原因則是雙方都有過失，只是過失比例不同而已。參考《民法》第217條有關**過失相抵**的規定來看，被害人要向肇事者請求賠償時，理應要就自己**與有過失**的部分先按比例扣抵後，再來向肇事者求償方屬合理。但規定畢竟只是規定，到了現實個案中，往往又變了個樣。

不少被害人往往是以自己的全部損害爲基礎來計算求償金額，對於自身**與有過失**的部分不是刻意隻字不提，便是以此作爲談判的籌碼，總要等到肇事者提出**過失相抵**的主張後，才考慮調降求償的金額，猶如是被害人所施予的恩惠。偏偏這種情形在雙方互信基礎薄弱的情況下，又常常是**不能說的秘密**。肇事者意識到如果一開始就談「過失相抵」，恐怕會破壞協商談判的氣氛，因此都會視談判的進展來決定過失相抵的主張要不要提？或是在什麼時間點提？雖然被害人未必會獅子大開口，但這種情形在實務上卻很常見。

如果車禍糾紛談判過程中，出現這些令人無可奈何的情況時，有誠意解決車禍糾紛的肇事者要如何因應？這個問題同樣需要從兩害相權取其輕的方向思考。

當被害人求償金額超過肇事者所預期時，**花錢消災**是可以列爲考慮的選項之一。肇事者除應考量被害人的要求是否**相對合理**外，也要評估本身的經濟能力是否許可？

例如把相當於得易科罰金的數額加計到被害人要求的賠償金額後，如果還在「相對合理」的範圍內，不妨以花錢消災的心態來面對。在給付賠償金的同時，被告的肇事者相對也可要求被害人必須撤回過失傷害的刑事告訴，把車禍糾紛衍生的民、刑事責任一併解決。

反之，當肇事者無法接受被害人顯不合理的賠償金額時，被害人以刑逼民的策略運用，其實也等於是替肇事者解了套。既然賠償金額談不攏，那就留給將來的法官去審理吧！到時候法官判決下來，肇事者該賠多少就賠多少。畢竟法官理當詳加審酌，本就不見得會全依被害人的主張來判賠。

再者，肇事者在訴訟中也可依法答辯，合理質疑被害人的主張或求償的項目或金額有何不合理之處。如果不服第一審法院的判決，肇事者甚至還可依法提起上訴，讓第二審法院再行審理。

此時肇事者唯一要做好的心理建設，大概是基於車禍被告〔過失傷害〕的刑責恐怕是不能免除了。因爲沒有和被害人達成和解或調解，被害人通常也不會撤回告訴，肇事者雖會爲此留有前科，然而大部分車禍衍生的過失傷害，初犯被告（卽肇事者）獲判的刑責，多爲6個月以下有期徒刑或拘役，而且通常都能易科罰金，並不會因此而去坐牢。

據上所述，可見被害人提出賠償的金額是否合理？才是車禍糾紛能否解決的關鍵。如果被害人打算運用**以刑逼民**的手段來達到向肇事者求償的目的，肇事者有沒有能力負擔**相對合**

**理**的賠償？肇事者是不是願意**花錢消災**？顯然其中還有許多變數，這並不是少數獅子大開口型的被害人所可以掌握或予取予求的。

# 第六章 如何找到心目中理想的律師？

社會上「師」字輩的行業何其多，但有人說：真正需要認識的只有三**師**，就是**醫師、律師、會計師**。

人的一生免不了生、老、病、死，醫師的社會地位及其重要性，不言可知；會計師可以幫您管理財務，爲您節稅，讓您辛苦一輩子所累積的財富，不會賺愈多，賠愈多。

在美國，律師被戲稱爲**救護車的追逐者**。意指街上有交通事故發生時，律師往往會在第一時間趕抵現場，一邊追著救護車，一手將名片遞給車上的傷者，問他要不要委任律師打官司？雖然這是個笑話，卻也突顯律師這一行在美國競爭之激烈！臺灣也不遑多讓，每年高考及格的律師多達數百人，衆多律師新鮮人投入職場，爲了搶攻本土案件的大餅，律師彼此間的競爭可用**慘烈**二字來形容。

## 一、我的案子需要花錢請律師嗎？

車禍造成的損害，在法律上定性爲**侵權行爲**，因爲被害人的權利（例如財產權、身體權、生命權等）受到侵害，所以可依法請求肇事者負起賠償責任。但被害人委任律師要給付律師酬勞，也就是所謂的〔律師費〕。然而**律師費**的支出通常不能加計在損害賠償中向肇事者請求。反之，肇事者如果花錢請律師協助車禍糾紛的處理，**律師費**的支出同樣不能從要給付的賠償金額中扣抵，這是讀者要特別留意的地方。

車禍個案是否需要花錢請律師協助處理？通常要看損害的大小，因爲這部分和賠償金額有密切的關係。例如損害輕微的車禍，當事人協商賠償的金額只在數千元至數萬元之間，因爲律師費並不便宜，也不能轉嫁給對方，那麼花錢請律師幫忙是沒有實益的。

《車禍處理一本通》的出書宗旨，原是爲了平衡法律資訊的不對稱及節省民眾時間、金錢與勞費而寫的一本法律工具書，讀者藉由此書內容自學，對於一般車禍糾紛的處理，定有相當助益。但車禍如果涉及的賠償金額龐大、當事人爲數眾多或有重大傷亡及案情特殊、複雜等情形時，這類車禍糾紛的處理，本書提供的相關資訊可能有所不足，此時就應該愼重考慮有無委任律師協助的必要了。

## 二、如何選任一位好律師？

律師是人權的守護者，以伸張公理、正義爲天職。當律師受當事人委託時，必須盡其法律專業之能事，竭心盡力地維護當事人的權益。

一般執業律師都有處理車禍糾紛的實務經驗，只有經辦件數的多寡及處理過程的品質有別而已。當事人如果有委任律師的需求，卻又沒有適當的資訊可以判斷時，如何爲自己找到一位理想的律師人選？在此提出幾個觀點供讀者參考：

**觀點一：你對律師的印象如何？**

律師百百種。當你與律師討論著車禍相關議題時，透過彼此的互動過程，你覺得眼前這位律師給你的印象如何？律師回答你問題的態度是否親切並值得信賴？凡此在在涉及個人主觀的感受。有人覺得能幫忙解決問題才是重點，也有人考慮到將來要時常和律師接觸，不希望雙方的互動過程中有距離感或覺得不受尊重。

**觀點二：您覺得律師回應你問題的內容是否專業？**

律師的表達能力如何？口條是否清晰？這一點是客觀上顯而易見的。如果律師針對你的問題能夠對答如流、言之有物，那麼重點來了，你能不能清楚理解律師所說的內容呢？

所謂的專業，並不是講了一堆專有名詞卻又讓人聽不懂在說什麼？真正的專業，是你可以聽得懂律師在說什麼，知道他會怎麼幫你，而你可以放心地把案件託付給他，這才叫**專業**。

**觀點三：找年紀大點或名氣響亮點的律師比較好？**

有人認爲年長的律師代表資深，實務經驗必定豐富；剛初道的執業律師，年紀較輕，閱歷不足，擔心所託非人；也有人覺得請名氣響亮的大律師出馬會比較有勝算……。其實這些說法或認知並不正確，律師有男有女、有老有少，名氣是否響亮，都不能與處理案件的良窳成敗劃上等號。

實務上，有的當事人會抱怨得不到律師合理的服務，委任前一個樣（親切、專業），委任後又另一個樣（找不到人，聯絡不上），但這畢竟是少數。花錢不是爲了買氣受，因此當事人應從**是否值得信賴**與**是否具有處理車禍實務經驗**來考量所要委任的律師才是。

## 三、律師的收費

有人說律師也是半個生意人，在決定接案前，律師也有拒絕接受委任，向當事人Say No的權利喔！

畢竟律師閱人無數，從當事人的問題及陳述中，或多或少也可判斷當事人的行事作風或性格，有時這也是律師決定接不接這個case的判斷因素之一。例如情緒不穩、精神異常的；會和律師爭辯、斤斤計較、溝通困難的；或是花錢就是大爺心態的……通常律師是不會爲了些許酬勞就去接這類令律師**不敢恭維**的案件。

當律師同意接受當事人的委任後，律師通常會將收費及付款的方式和當事人說清楚、講明白，並會簽訂書面契約，依約行事，俾有所據。律師收費的方式因人、因案而異，沒有一定的標準，但有一定的行情。

因人，律師也逐漸走向了M型化，有所謂的**大律師**和**小律師**。名氣大的，收費自然不便宜，但打官司的時候，未必是大律師親自出馬；小律師按一般行情或以更「優惠」的價格收費，但小心專業不足，輸了官司不說，你繳的律師費其實是你拿錢在幫律師繳學費。

因案，案情單純簡易的，按一般行情收費；案情複雜難解的，論件計酬。「誇張」一點的案子，標的金額龐大，涉及投資報酬率的問題，也許會以抽成的方式處理，當然～只要雙方白紙黑字記清楚、寫明白就好。

## 四、請律師打官司，沒有包打贏的

一位好律師會盡其所能地爲當事人擬訂訴訟策略，設想解決問題的方法。決定委任律師後，當事人還必須清楚認知一個事實，就是沒有任何一位律師會拍胸脯向你保證官司鐵定打贏的，何況～有時**訴訟**也未必是解決問題的最佳策略。

當然～律師除了要不斷充實自己的專業本職外，律師更要思維細膩、條理分明、辯才無礙，在訴訟策略上爲當事人運籌帷幄；在法庭攻防上，進退有據，以爭取當事人最終勝訴的目標而努力。一旦已極盡攻防之能事，當事人的個案仍遭法院判決敗訴的命運，受任律師卻還能贏得當事人的信賴及託付，這種實力自然就不是每位律師都能功成練就的囉！

# 【車禍解疑雜惑店】索引

## 書表・訴狀・範例・圖示索引

國家圖書館出版品預行編目資料

車禍處理一本通／法蘭客 著. --初版.--臺中市：
白象文化事業有限公司，2024.8
面； 公分.
ISBN 978-626-364-345-1（平裝）
1.CST: 交通事故 2.CST: 交通法規
557.13 113005758

# 車禍處理一本通

作　　者　法蘭客
校　　對　法蘭客
發 行 人　張輝潭
出版發行　白象文化事業有限公司
412台中市大里區科技路1號8樓之2（台中軟體園區）
出版專線：（04）2496-5995　傳真：（04）2496-9901
401台中市東區和平街228巷44號（經銷部）
購書專線：（04）2220-8589　傳真：（04）2220-8505
專案主編　陳逸儒
出版編印　林榮威、陳逸儒、黃麗穎、陳媁婷、李婕、林金郎
設計創意　張禮南、何佳諠
經紀企劃　張輝潭、徐錦淳、林尉儒
經銷推廣　李莉吟、莊博亞、劉育姍、林政泓
行銷宣傳　黃姿虹、沈若瑜
營運管理　曾千熏、羅禎琳
印　　刷　基盛印刷工場
初版一刷　2024年8月
定　　價　450元